만화!

문화사회학적 읽기

만화!
문화사회학적 읽기

최샛별 · 최흡 지음

이화여자대학교출판부

만화! 문화사회학적 읽기

펴낸날 1판 1쇄 2009년 3월 31일
2쇄 2009년 8월 18일
지은이 최샛별 · 최흡
펴낸이 최민숙 | **펴낸곳** 이화여자대학교출판부
주소 서울특별시 서대문구 대현동 11-1(우 120-750)
등록 1954년 7월 6일 제9-61호
전화 02) 3277-2965, 2966(편집기획)
02) 3277-3164, 362-6076(경영지원)
팩스 02) 312-4312 | **전자우편** press@ewha.ac.kr
인터넷서점 www.ewhapress.com
책임편집 민지영
디자인 정혜진
찍은곳 한영문화사

ISBN 978-89-7300-808-7 93330

값 15,000원

서문

"야, 우리나라 캔디 주제가하고 일본 주제가하고 같대. 비교해보면 우리도 일본말 배우겠다."

1970년대 말의 일이다. 아직 TV도 제대로 보급되지 않은 시절이었지만, 어린이들의 정보력은 빨랐다. 만화영화 '캔디'는 당대의 인기작이었고, 그러다 보니 일본의 '원판' 역시 관심의 대상이었다. 그런데, 만화영화 주제가로 일본어를 배워보겠다는 시도는 주제가 첫 줄 첫 단어부터 막히고 말았다. 우리나라 주제가는 '외로워도 슬퍼도'로 시작되고 있었고, 일본어 주제가는 '소바카스 난테(そばかすなんて)'라고 시작하고 있었다. 그런데 '소바카스(そばかす)'라는 말을 알아보니 '외로워도'라는 뜻이 아니고, '주근깨'라는 뜻이었다. 똑같은 곡을 사용했으니 주제가도 그냥 번역했을 만한데, 왜 '주근깨'라는 말은 흔적도 없이 사라지고 대신 '외로워도'라는 말이 들어갔을까?

이 책의 출발점은 그런 지나가는 의문이었다. 그리고 30년이 지났다. 이 책은 어린 시절 가지고 있던 의문을 만화 팬과 문화사회학자가 함께 풀어보고자 한 하나의 시도다.

이 책의 두 필자는 남매간이다. 신문기자인 최흡은 일본에서 연수 중이던 2000년에 한국과 일본의 '캔디' 주제가의 차이가 양국의 당시 사회상을 반영하는 것이라는 내용의, '주제가는 알고 있다"는 글을 조선일보가 운영하던 이메일 클럽에 게재했고, 이 내용은 2004년에 치러진 대학입학 수학능력시험에 지문으로 출제됐었다. 동생인 최샛별은 문화사회학을 전공해 당시 대학에서 강의하고 있었는데, 수능에 출제된 이 글을 보고, 이 외에도 만화에서 볼 수 있는 여러 가지 재미있는 현상을 문화사회학적으로 해석해보자고 제의했으며, 그 결과물이 이 책이다.

학자 입장에서, 최샛별은 많은 학생들은 물론 일반인들까지도 문화사회학에 관심을 갖고 있음에도 불구하고 관련 서적이 많지 않은데다가, 그것도 대부분 외국 책들을 번역해 예시나 설명들이 독자들에게 와 닿지 않아 오히려 관심과 흥미를 반감시키고 있는 상황에 아쉬움을 느끼고 있었던 터였다. 젊은 세대는 물론 일반인들에게 친숙한 만화는 참으로 매력적인 대상이었다. 만화의 예를 사용하여, 아직 한국에서는 생소한 문화사회학의 다양한 이론들을 쉽게 이해할 수 있는 기반을 제공할 수 있다는 확신에 약간의 흥분까지 느꼈었다.

반면 저널리스트이자 만화 팬으로서, 최흡은 만화를 학문적으로 접근하고자 하는 독자들에게 문화사회학이라는 좋은 학문적인 분석 도구를 제공할 수 있다는 점이 매우 만족스러웠다. 실상 만화는 영상 세대가 청년 문화를 주도하게 되면서 젊은 세대의 영향력 있는 대중문화로 자리 잡게 되었고, 학문적으로는 대중문화와 고급문화의 장벽의 철폐라는 학계의 주된 흐름에 따라 중요한 문화적 텍스트로 다루어지게 되었다. 그러나 이러한 사회적이고 학문적인 위상의 변화에도 불구하고, 한국에서는 아직까지 진지한 학문적 영역으로 자리 잡지 못한 실정이다. 만화와 관련한 학문적인 접근은 일본의 연구들을 번역 소개하는 정도에서 머무르고 있으며, 한국 만화에 대해서는 개인적인 시각을 가지고 이를 정리하거나 분석한 연구들이 주류를 차지하고 있다. 이 책을 통해 만화 그 자체에 관심을 가진 독자들에게는 만화를 보다 흥미롭고 깊이 있게 읽을 수 있는 기회를, 또한 만화에 대한 학문적인 접근에 관심이 있는 독자들에게는 문화사회학이라는 분석의 도구를 제공하는 것에 더 큰 의미를 부여했다.

또한 한국 만화와 일본 만화의 문화사회학적 시각에서의 비교 연구가 한국 사회와 일본 사회에 대한 이해를 넓힐 수 있는 기회를 제공할 수 있으면 했다. 최샛별은 일본 문화사회학 관련 저서의 번역 등을 통해 일본 사회에 대해 지속적으로 학문적인 관심을 가지고 있었고, 또 최흡은 특파원으로 일본에서 수년간 거주하면서 일본 사회를 저널리즘의 시각에서 접근하고 분석해왔다. 두 사람의 일본 사회에 대한 지식과 이해를 바탕으로 한, 한국 독자들에게 익숙한 일본의 만화들의 분석이 일본 사회에 대한 정보와 이해의 폭을 넓힐 수 있는 기회를 제공할 수 있기를 바란다. 다른 사회와의 비교는 현재 자신이 몸담고 있는 사회에 대한 보다 폭넓은 이해를 가능하게 해준다는 점에서 더욱 의미가 있다. '가깝고도 먼 나라' 라는 진부한 어구가 절대 진부하지 않을 만큼 많은 부분 비슷하면서 또한 차별성을 보이는 일본과의 비교는 한국 사회에 대한 정보와 이해의 폭을 넓힐 수 있는 기회 역시 제공할 것이라고, 우리가 이 책을 써야 하는 의미를 다시 한번 되새기기도 했다.

그러나 발간되기까지의 과정은 절대 쉽지 않았다. 일단 학자로 글을 써왔던 최샛별과 신문독자를 대상으로 글을 써왔던 최흡의 글은 문체와 사용하는 단어 등이 너무 달랐다. 무엇보다 가장 큰 간극은 학술서로서의 전문성이 있어야 한다는 최샛별의 생각과, 책은 무엇보다도 많은 사람들이 읽을 수 있어야 한다는 최흡의 생각이었다. 하다못해 문단을 어떻게 나누고, 문장의 길이를 어느 정도로 하고, 어디에서 줄을 바꿔야 할지까지도 견해 차이가 컸고, 이를 조정하는 데에만도 수많은 정력과 시간을 소비해야 했다. 결국은 대화와 수많은 수정을 통해 절충점으로 학문서로서의 전문성을 잃지 않으면서도 문화사회학이나 만화에 관심이 있는 대학생이 어렵지 않게 읽을 수 있는 수준의 글을 만들어보고자 노력했다. 그리고 끝내고 보니 두 저자 모두가 단독으로 썼을 때는 나올 수 없는 진정한 공동 작업물이 된 것 같아 뿌듯한 마음까지 든다. 두 필자간의 절충점을 찾아가는 데 있어 아낌없는 조언과 소중한 의견을 제공해준 박한경, 정필주에게 이 자리를 빌려 깊은 감사를 표한다. 이화여대 사회학과 학회 학생들의 솔직한 견해 역시 도움이 됐다. 또한 이 책의 표지 그림에서부터 본문 속의 삽화 작업 그리고 삽입된 예술 작품의 선정에 이르기까지 많은 도움을 준 김지인에게도 감사의 뜻을 전한다. 그리고 마지막으로 이 책의 저술을 지원해주고 오랫동안 원고를 기다려준 이화여자대학교출판부에도 감사를 표한다.

이 책이 만화를 좋아하는 사람들에게는 만화를 또 다르게 볼 수 있는 관점을, 문화사회학을 공부하는 사람들에게는 만화라는 영역에 대한 새로운 접근 가능성을, 그리고 비교적 관점에서 한국 사회와 일본 사회를 바라볼 수 있는 통찰력을 보여주었으면 한다. 그리고 이 책을 구상할 때 필자들이 느꼈던 설렘을 함께 나눌 수 있다면 더 바랄 것이 없겠다.

다만 만화를 비롯한 대중문화는 일시적인 유행을 타는 것이다. 사실 폭넓은 세대가 모두 함께 추억할 수 있는 만화가 많지 않았다. 또 만화나 만화영화 문화 자체가 2000년대 이후에는 게임 등에 밀려 세대 문화의 아이콘으로서의 기능을 잃어가고 있다는 점도 부인하기는 힘들다. 일단은 1970년대부터 2000년대까지, 만화가 나올 당시의 어린이-청소년이라면 대체로 기억에 남을 만화들을 소재로 하려고 애썼다. 만화는 접하기 쉬운 것 같지만, 한국 만화의 경우 지난 만화를 찾기가 무척 힘들었고, 일본 만화의 경우 저작권 문제 때문에 관련 삽화를 넣지 못해 아쉽다. 해외 교류가 자유롭지 않은 상황에서 많은 번안 만화가 범람, 가장 흥미로운 비교 소재를 제공하는 1970년대 만화의 경우 자료 확보가 어려웠다. 네이버 '클로버문고의 향수' 카페에서 많은 도움을 얻을 수 있었음을 적어둔다.

2009년 2월

최흡 · 최샛별

차례

서문 _ 5

I. 문화와 만화! 그리고 문화사회학 _ 13

제1장 문화적 텍스트로서의 만화 - 문화사회학적 시각에서 _ 15

1. 문화와 대중문화! 그 친숙하지만 난해한 개념들 _ 15
2. 고급문화와 대중문화 간의 경계의 파괴 – 그 대표적 장르, 만화 _ 18
3. 문화사회학 – 문화를 바라보는 새로운 시각 _ 26

제2장 한국 사회와 일본 사회에서의 만화 이야기 _ 34

1. 왜 한국과 일본의 만화일까? _ 34
2. 한국과 일본에서의 만화의 위상 _ 37

II. 만화! 문화사회학적 읽기 _ 51

제1장 만화 속에 비친 한국과 일본 사회 _ 53

1. 만화의 다양한 텍스트가 반영하는 한국과 일본 사회의 차이 _ 59
2. 사회가 변하면 만화도 변한다 _ 105
3. 문화적 텍스트 : 사회를 비추는 일그러진 거울 _ 133

제2장 만화는 사회의 독소인가? _ 137

1. 문화의 그레셤의 법칙 : "타락한 대중문화가 훌륭한 고급문화를 구축한다." _ 140
2. 형성 이론적 사고의 사회 제도적 산물 : 심의와 검열 그리고 그 예측할 수 없는 결과 _ 146
3. 생산적 자극으로서의 만화 _ 166
4. 독자는 단순한 문화적 꼭두각시인가? _ 171

제3장 문화의 다이아몬드 _ 178

1. 문화적 텍스트의 생산과 만화 _ 182
2. 문화적 텍스트의 수용 _ 216
3. 문화적 텍스트의 해석 - 구조주의 _ 235
4. 문화적 텍스트로 구분 짓기 _ 253

참고 문헌 _ 278

색인 _ 285

I. 문화와 만화!
그리고 문화사회학

제1장

문화적 텍스트로서의 만화

−문화사회학적 시각에서−

1. 문화와 대중문화! 그 친숙하지만 난해한 개념들

우리의 일상에서 문화처럼 많이 듣는 단어가 얼마나 될까? 문화의 시대를 살고 있다고 하고, 많은 사람들은 다양한 화제에서 문화라는 말을 수없이 가볍게 올리고, 또 다른 한편에서는 많은 학자들이 수많은 사건들을 문화 현상이라는 용어로 묶어내서, 듣기만 해도 어려운 이론들을 가지고 이렇게 저렇게 분석을 해대며 심각하게 논하기도 한다. 이제 문화라는 단어는 너무 많이 들어서 명확한 의미를 알기 어려운 단어가 되어버렸다. 그렇다고 예전에 문화의 개념이 간단했었다는 것은 아니다. 현대 사회과학계에서 통용되는 문화 개념을 만들어낸 학자인 레이몬드 윌리엄스(Raymond Williams)도 30여 년 전 이미 문화를 "영어 단어 중 가장 난해한 몇 개의 단어 중 하나"[1]라고 규정했으니 말이다. 그리고 이렇게 고민스럽게 정의한 윌리엄스의 문화 개념은 아직까지도 문화와 관련된 대다수의 서적 첫머리에 제시된다.

여기에다 앞에 "대중"을 붙인 대중문화까지 함께 생각하게 되면 그 복잡함과 난해함이 배가 된다. 사실상 문화라는 개념이 지금과 같이 복잡하면서도 폭넓게 정의되게 된 것은 대중문화와의 끊임없는 경계 짓기 과정을 통해서였다. 이 책 역시 윌리엄스의 문화의 개념에 대한 설명으로 시작한다. 그렇지만 문화 개념 자체보다는 대중문화라는 개념과의 끊임없는 경계 짓기와 그 의미에 초점을 맞추고자 한다. 스스로 생각하는 문화란 무엇이고 대중문화는 무엇인가를 한번 머릿속에 그려보고 나서 읽어나가면 더욱 흥미로울 것이다.

윌리엄스의 문화에 대한 정의에는 세 가지 측면이 포함되어 있다. 첫 번째로 문화는 인류의 지성과 심미적인 발달의 산물이다. 아주 오랫동안 문화라는 개념은 인류가 창조해놓은 가장 숭고하고도 뛰어난 정신적인 산물에 한정되어 있었다. 이 첫 번째 정의가 사실상 아직까지도 문화에 대한 우리의 상식을 지배하고 있으며, 우리가 문화에 부여하고 있는 위대함, 우아함 등의 기반이다. 동시에 이 정의는 문화에 대한 엘리트주의적 시각으로 많은 비판의 대상이 되어왔다. 두 번째로 문화는 지적인 작품이나 실천 행위, 특히 예술적인 활동을 일컫는 용어로 사용된다. 시나 소설과 같은 문학 작품이나 미술 작품, 음악 모두가 그 예이다. 윌리엄스의 문화 정의에 있어 가장 특징적인 부분이자 사회과학적인 색채를 가진 마지막 정의는 '한 인간이나 시대 또는 집단의 특정 생활양식'[2]이다. 그

1 Williams, Raymond (1983). *Keywords*, London: Fontana, p.87.

리고 그는 생활양식으로서의 문화 개념을 포괄하는 이 정의를 통하여 사회학이나 인류학 등 사회과학 문화 연구에 있어 전환점을 제공했다.

그렇다면 대중문화는 무엇일까? 다시 윌리엄스의 정의에 따르면, 대중문화란 많은 사람들이 좋아하는 것, 열등한 작품들, 사람들 선호에 일부러 맞춘 작품들, 사람들이 자신들을 위해 만들어낸 문화로 규정하고 있다. 앞서 제시한 "문화"의 정의와 비교해볼 때 상당히 부정적인 어감을 가지고 있다. 물론 많은 사람들이 좋아한다는 것을 부정적으로 볼 수 있느냐에는 이견이 있을 수 있지만 말이다. 여기에서 한국어로는 모두 대중문화로 번역되는 매스 컬처(mass culture)와 파퓰러 컬처(popular culture)의 차이점을 설명하면 도움이 될 것이다. 정확하게 번역을 하자면 파퓰러 컬처는 대중문화, 매스 컬처는 대량문화이다. 대량문화는 상당히 부정적인 어감을 갖고 있는 용어이다. 대량으로 번역된 매스(mass)는 고립분산되어 있어 주체성을 갖지 못한 비합리적이고 열등한 집단이라는 경멸적 의미를 담고 있다. 이에 반해 대중문화(popular culture)는 상당히 긍정적인 어감을 가지고 있는 용어로, 다수 사람들이 향유하는 문화라는 뜻에 가깝다. 이제부터 좀 더 상세히 살펴보겠지만, 전반적으로 대중문화에 대한 인식은 부정적인 대량문화에서 긍정적인 대중문화의 의미로 전환되어왔으며, 그 과정은 고급문화와 대중문화 간의 경계 약화와 맥을 같이한다.

2 Williams, Raymond (1983). 같은 책, p.90.

2. 고급문화와 대중문화 간의 경계의 파괴
– 그 대표적 장르, 만화

1989년 주요 일간지를 위시하여 많은 매체에서 대중 가수 이미자의 세종문화회관 공연을 대서특필했고, 당시 세종문화회관 자문위원들은 대중 가수를 순수예술 무대에 세웠다는 이유로 전원 사표를 제출했다. 그 후로도 오랫동안 대중가수가 세종문화회관 무대에 설 때는 여러 매체에서 보도가 되었고, 무대에 선 가수 본인 역시 대대적인 홍보를 하며 기쁨과 자부심을 감추지 않았다. 세종문화회관에서 이미자가 공연한다는 것이 뭐가 그렇게 대단한 사건이라고 모든 매체가 함께 들썩거렸던 것일까? 또 자문위원들이 전원 사퇴해야 할 정도로 그렇게 큰 문제였을까? 이미자는 물론 그 이후에도 세종문화회관 무대에 설 수 있었던 대중가수들은 한국 대중음악계를 대표할 만한 가수들이었다. 공연장이 많지 않았던 그 당시 세종문화회관이 갖고 있었던 높은 위상을 고려하더라도, 많은 성악가들이 세종문화회관에서 공연을 했을 것이다. 그리고 그 수많은 성악가 중에는 음악적인 재능이나 인지도나 모든 면에서 이미자나 한국 대중음악계의 대표적인 가수들에 미치지 못하는 사람들도 있었을 것이다. 그들도 무대에 섰던 대중 가수들처럼 자부심을 느꼈을까? 아마도 그렇지 않았을 것이다. 아무리 음악적 재능이 뛰어나고 인정을 받는 인물이더라도 대중문화에 속해 있다는 그 자체로 순수예술 분야에 종사하는 인물들보다 훨씬 더 낮게 평가되었고, 대중 가수들조차도 이와 같은 문화 형식 자체의 위계를 당연시하고 있었음을 보여주는 좋은 예일 것이다.

순수예술로 대표되는 고급문화는 대중문화와 근본적으로 다른 것일까? 이 간단해 보이는 질문은 문화를 위계가 있는 구분된 범주로 보는 기존의 관점에 대한 중요한 문제 제기다. 기존의 관점에서는 문화를 크게 다양한 고급문화의 범주로 구성된 상위문화, 대중들의 고유한 민속문화와 상업화된 대중문화로 구성된 저급한 문화로 구분했다. 그리고 이를 믿는 학자들은 이 두 가지 범주 사이의 구분이 자연스러운 것이고 사회학적 분석이 필요하지 않다고 주장했다. 그러나 문화 형태의 고유한 성격에 기초하여 범주 간 차이를 설명하는 것은 설득력이 부족할 수밖에 없다.

좀더 논리적인 근거들을 살펴보자. 고급문화와 대중문화 간의 위계적인 구분을 뒷받침하는 가장 강력한 근거는 고급문화가 대중문화보다 그 형식이나 내용에 있어 보다 풍부하고 복합적이며, 질적으로 우수하다는 주장이다. 그렇기 때문에 고급문화를 이해하는 데에는 더 많은 훈련과 교육이 필요하다는 것이다. 일반인들이 이해하기에는 너무도 난해한 여러 고급문화들을 머리에 떠올려보면, 많은 고급문화 작품들이 대중문화 형태의 작품들보다 훨씬 정제되어 있고 어렵고 복잡하다는 의견에 동의하게 된다. 고급문화가 오랜 기간에 걸쳐 많은 지식인과 엘리트들에 의해 지속적으로 정제되어오고 발전되어왔다는 점까지를 고려하면, 고급문화의 우수성은 어쩌면 당연하지 않을까 싶기도 하다. 그렇지만 현재 고급문화로 여겨지고 있는 문화적 텍스트들이 창작될 당시에는 대중문화였다는 사실을 상기하면 갑자기 당연시되던 두 문화 범주 사이의 위계에 대한 의문이 되살아난다. 서구 사회에서 가장 대표적인 고급문화의 예로 생각되는 오페라와 셰익스피어의 희곡은 많은 대중들의 사랑을 받은 대중문화였다. 또 재즈의 경우, 짧은 기간에 민속문화에서 대중문화로, 대중문화에서 고급문화로 그 위상이 변해왔다.[3] 또 고급문화의 형식이 훨씬 더 복잡하고 난해하다는 것을 받아들인다 할지라도, 왜 어려운 작품의 향유가 쉬운 작품을 향유하는 것보다 더 우월한지에 대한 의문과 함께, 왜 여전히 고급문화는 상위문화이며 대중문화는 저급한가에 대한 질문이 남는다.

이에 대한 대답은 고급문화와 대중문화 사이의 경계 짓기의 과정이라고도 할 수 있는 문화개념의 변천사에서 찾을 수 있다. 인류의 지성사에 있어 대부분의 기간 동안 문화는 고급문화, 그 중에서도 서구 사회의 지식인과 엘리트들이 창조하고 즐기는 문화에 국한되어 있었다. 이러한 사회적 분위기를 고려하면, 50-100년 전까지 전통적인 대학 커리큘럼에서 대중문화에 대한 연구를 전혀 찾아 볼 수 없었다는 것은 당연하다. 역사적으로 서구의 대학들은 인류의 문화적 성취를 전승하는 것을 자신들의 책임이고 존재의 이유라고 생각했고 서구 도시화와 자신들 국가의 엘리트문화가 성취한 업적만을 강조했다.

독일의 철학자이자 문학자인 헤르더(Johann Gottfried von Herder: 1744-1803)는 '문화들(cultures)' 이라는 용어를 사용한 최초의 학자였다. 단지 '소문자 에스(s)' 를 덧붙인 것이 왜 큰 의미를 가질까? 소문자 s가 붙음으로써 문화는 서구 엘리트들의 문화라는 단일개념에서 확장되어

3 Peterson, Richard A. (1972). "A process model of the folk, popular, and fine art phase of jazz," in C. Nanry(ed.), *American Music: From Stroyville to Woodstock*. New Brunswick, NJ: Rutgers University Press, pp. 135–151.
Lopes, Paul (2002). *The Rise of a Jazz Art World*, New York: Cambridge University Press.

복수의 형태로 전환되며, 이는 서구 엘리트문화만이 아닌 다른 문화의 존재의 인정을 뜻하게 되기 때문이다. 헤르더는 19세기 초에 새로운 민주주의적 낭만주의의 영향 아래 민속 연구를 장려했으며, "문화들"이라는 용어는 문명의 복수화 즉 여러 문명의 인정을 의미한다. 문화 개념은 더 이상 단일하고 서구에 특정한 것으로 인식되지는 않게 되었으며, 이후 인류학과 사회학에서의 문화 개념의 기반이 되었다. 이후 노동자계급문화나 대량문화가 문화 개념 즉 학문적인 연구 대상으로 진입하는 데 많은 논란과 시간이 필요했던 것과 비교했을 때 순조로운 과정이었다.

1800년대 초반 영국 사회에서는 산업화 도시화로 인해, 노동자들이 도시에 모여 살게 되면서 인류 역사상 최초로 피지배계급, 자신들만의 문화가 형성되었다. 그리고 노동자 계급의 형성과 함께 발생한 대중 또는 대량문화는 서구의 지식인들 사이에 오랜 시간 격렬한 고급문화논쟁(high culture debate)을 야기했다. 이 논쟁에서 '문화와 문명 전통(culture and civilization tradition)'[4]으로 대표되는 대다수 기존의 지식인 학자들이 대중 또는 대량문화를 혹독하게 비판했다. 노동자 계급의 문화는 지식인, 소수 권력층의 눈에는 거칠고 저속한 것으로 비춰졌으며, 계도를 시켜야 할 대상이었다. 또한 대량 복제된 문화 산품들을 유통시킬 수 있는 대중매체의 등장과 파시즘과 나치즘과 같은 전체주의 사회에서의 군중 동원에 있어 대중매체의 효율적인 이용이라는 시기적 결합은 서구 지식인들에게 대량문화의 폐해를 머릿속 깊숙이 각인시키는 효과를 가져왔다. 대량문화는 우매한 일반대중을 동원하여 전체주의로 이

4 문화 문명의 전통에 관한 좀 더 상세한 설명은 '문화의 그레섬의 법칙'(p.140)을 참조하시오.

끄는 주범이었다. 무엇보다 노동자계급문화 또는 대량문화를 혹독하게 비판한 핵심적인 근거는 이들 문화가 보존되어야 할 "인간 사고와 표현의 정수"[5]인 고급문화를 위협한다는 것이었다.[6] 또 다른 극단에서 프랑크푸르트학파에게 고급문화는 산업사회의 속박으로부터 사람들을 해방시킬 수 있는 혁명적인 힘을 가지고 있는 것으로까지 평가되었다.[7] 그러나 현대 사회에서 점차적으로 대량문화의 위상이 커지고 그 중요성을 무시할 수 없게 되면서 대량문화는 학문적인 연구의 대상으로 편입된다. 그렇지만 대중 또는 대량문화를 옹호하는 입장의 초창기 학자들도 역시 고급문화의 존재와 그 우월성에 대해서는 의문을 제기하지 않았다.[8] 따라서 초기의 대중문화에 대한 연구에는 엘리트문화를 높이 평가하고 대량문화를 평가절하하는 현상이 존재했다.

그러나 일군의 학자들은 고급문화란 근본적으로 상층계급의 취향을 단순하게 반영하는 "취향문화"라는 주장을 제기하면서[9] 고급문화의 절대적 가치에 대해 강력하게 도전했다. 그 중에서도 피에르 부르디외(Pierre Bourdieu)[10]는 프랑스 사회의 책, 음악, 예술 작품과 같은 문화 상

5 Arnold, Matthew (1960). *Culture and Anarchy*, London: Cambridge University Press, p. 31.
6 MacDonald, Dwight (1959). "A theory of mass culture", in Rosenberg, B. and White D.W., *Mass Culture: The Popular Arts in America*, Illinois: Free Press.
7 Adorno, Theodore (1984). *Aesthetic Theory*, London: Routeldge and K. Paul, p.336.
Marcuse, Herbert (1977). *The Aesthetic Dimension: Toward a Critique of Marxist Aesthetics*. Boston: Beacon Press, .pp.72–73.
8 Hall, Stuart and Paddy Whannel (1964). *The Popular Arts*, London: Hutchinson.
9 Gans, Herbert (1974). *Popular Culture and High Culture*, New York: Basic Books.
Bourdieu, Pierre (1984). *Distinctions: A Social Critique of the Judgment of Taste*, Cambridge (MA): Harvard University Press.
10 부르디외의 이론에 대한 보다 상세한 설명은 '문화적 텍스트로 구분 짓기'(p.253)를 참조하시오.

품과 의복이나 음식 같은 상품 소비에 대한 광범위한 조사를 통하여 고급문화라는 것이 단순히 상층계급의 문화일 뿐이라는 것을 실증적으로 보여주었다. 이를 통하여 부르디외는 일상생활에서 개개인의 취향이라고 불려지는 것들이 실제적으로는 자신이 속해 있는 계급적 지위에 의해 내재화된 아비투스(habitus)의 발현이며, 각기 구분되는 계층문화에 대한 가치 판단은 전적으로 권력에 의해 결정되는 임의적인 것이라고 주장했다.

즉 고급문화와 대중문화 간의 구분과 위계가 각 범주의 문화 그 자체가 가지고 있는 고유한 특성에 기반한 것이 아니라, 사회의 서로 다른 계층이 문화에 대해 갖는 각기 다른 기회와 향유에서 나온다는 주장이다. 이는 문화 형식을 사용하는 집단과 목적에 초점을 맞춘 것이다. 부르디외에게 문화 범주 간의 위계는 '우리들이 향유하는 문화 형식이 다른 사람들이 향유하는 문화 형식보다 우월하다'는 가정을 통해 지위를 유지하기 원하는 세력 있는 집단들에 의해 제도화된, 역사적으로 위치해 있는 개념이다.

문화 개념의 확장을 통해 고급문화와 대중적인 문화 사이의 단단한 벽은 깨져왔다. 인문학적 비평가와 예술 비평가는 고급문화와 대중문화가 인간의 사회적 활동으로서 얼마나 많은 공통점을 가지고 있는지를 인식하게 되었다. 또한 사회과학자들은 고급문화와 대중문화의 구분이 지적이거나 심미적인 구분보다는 정치적인 구분에 의한 것이라고 주장한다. 이와 같은 고급문화와 대중문화 개념 사이에 견고한 벽의 붕괴는 대중문화를 천시하고 엘리트문화를 경외하는 엘리트주의적 시각에서 벗어나게 했다.

1990년대 초에 찬드라 무케르지(Chandra Mukerji)와 마이클 슈드슨(Michael Schudson)이 규정한 대중문화에 대한 정의를 살펴보자. "대중문화는 정의하기 어려운 용어다. 대중문화란 일정 지역의 전체 사람들(population) 사이에 넓게 공유되는 신념들, 관습들, 사물들이다. 이 개념은 ① 지역적 전통에 뿌리를 둔 민속(folk)적인 신념들(beliefs), 관습들(customs), 사물들(objects)과 ② 정치적이고 상업적 바탕에서 생성된 대량(mass)적인 신념들, 관습들 그리고 사물들을 포함한다. 또한 이 개념은 박물관적 전통으로 평가되어 대중적인 형식과는 완전히 극단에 위치해온 ③ 엘리트적인 문화 형식들도 포함한다."[11] 이 정의는 고급문화와 대중문화 사이의 경계의 붕괴를 잘 보여주고 있다. 물론 위와 같은 대중문화에 대한 포괄적이고 광의의 개념 정의에 대해서 논란이 있을 수 있다. 무케르지와 슈드슨은 이러한 논란은 일단 보류하겠다고 한다. 그러나 문화 개념의 변천사를 따라온 우리에게는 대중문화라는 용어에 고급문화를 의미하는 협의의 문화 개념이 포함되었을 뿐만 아니라 이를 "문화"가 아닌 "대중문화"로 명명하는 시도가 논란의 대상이 될 수 있다는 자체가 놀랍지 않은가! 초창기 인류의 위대한 자산인 진정한 문화를 갉아먹는 것으로 치부되는 대중문화는 이제 문화를 대치하는 개념이 되었다.

이와 같이 연구 대상으로 대중문화의 위상이 변화했음에도 불구하고, 만화는 정통미학과 비평에서뿐만 아니라 문화 연구에서도 텔레비전이나 대중음악과 같은 여타 대중문화의 측면들에 투여되었던 노력과 관심

11 Mukerji, Chandra and Michael Schudson (eds.) (1991). *Rethinking Popular Culture*, University of California Press, p.3.
번호는 보다 명확한 의미 전달을 위해 필자가 삽입했다.

의 양과 비교해서도 상대적으로 무시되어왔다. 만화는 어린이들의 전유물이거나 성인들의 수준 낮은 소일거리로 생각되었다. 그러나 영상 세대가 청년 문화를 주도하게 되면서 만화의 사회적인 위상은 현격히 달라졌으며, 인터넷 매체를 통하여 젊은 세대들의 중요한 대중문화로 자리 잡게 되었다. 또한 영상 매체의 사회적 영향력과 산업 경제적 효과는 만화 축제, 대학의 만화학과 개설 등으로 이어지게 되었다. 학문적으로는 대중문화와 고급문화의 장벽의 철폐라는 학계의 주된 흐름에 따라 만화는 중요한 문화적 텍스트로 다루어지게 되었다. 그러나 이러한 사회적이고 학문적인 위상의 변화에도 불구하고, 한국에서는 아직까지 진지한 학문적 영역으로 자리 잡지 못한 실정이다. 만화와 관련한 학문적인 접근은 일본의 연구들을 번역 소개하는 정도에서 머무르고 있으며, 한국 만화에 대해서는 개인적인 시각을 가지고 이를 정리하거나 분석한 연구들이 주류를 차지하고 있다.

게다가 만화나 만화영화라는 분야는 어린이들을 위한 대중문화라는 독특한 위치를 차지하고 있다. 거기에는 어른들이 생각하기에 '어린이들이 좋아할 것' 같은 달콤한 무언가가 들어 있다. 그것은 어느 만큼은 어른들의 취향이며 어느 만큼은 어린이들의 취향이다. 그리고 어린이들에 전해주고자 하는 기존 사회의 가치관이 그만큼 순수하고 노골적인 모습으로 드러나 있기도 하다. 물론 최근 어른들을 위한 만화나 만화영화가 늘어나기는 했지만 이 역시 독특한 위치를 가지고 있다. 어린이들을 위한 대중문화로서의 취향을 유지하면서 어른들을 위한 취향이 반영되기 때문이다.

또한 우리가 '만화=만화책' 이라는 고정관념에서 벗어나는 순간 만화는 이미 우리 생활에 깊숙이 자리하고 있음을 알게 된다. 광고 전단지에서의 한 컷짜리 그림들, 신문의 시사만화, 주변에서 쉽게 볼 수 있는 각종 캐릭터들 등 만화는 우리가 생활 속에서 항상 접하는 매체이다. 만화에는 말보다 설명력과 전달력이 빠른 시각매체로서 '아' 하는 순간 '어' 하면서 알아듣는 독특한 생명력이 있다. 이 생명력으로 인해 만화는 대중들을 강하게 끌어당기는 힘이 있다. 만화로 보는 그리스 로마 신화, 만화로 배우는 경제, 만화로 공부하는 시사, 만화로 읽는 세계 고전 등의 책에서 보듯이 만화는 자칫 어렵고 새로운 분야로 나아갈 때 그 진입 장벽을 낮춰준다. 그리하여 만화는 대중들과 쉽게 교감하게 하는 대중 친화적이고 '살가운' 매체인 것이다.

만화에 대한 우리 사회의 단편적인 시각과, 실제 만화가 우리 사회나 대중문화 형식의 문화적 텍스트에 대한 연구가 강조되고 있는 현재의 학문적 조류 내에서 차지하는 위상 사이에는 큰 격차가 존재한다. 그리고 이로 인해 우리는 스스로가 우리가 살고 있는 사회에 대한 중요한 사회학적 분석 지점을 놓치고 있다. 문화사회학적인 분석 시각을 가지고 만화를 대한다면 우리의 생활 속에 이미 깊숙이 자리한 만화 속에서 우리 사회의 모습을, 더 나아가서는 우리들 자신의 모습을 발견하게 될 것이다.

3. 문화사회학 – 문화를 바라보는 새로운 시각

필자 중 한 사람은 1993년 학부를 마치고 미국으로 유학을 갔다. 유학을 가기 위해 제출하는 서류 중에는 SOP(Statement of Purpose)라는 것이 있다. 번역하자면 학업 계획서쯤이 될 것 같은데 한국에서 학업 계획서가 입학 전형에서 차지하는 비중이 형식적인 요건 정도에 그치는 반면, 미국 대학원에서는 입학은 물론 장학금을 결정하는 데에도 매우 큰 영향을 미친다. 그래서 요즘 유학 준비를 하는 학생들을 보면 유명한 영어 에디터에게 수정을 받는 등 정말 철저하게 준비를 한다. 그러나 그 당시만 해도 유학이라는 것이 흔했던 상황이 아니어서 그렇게 중요한 것인지도 모르고 안 되는 영어와 알고 있었던 사회학 지식을 조합해 정말 간단하게 써서 보냈다. 내용을 요약하자면, "대학 4년 동안 사회학의 매력에 빠져서 정말 열심히 공부했는데 아직 학부 수준이라 본인이 무엇을 해야 할지를 명확하게 결정하지는 못했다. 그렇지만 대학 4년간 사회학을 공부하며 계속적으로 드는 의문이 있었다. 그것은 본인이 생각하기에는 사회학이 꼭 다루어야 할 대상인 문화에 대해서는 왜 사회학은 말해주지 않는가이다. 본인이 활동해야 할 21세기에는 문화가 보다 중요해질 것이라고 생각되며 그래서 귀 대학과 같이 훌륭한 기관에 가서 문화에 대한 사회학적 접근을 배우고 보다 세부적인 연구 주제를 잡고 싶다" 였다.

갑자기 왜 유학, 그것도 근 20여 년이 가까워 오는 개인적인 얘기를 꺼내는지 궁금할 수 있다. 그러나 사실 대학에서 강의를 하고 있는 필자 중 한 사람은 문화사회학 강의를 시작할 때 이 SOP 이야기를 꼭 꺼낸다. 유학을 가서 문화사회학이라는 학문을 배워가면서 스스로도 감탄한 것은 옛말에 소가 뒷걸음질하다 쥐 잡은 격으로 그때는 정말 멋도 모르고 쓴 SOP에서 본인이 가졌던 의문과 전망이 그 당시 미국 문화사회학의 위치와 전망을 잘 잡아냈다는 점이었다.

문화사회학이 형성되기 시작한 것은 1970년대 즈음부터였지만, 학계의 관심을 받기 시작한 것은 1990년대 초반부터였다. 그리고 그 이후 계속해서 미국 사회학 중 가장 빨리 발전하는 분야로 주목을 받아왔고, 이제는 미국 사회학의 가장 큰 분야의 하나로 자리 잡았다. 이와 같은 학계의 관심을 끌기 얼마 전인 1988년, 영국의 사회학자 롤랜드 로버트슨(Roland Robertson)은 미국 사회학을 '문화 저항적 학문(culture-resistant discipline)' 으로 규정했다.[12] 그리고 이러한 명칭이 무색하지 않을 만큼 현재 문화사회학의 연구 분야들과 접근 방식들은 사회학, 그 중에서도 미국 사회학 내에서 오랫동안 주변적인 위치에 머물렀다. 그리고 가장 큰 이유로 거론되는 것은 사회학의 기반을 구축한 고전 학자들이 문화를 소홀히 다루었다는 점이다.[13] 그렇지만 이보다는 고전 학자들의 광대한 연구들 중에서 문화와 관련된 사상 연구들만이 체계적으로 배제된 채로 미국 사회학계에 유입되었다는 표현이 정확할 것이다. 사회학계의 가장 위대한 고전학자를 꼽는다면 칼 마르크스(Karl Marx), 막스 베버(Max Weber), 에밀 뒤르켐(Emile Durkheim)이고, 모두 유럽의 학자이다. 문화나 이념보다는 사회의 경제적인 토대를 강조한 마르크스를 제외하면, 베버와 뒤르켐 이 두 학자의 이론들은 오히려 문화지향적인 성격이 강하다고 평가될 수 있다. 예를 들어, 베버의 경우 세계의 다양한 종교에 대해 연구했으나, 문화의 대표적인 예라고 할 수 있는 종교에 대

12 Robertson, Roland (1988). "The sociological significance of culture: some general consideration", *Theory, Culture and Society*, 5, pp.3–23.

13 Crane, Diana (1994). "Introduction: The challenge of the sociology of culture to sociology as a discipline", *The Sociology of Culture – Emerging Theoretical Perspective*, Blackwell Publisher.

한 베버의 관심은 미국 사회학에서는 문화 그 자체보다는 종교사회학에 대한 관심으로만 한정되었다. 뒤르켐의 경우는 문화인류학에 심대한 영향을 미칠 정도로 문화를 많이 다루었음에도 불구하고, 그의 이론과 연구 중에서 미국 사회학에 영향을 미친 부분은 그의 사회 구조에 대한 연구와 실증주의에 근거한 엄격한 방법론이었다.

그렇다면 학부생의 눈에도 꼭 다루어져야 할 주제로 생각되었던 문화 영역이 왜 그렇게 오랫동안 방치되었던 것일까? 유럽의 학자의 시각에서 봤을 때는 방치를 넘어서 문화라는 요소를 고의적으로 배제하고자 하는 학문으로 보일 정도로까지 연구가 되지 않았던 이유는 무엇일까? 이에 대한 대답을 찾기 전에 다시 한 번 필자 중 한 사람의 이야기로 돌아가보자. 전공이 문화사회학이라고 하면 "멋있는 전공 하시네요"라는 어느 정도 기분 좋은 반응이 나오기 마련이다. 그러나 그 다음에 꼭 듣는 한 마디 말은 앞서 들은 말의 진의까지도 다시 한 번 생각하게 한다. "그런데 그거 정확하게 뭐 공부하는 겁니까?" 실제로 문화라는 말은 너무나 많이 듣고 있으면서도, 또 그렇기 때문에 명확한 의미를 알기 어려운 단어이다. 거기에다 그보다 더 많이 들었으면 들었고, 명확하지 않았다면 더 명확하지 않은 사회학이라는 단어까지 붙어 있으니 일반인은 물론 사회학을 접해보지 않은 많은 학생들의 이러한 물음은 당연하다. 그렇지만 어쨌든 문화와 사회학이라는 만남은 무언가 멋있어 보이는 부분이 있다. 왜 그럴까? 우리는 앞 장에서 문화 개념의 변천사를 통해, 대중문화라는 상대적인 개념이 생기기 전까지 인류의 역사상 문화라는 개념은 서구 사회 엘리트라는 특정 집단의 지적이고 예술적인 생산물이며 또 전유물이었음을 살펴보았다. 초창기 의미에서의 문화만을 생각한다면 솔직히 사회과학보다는 전적으로 인문과학적인 연구 대상이었다. 문화사회학이라는 용어가 매력적으로 들리는 한편에는 그 용어에 배어 있는 인문과학적인 대상에 대한 사회과학적 접근이라는 조합이 자리하고 있는 것이 아닐까 싶다. 그리고 학부생이었던 필자에게까지도 문화 영역이 사회학적으로 분석되어야 한다고 생각되었던 것은, 문화라는 개념 자체가 확대 변화되어 더 이상 인문학적 영역에만 머물 수 없게 되었기 때문이다.

사실 문화사회학을 규정하는 것은 쉬운 일이 아니다. 그렇지만 어떤 이유에서든지 사회와 떼려야 뗄 수 없는 문화라는 영역을 다루지 않은 기존의 사회학에 대한 사회학 내에서의 새로운 도전이다. 또한 우리에게 가까운 듯하면서도 가깝지 않게 여겨졌던, 그렇지만 더 이상은 한정된 영역에만 머물 수 없게 된 문화라는 영역에 사회과학에 근거한 분석적 시각과 도구를 제공하는 학문이다. 고전사회학 이론과 고전인류학 이론에서는 문화를 현실적인 실체로 파악하기보다는 이데올로기나 관념으로 바라보았으며, 문화란 모든 사회 구성원이 공유하는 일관되고 일치된 것임을 강조했다. 이러한 시각은 일관되고 단일한 이론이라는 강점을 가졌기 때문에, 경험적으로 지지를 받은 것도 아니고 또 그렇다고 사회를 설명하는 데 있어 적합성이 높은 것도 아니었음에도 불구하고 학문 분야에서 영향력을 가졌다. 그리고 이러한 영향력의 바탕에는 20세기 초반부터 퍼져 있던 모더니스트 시대정신이 반영되어 있었다. 그러나 포스트 모더니스트의 시대정신이 확산되어갈 때 만들어진 문화사회학은 독자적인 분야가 아니다. 학문 영역으로 봤을 때 문화사회학은 역사, 정치, 조직, 계층, 개인 간 행동과 같은 고전사회학 분야에 대한 문화 지향적 접근 방식과 과학, 지식, 종교, 미디어, 대중문화, 예술과 같이 그간 고전사회학에서 다루지 않았던 많은 독특하고 독립적인 하위 분야를 포함하고 있다.[14] 즉 문화사회학은 문화 저항적이라고 규정되었던 고전사회학의 주요 영역에 대한 문화 지향적인 새로운 접근 방식과, 또한 그간 사회학이 다루지 못했던 영역들을 포괄한다.

1990년대 초반까지도 사회 구조에 대한 대규모의 엄격한 양적 방법론과 통계 분석의 전문성을 중시하는 미국 사회학과 폭넓은 인문학적 지식을 강조하는 유럽의 사회학은 철학적인 전제와 방법론에 있어 학문적인 성격이 매우 달랐다.[15] 이러한 차이는 특히 문화와 관련해서는 더욱 극명하게 나타났다. 서구 사회 엘리트라는 특정 집단의 생산물이며 또 전유물이었던 문화 개념이 깔려 있는 인문학적 지식을 강조하는 유럽의 사회학은 근본적으로 문화가 깊숙이 녹아 있는 문화배태적인 학문으로, 사회학과 문화사회학의 구분 자체가 불명료하다. 우리의 입장에서는 같은 서구 사회이지만 미국 사회의 경우는 유럽에 비해 짧은 역사와 상이한 지정학적 특징으로 인해 고급문화 등의 인문학적 배경에 있어서 큰 차이를 갖기 때문이다. 문화사회학은 유럽의 사회학 이론과 사회학 이외의 수많은 학문 분야와의 긴밀한 지적 교류를 통해 형성되었다. 대표적인 몇 개의 예를 들자면 프랑스 후기구조주의 이론, 영국 문화 연구(British Cultural Studies), 영국의 과학연구회와 같은 유럽의 사회학으로부터 많

14 Wuthnow, Robert (1987). *Meaning and Moral Order: Explorations in Cultural Analysis*, Berkely: University of California Press.

15 Lamont, M. and R. Wuthnow (1990). "Betwixt and between: Recent cultural sociology in Europe and the United States", in George Ritzer (ed.), *Frontiers of Social Theory: The New Synthesis*, New York: Columbia University Press, pp.287–315.

은 지적 자극을 받았다. 또한 사회학 이외의 분야로는 인류학, 역사학, 정치학, 문학 연구, 문화 연구, 페미니스트 연구, 인종 연구 등과 긴밀한 연관을 맺으며 발전했다. 결과적으로 문화사회학은 미국과 유럽의 사회학 간의 학문적인 격차를 좁혀나가는 데에 많은 역할을 담당했다.

문화사회학의 가장 큰 매력은 난해하지만 깊이 있는 이론과 재미있고 가벼운 연구 대상과 주제이다. 문화사회학에서 다루는 이론들은 절대 쉽지 않다. 문화사회학이라는 분야의 형성 자체가 학문간 연구가 중시되는 학문사적인 배경 하에서 사회과학에 있어서의 가장 난해한 몇몇 이론의 발전 과정과 맥락을 같이하고 있기 때문이다. 그래서 이론적으로 문화사회학을 접근해 들어가다 보면 사회과학 이론 중에서도 모두가 난해하다고 인정하는 이론들을 하나하나 섭렵해나가게 된다. 그래서 문화라는 너무 많이 들어 친숙하다고 느껴지는 연구 대상만을 생각하고 문화사회학의 이론을 접한 학생들은 당황하게 되고 문화사회학은 어려운 것이라고 지레 겁을 먹기 마련이다. 그러니 이렇게 조금은 어렵게, 그렇지만 학문적인 성취감을 뿌듯하게 느끼면서 현상을 보는 도구라고 할 수 있는 이론적인 시각을 확립하고 나면, 그때까지 너무나 평범하게 보이던 많은 우리의 일상생활들이 달리 해석되어 보이게 된다. 이 책은 아직 한국에서는 생소한 문화사회학을 이해할 수 있는 기반이 되는 다양한 이론들을 쉽게 설명하고, 이를 젊은 세대를 포함한 일반인들에게 친숙한 만화에 적용시켜봄으로써 문화사회학을 보다 쉽게 이해할 수 있는 기반을 제공한다. 그리고 이를 통하여 우리가 부딪히는 많은 현상들을 새롭게 바라볼 수 있는 문화사회학적 시각을 제공하고자 한다. 그러나 이 책에서는 만화 분석과 연관이 있는 문화사회학 이론들을 제시하고는 있지만, 문화 이론 자체를 체계적으로 설명하고 있지는 않으며, 이러한 이론들을 바탕으로 활발한 연구가 진행되고 있는 분야들과 분석 방법을 소개하는 데 더 큰 비중을 두었다. 특히 제3장에서 제시되는 문화의 다이아몬드라는 분석 틀은 현재 문화사회학 내에서의 연구 동향들을 일목요연하게 잘 보여주는 동시에 만화라는 문화적 텍스트를 문화사회학적으로 분석할 수 있는 방식을 제시해줄 것이다. 독자들이 이 책을 통해 문화사회학에 좀 더 심도 있는 관심이 생겨 문화 이론 관련 서적을 찾아보고자 하는 의욕이 생기기를 바란다.

제2장

한국 사회와 일본 사회에서의 만화 이야기

1. 왜 한국과 일본의 만화일까?

만화, 그중에서도 70년대 한국 만화는 대단히 재미있는 문화적 텍스트다. 그것은 당시의 몇 가지 특수한 상황 때문이다. 한국 만화는 대체로 60년대까지 대본소 위주였다. 그러나 1970년대 들어서 소년 잡지 붐이 일어나면서 이 소년 잡지에 많은 만화가 실리게 되는데, 이 잡지들은 실리는 만화의 상당 부분을 일본에서 조달했다. 그러나 이 과정에서 특이한 점이 하나 있는데, 그것은 이들 만화잡지들이 일본의 만화를 그대로 복사해서 해적 출판한 것이 아니라, 우리나라 만화가가 일본의 만화를 보면서 새로 그리는 방법을 택한 경우가 대부분이라는 것이다.

물론 새로 그리는 방법도 한 가지가 아니다. 어떤 경우는 완전히 그림체를 달리하고 내용도 조금은 정리해서 처음부터 다시 그린 경우도 있고(일본의 〈덴토무시노 우타〉와 한국의 〈무지개 행진곡〉 등), 어떤 경우는 원작을 일부 자르거나 내용을 바꿔서 가필한 경우도 있다(일본의 〈내일의 죠〉와 한국의 〈도전자 하리케인〉 등). 대부분 원작에 충실하게 옮겼지만 그림체만 크게 바꾼 경우(〈은발의 아리사〉 등)도 있고, 다시 그리긴 했지만 원작과 거의 같은 경우(일본의 〈1,2,3과 4,5,로쿠〉와 한국의 〈오뚝이 대행진〉)도 있다. 어떤 경우는 내용은 창작만화이지만 캐릭터를 가져다 쓴 경우(일본의 〈1,2,3과 4,5,로쿠〉와 한국의 〈시관이와 병호의 모험〉)도 있고 어떤 경우는 일본의 원작을 참고는 했으되 구성조차 바꿔서 거의 새로운 작품이 된 것도 있다(일본의 〈가라테 바카 일대〉와 한국의 〈대야망〉). 이 경우 일본의 작품은 원작이라고 하기보다는 선행작이라든지, '참고작'이라고 표현할 수 있을 것 같다.

이런 상황은 70년대 후반에 가면서부터 조금씩 해소되기 시작하는데, 하여간 이 때문에 70년대 초-중반에는 비슷한 내용을 놓고 '일본 버전'과 '한국 버전'이 동시에 존재하게 됐다. 이것은 저작권 개념이 확립된 1990년대 이후에는 불가능했다. 소극적인 삭제, 수정만 가능했지 1970년대와 같이 창의성이 들어간 개작은 힘들어졌다는 것이다.

한 만화가 다른 나라로 들어가면서 변화하게 되는 것은 왜일까?

출판의 편의성이나, 만화를 베끼는 과정에서의 편의(일본의 원본을 차용한 대부분의 만화는 극히 일부를 제외하고는 일본의 원본보다 그림이나 배경이 단순해진다)도 생각할 수 있지만, 근본적인 변화는 당시 만화 속에 드러나는 외국(일본) 사회의 정서가 한국 사회의 정서와 동떨어져 있거나, 최소한 한국의 주류 계층이 지향하고자 하는 목표(심의로 대표되는)와 떨어져 있기 때문이라고 추론할 수 있다.

게다가 만화는 70년대까지만 해도 당연히 어린이들의 문화로 인식되었고, 기성세대 입장에서는 자신들이 아이들에게 전달하고 싶은 가치를 만화에 넣기 위해서 노력했다는 점을 고려할 필요가 있다. 사회적으로 인정되는 가치라고 하더라도, 아이들에게 부끄러운 것을 만화에 넣기는 힘든 까닭이다. 그 시대의 어른들은 다음 세대들에게 무엇을 넘겨주고 싶어 했고, 무엇을 꺼려했는지, 혹은 부끄러워했는지, 어린이뿐 아니라 기성세대의 가치관을 엿볼 수 있는 좋은 텍스트가 되는 셈이다.

한국 만화와 일본 만화의 문화사회학적 시각에서의 비교 연구는 한국사회와 일본 사회에 대한 이해를 넓힐 수 있는 기회를 제공한다. 일본 만화의 경우 일본 저질문화 유입의 첨병 역할을 한다고 여겨져 일본 대중문화 개방의 반대 의견의 가장 중요한 근거가 되기도 했다. 그러나 1998년 일본 대중문화 개방 이후 일본의 주류 만화들이 정식으로 수입되면서 점차적으로 이미지가 개선되었으며 현재 폭넓은 독자층을 확보하고 있다. 저자 중 한 명은 일본 사회를 학문적으로 연구해왔으며, 또 한 명의 저자는 일본 특파원으로 일본에서 수년간 거주하면서 일본 사회를 저널리즘의 시각에서 접근하고 분석해왔다. 이러한 저자들의 일본 사회에 대한 지식과 이해를 바탕으로 한, 한국 독자들에게 익숙한 일본의 만화들의 분석은 일본 사회에 대한 정보와 이해의 폭을 넓힐 수 있는 기회를 제공할 것이다. 또한 다른 사회와의 비교는 현재 자신이 몸담고 있는 사회에 대한 보다 폭넓은 이해를 가능하게 해준다는 점에서 더욱 의미가 있다. 일본 만화 그리고 여기에 반영되고 있는 일본 사회에 대한 분석은 한국 사회와의 비교적인 시각에서 수행되며, '가깝고도 먼 나라'라는 진부한 어구가 절대 진부하지 않을 만큼 많은 부분 비슷하면서 또한 차별성을 보이는 일본과의 비교는 한국 사회에 대한 정보와 이해의 폭을 넓힐 수 있는 기회 역시 제공할 것이다.

2. 한국과 일본에서의 만화의 위상

대개 일본을 여행해 본 외국인들은 두 번 놀란다고 한다. 첫 번째는 지하철에 앉은 사람들이 모두 책을 읽고 있어서 그 독서열에 놀라고, 두 번째는 그 책들 중 상당수가 만화라는 데 놀라게 된다고 한다. 실제로, 일본에서는 머리가 희끗희끗한 사람들도 지하철 안에서 '소년지'를 읽고 있는 경우가 많다. 이는 한국 사회에서는 생각하기 힘든 일이다. 최근 들어서는 좀 나아졌다고 하지만, 1990년대까지는 상상하기 힘들었다. 이 때문에 한국에서는 이런 현상을 놓고 일본에서의 만화의 높은 위상을 대변해주는 것이라고 판단하는 경우가 많다.

일본에서의 만화에 대한 위상을 알려주는 사례는 이것뿐만이 아니다. 지난 2004년 8월 10일 아침, 도쿄 지역에 배달되는 6대 주요 일간지에는 독특한 전면 광고가 하나 실렸다. 우리나라에서도 유명한 〈슬램덩크〉의 주인공 얼굴들이 실린 광고였는데, 발행 부수가 많은 신문에는 〈슬램덩크〉에서 보다 중요하고 인기 좋은 주인공을 등장시킨 이 광고에는 '1억 권의 감사를 담아서, 이노우에 나케히코'라는 제목이 붙어 있었다. 쉽게 말해 출판사도 아니고 만화가 자신이 6개 일간지 한 면을 털어서 단행본 1억 권 돌파 기념 감사 광고를 낸 셈이었다. 참고로, 시리즈 단행본 판매 1억 권을 돌파한 일본 만화는 지금까지 9개 정도 될 것으로 추정되고 있다.

지난 2007년 9월 일본에서는 아베 신조(安倍晋三) 당시 총리의 사임 발표 이후 갑자기 만화 · 애니메이션 관련 주식이 급상승세를 보였다. 만화영화사인 반다이비주얼과 도에이애니메이션, 캐릭터상품 기획 · 제작사인 브로콜리, 만화 전문 대형 헌책방 체인 만다라케가 모두 급등세를 보였다. 이유는 당시 유력한 차기 총리 후보로 떠올랐던 아소 다로(麻生太郎) 자민당 간사장이 '일본 정가 최고의 오타쿠'라고 불리는 사람이기 때문이었다. 일주일에 20-30권의 만화를 읽는다는 아소 간사장의 별명은 '로젠 아소'였다. 2006년 초에 하네다 공항의 귀빈실에서 그가 〈로젠 메이든〉이라는 제목의 만화를 읽고 있었다는 소문이 퍼지면서 일본의 네티즌들 사이에서 큰 화제가 됐다. 〈로젠 메이든〉은 이른바 상당한 '내공'이 있어야 감상할 수 있는 만화다. 움직이는 인형들이 완전한 존재가 되기 위해서 싸운다는 내용인데, '고스로리' (고딕풍 옷을 입은 로리타), '쓴데레' (여럿이서 있을 때는 화를 내다가도 둘이서 있으면 갑자기 친해지는) 등 이른바 당시 일본에서 유행하던 첨단 '오타쿠 코드'로 범벅이 된 만화를 66세의 정치인이 읽고 있었다는 사실이 화제가 됐다. 일본 네티즌들은 그에게 이 책 제목을 따서 '로젠 아소'라는 별명을 붙였다. 그는 외무장관 시절 폴란드 외무장관과 회담할 때 만화책을 들고 나갔고, 유명 만화 캐릭터가 등장하는 외무부 홍보책자를 만들었다. 저서에서도 '일본의 저력은 만화문화'라고 주장했다. 총리 1보 전까지 갔던 그는 불과 이틀 만에 역전당하며, 애니메이션 관련 주식은 모두 다시 제자리로 돌아갔다.[1]

2003년 6월 일본에서 한 · 일 정상회담이 열리던 때, 만찬장에서는 두 명의 가수가 나와서 노래를 불렀다. 한국에서는 보아, 일본에서는 기무라 유미라는 가수가 나왔는데, 당시 기록에 따르면 두 사람이 부른 노래는 모두 일본 애니메이션 주제가로, 보아는 〈이누야샤〉, 기무라는 〈센과 치히로의 행방불명〉이라는 만화의 노래였다. 사실, 이런 류의 예는 셀 수 없을 정도로 많다. 만화가 이렇게까지 많이 읽힌다는 것은 다른 나라에서는 찾아보기 힘들기 때문이다.

2006년에 부천만화정보센터는 한국 만화에 대해서 앙케트 조사를 했는데, '낮은 사회적인 위상'을 한국 만화의 약점으로 꼽은 사람이 21%를 넘었다. 다만, 위의 예들이 반드시 일본 만화나 혹은 한국 만화의 '위상'이라고 단정짓기는 다소 무리가 있다. 위상은 대체적으로 사회에 미치는 영향력으로 풀어 생각할 수 있는데, 영향력을 갖기 위해서는 그만큼 노출 빈도가 높기도 해야 하지만, 그만큼의 사회적 권위를 인정받아야 한다.

'지하철의 만화'는 크게 두 가지 측면을 얘기해준다. 첫 번째는 만화의 발행량 자체가 많다는 것이기 때문에 그만큼 만화라는 장르가 사회적으로 인기가 있으며, 일반인에 대한 노출도가 높다는 것이다. 이 노출도는 실제로는 산업의 크기에 해당한다. 두 번째는 지하철에서 읽어도 크게 다른 사람들이 이상하게 생각하지 않을 만큼 사회적으로 만화가 용인되는 정도가 높다는 것이다.

실제로, 노출 빈도에 있어 일본 만화는 압도적이다. 일본출판협회와 출판과학연구소가 발산한 2006년도 출판지표 연보에서는 2005년 기준 총 13억 권의 만화와 만화 잡지가 팔렸다고 적고 있다. 이것은 전체 출

1 그는 2008년 결국 총리 자리에 올랐다.

〈표 1〉 일본 전체 출판물 발행 부수 중 만화의 비중

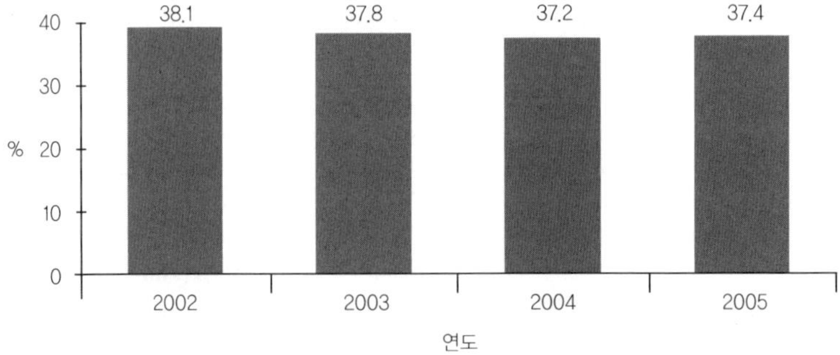

출처: 2006 출판지표 연보

판량의 약 37.4%의 수준이다.

〈표 1〉에서 보면 이 비율은 40%에 약간 모자라는 정도에서 안정적이다. 그러므로 일본인들이 전철 안에서 들고 있는 책 10권 중 4권이 만화책이라고 해도 이상할 것은 없는 셈이다.

한국에는 여기 비교할 만한 통계가 정확히 나와 있지 않다. 대한출판문화협회 홈페이지 통계에 따르면 한국의 출판 부수는 2005년에 1억 1,965만 부이고, 이 중 만화가 2,326만 부이다. 이는 출판협회 납본 기준이므로 정확하지는 않은데, 이 수치만 따지고 보면 한국에서 유통되는 책 다섯 권 중 한 권이 만화책이다. 원래 출판량이 많지 않은데, 그 중에서도 만화의 비중이 약 20%로 크게 높지 않으니 노출도가 높지 않은 것은 당연한 셈이다.

부천만화정보센터가 추정한 우리나라 만화 시장의 규모는 어린이용 학습만화 시장을 포함하면 2005년 기준 약 3,557억 원이고, 실제로 보통 스토리가 있는 만화 시장은 약 922억 원 정도이다. 이는 판매액을 추정

한 것으로 발행액 기준의 출판 통계와는 다소 다른데, 부천만화정보센터의 2006년 만화산업통계연감에 따르면 만화 단행본이 전체 출판 시장에서 차지하는 비율은 2006년 현재 6.8%이다. 이는 바꿔 말하면 출판 산업에서 만화 산업의 비중이라고 말할 수 있을 것인데, 일본의 경우 이 수치가 만화 잡지를 포함하면 23% 정도(2005년 기준)이고, 단행본만을 계산하면 12% 정도이다.

다만, 만화가 '인기'가 있고 사회적으로 '용인' 된다고 해서, 반드시 그것이 만화의 '위상'이 현저히 높다는 것을 증명해주지는 않는다. 지금까지 고급문화와 저급문화의 논쟁에서 보았듯이, 용인한다는 사실이 곧 저급문화를 탈피했음을 의미하는 것은 아니기 때문이다. 2003년 일본 마이니치 신문에 실린 한 칼럼을 보자. 사실 이 칼럼은 필자 중 한 사람을 소재로 한 칼럼이었다. 만화를 좋아하는 필자의 얘기를 듣고 일본의 기자가 쓴 아주 짧은 칼럼인데, 이렇게 쓰고 있다. "세상의 아버지들이여. 전철 안에서 만화를 읽고 있는 젊은이들을 만나도, '요즘 것들은 맨 만화만' 이라고 한탄할 필요가 없소. 그중에서 나라를 일으켜 세울 사람이 있을지도 모르니." 이는 돌려 말하면, 전체적인 사회의 분위기는 '한탄' 에 가깝다는 말이기도 하다. 실제로, 일본에서 많은 사람들로부터 '만화 좋아한다는 얘기를 하면 별로 신뢰받지 못할 것' 등의 얘기를 들은 개인적인 경험도 있다. 일본이라고 해서 생각처럼 만화의 위상이 높지는 않다는 것은 이제는 일본에서 생활해본 사람들의 증언으로 많이 알려지기도 했다.

몇 가지 사실을 더 들어보자. 만화를 하나의 문화예술 분야로 보고 신문에 고정 면이 배정되기 시작한 것은 한국이 먼저였다. 조선일보는

1998년 1-2주일에 한 번씩 만화 관련 기사를 쓰는 지면을 고정 배치하기 시작했고, 이후 다른 여러 신문에도 비슷한 성격의 만화면이 생기게 된다. 일본에도 당시까지 만화를 다룬 기사와 고정 칼럼은 있었다. 그러나 일본의 기사나 고정 칼럼은 대체로 '엔터테인먼트 + 독서'의 형식으로 다뤄져 있었다. 쉽게 말해, 가벼운 책 서평이 나오는 난에, 비슷한 분위기로 만화에 접근했다. 그러나 이에 비해 한국 종합 일간지들의 만화 기사들은 만화가들의 인터뷰와 신간 리뷰, 만화 업계의 얘기까지를 다루며 다른 문화 장르와 똑같은 방법으로 접근했다. 이는 실제로 만화가 대중문화에서 일정한 지분을 차지했다고 보고, 독자적인 문화 장르로 판단했기 때문이었다(다만, 상대적으로 신문의 사회 적응이 유연한 한국에서는 2000년대로 접어들며 만화 산업이 예상처럼 성장하지 못하고, 만화의 인기도 컴퓨터 게임에 밀려 사그러들자 만화 지면도 하나둘씩 자취를 감췄다). 이 같은 발상은 상대적으로 보수적인 일본 신문에서는 나오지 않았는데, 일본이 이런 스타일의 만화 지면을 도입한 것은 그 후로도 수년이 지나서였다.

또 종합 스포츠 일간지는 물론, 종합 일간지에조차 스토리를 가진 만화가 그것도 적지 않은 분량으로 '연재'되는 것도 일본에서는 보기 힘든 일이다. 만화에 대한 노출도는 한국 역시 대단히 높은 수준이다. 스포츠 신문 만화를 보고 있다고 해서 이상하게 보는 사람은 없는데, 역시 그 점에서 성인이 즐길 수 있는 대중문화의 장르로서 '위상'은 가지고 있다고 봐야 할 것이다.

그런데 지하철 안의 만화 독서 인구를 단순 비교해서 일본에서의 만화의 위상이 한국에서보다 높다고 결론내리는 데에는 무리가 따른다.

이는, 좀 과장하자면, 자동차가 생활화되어 있는 나라 A와 자동차가 한 대도 없는 나라 B를 비교하면서 A나라 사람들은 B나라 사람들보다 운전을 즐기는 문화를 가지고 있다고 주장하는 것과 비슷하다. B나라에도 자동차가 보급됨에 따라 운전을 즐기는 사람들이 증가할 것이다. 유사하게, 지하철 노선의 발달이 만화 보급에 영향을 미치는 요인일 수도 있다. 전철은 버스보다 흔들림이 없어 무언가를 읽기에 좋은 환경이다. 서 있어도 독서가 가능하다. 게다가 통근거리까지 멀다면 출퇴근 시간에 전철에서 가볍게 읽을거리로 만화가 갖는 매력이 크다. 다른 모든 조건이 동일하다면, 전철망이 잘 발달되어 있어서 도심으로부터 먼 '베딩 타운'에서 장거리 출퇴근을 하는 전철 이용객이 많을수록 전철 안에서의 만화 독서 인구도 늘어날 가능성이 크다. 서울의 전철망이 현재처럼 도심과 주변 위성도시들을 잘 이어주는 복잡한 네트워크로 발전한 것은 그리 오랜 일이 아니다. 80년대 중반까지만 해도 서울의 대중교통은 버스 위주였고, 지하철은 지금과는 반대로 버스의 보조 수단에 가까울 정도였다. 운행 거리가 짧고 이용객이 적다면 만화가 지하철에서 노출되는 정도도 그리 높지 않을 것이다.

1980년대 중후반 서울의 전철 시스템이 도시를 순환하는 2호선과 도시를 X자로 교차하는 3, 4호선, 그리고 인천, 수원 등 위성도시를 연결하는 1호선의 체제로 기본적인 모습을 갖추게 되면서 만화가 대중적 공간에서 노출되기 좋은 환경을 갖추기 시작하는 단계에 들어섰다고 볼 수 있다. 환상선(環狀線)인 야마노테선을 중심으로 잘 발달되어 있던 도쿄의 지하철망과 모습이 유사해지기 시작한 것이다. 3, 4호선의 종착역들은 여전히 서울시 경계 안에 있었으나, 전철망의 기본적인 구도의 완성으로 도시 외곽으로부터 지하철을 이용한 도심 접근이 훨씬 용이해졌다. 이와 같은 전철망 정비와 발달의 최대 수혜자 중 하나가 스포츠 신문이다. 『일간스포츠』가 독주하던 스포츠 신문계에 『스포츠서울』(1985년)과 『스포츠조선』(1990년)이 창간된 시기가 서울시 지하철망의 정비-확장기와 일치하는데, 당시에는 지하철 역사 내 가판대뿐만 아니라 열차 내에서도 신문 판매가 가능했고, 스포츠 신문은 가벼운 읽을거리로 지하철 승객들로부터 각광을 받았다.

그리고 스포츠 신문 인기의 직접적인 영향을 받은 것이 바로 만화의 인기다. 『일간스포츠』, 『스포츠서울』, 『스포츠조선』 3사의 경쟁이 가열되면서 이들은 지면 확장도 경쟁적으로 하게 되었고 이와 함께 불어난 것이 만화 페이지였다. 심지어는 타블로이드판 별지 만화 부록까지 끼워 팔 정도였다. 대본소에서 어린 아이들이 보던 만화가 신문이라는 성인 매체로 옮겨옴으로써, 그리고 지하철이라는 대중적 공간에서 읽혀지기 시작함으로써 한국에서도 만화의 성인 독자로의 영역 확장, 더 폭넓은 대중화에 일조를 하게 된 것이다. 또한 스포츠 신문에 실린 만화에는 성인물이 많아서 단순한 성인 독자 확보를 넘어서 새로운 성인 만화 장르의 정착에도 기여를 하게 된다. 물론 이런 성인 만화는 종교, 교육, 학부모 단체들로부터 거센 비판을 받게 되고, 그 결과 1992년에 스포츠 신문의 별지 만화 부록은 폐지되기에 이른다.

그동안 한국에서 만화는 주로 아동들의 전유물이라고 인식되었기 때문에 만화의 대중적 확산이 쉽지 않은 환경이었다. 학술논문 검색 엔진에 "만화"를 입력해서 검색하면 2000년대 이전 검색 결과의 다수가 『초등우리교육』이라는 초등교육 잡지에 실린 글들이다. 이 잡지에 실린 글들의 내용은 만화의 해악을 경고하는 것과 만화를 교육적으로 활용하는 방법들이 주를 이룬다. 이 잡지에 기고한 한 만화평론가는 "만화가 아동, 청소년들에게 끼치는 해악은 사실상 작은 문제가 아니다"라며 만화가 본질적으로 부정적인 매체임을 기정사실화하고 있을 정도다.[2] 이런 상황에서 만화가 성인들에게 읽혀지고, 또 성인 지향 내용이 만화에 담기게 되기까지는 많은 우여곡절을 겪게 되는데, 이 부분은 뒤에서 차차 다루기로 하겠다.

물론 만화가 이전에 비해 한국 사회에서 대중적 노출의 정도가 크게 증가하고 대중문화 내에서의 위상이 높아진 것이 지하철망의 확장과 스포츠신문 보급의 영향이라고 주장한다면 그것은 명백한 인과관계의 오류이다. 그것은 여러 가지 요인들의 복잡한 상호작용의 결과이다. 먼저 어려서부터 만화와 만화영화를 보며 자란 세대는 성인이 되어서도 계속 만화를 읽는 사람들이 많이 남아 있게 되는데, 이런 인구학적 요인을 고려해야 한다.

외부적 요인으로는 일본의 존재를 들 수 있다. 지리적으로 가장 가까운 나라에서 만화가 당당하게 대중문화 장르로 자리 잡고 있다는 것은 여러 면에서 자극이 된다. 일본어는 한국어로 번역해도 번역 과정에서 상실되는 의미가 다른 언어에 비해 비교적 적은 까닭에 국내에서 창작되는 작품이 많지 않아도 일본 만화가 풍부한 공급원이었다. 콘텐츠 공급원으로서의 역할 이외에도 만화, 특히 애니메이션 분야의 전문 인력 형성에 일본이 끼친 영향이 작지 않다. 80년대, 90년대의 일본 애니메이션

2 위기철 (1990). "바른 현실, 바른 만화", 『초등우리교육』 4월호, pp.150-151.

을 보면 마지막에 크레딧이 올라갈 때 일단의 한국 이름들이 무리지어 올라가는 것을 쉽게 볼 수 있다(최근 일본 애니메이션의 엔딩 크레딧에는 한국 이름들과 더불어 중국과 동남아 이름들이 눈에 띄었다). 일본 애니메이션의 국제 분업의 결과이다. 동화, 채색 등 노동집약적 작업을 한국에 외주한 것이다. 일본의 애니메이션 산업에 한국의 인력들이 참여한 것은 공급 부문이 적극성을 띠게 한 계기로 작용했을 것이다. 뿐만 아니라, 이들 초기 인력들이 이후의 전문가 양성의 풀로 기능했다.

한국 사회의 만화계 및 학계, 정부의 의도적인 노력과 기획 역시 고려해야 할 부분이다. 만화계는 2001년부터 11월 3일[3]을 만화의 날로 정하여 각종 행사와 시상식 등을 개최하여 만화의 마케팅을 시도하고 있다. 1997년에 만화애니메이션학회가 창설되었고 이 학회는 『만화애니메이션 연구』라는 학술잡지의 발간을 통해 만화와 애니메이션의 학술적 연구를 행하고 있다. 한국 콘텐츠학회에서도 2001년에 『한국 콘텐츠학회 논문지』, 2003년에 『한국 콘텐츠학회지』, 2005년에 『게임&엔터테인먼트 논문지』 등을 차례로 창간해서 만화와 애니메이션 관련 논문도 일부 게재하고 있다. 이 학회는 문화콘텐츠 분과와 엔터테인먼트콘텐츠 분과에서 만화와 애니메이션을 담당하고 있다.[4] 2000년대 들어 만화-애니메이션 관련 학교와 학과의 설립도 두드러졌다. 2000년에 실업계 고등학교로서 한국 애니메이션 고등학교가 경기도 하남에 개교했고, 2001년에

3 11월 3일은 1996년 만화가들이 '만화심의 철폐를 위한 범만화인 결의대회'를 연 날이다. 일본도 11월 3일이 '만화의 날'이며, 우리나라보다 1년 늦은 2002년에 데즈카 오사무의 생일이라는 이유로 이 날을 '만화의 날'로 제정했다.

4 오용선 (2003), "학술위원회 분과별 기술소개", 『한국 콘텐츠학회지』 1, pp.84-98.

는 경남 애니메이션 고등학교가 개교했으며, 2002년에는 기존의 한 실업계 고교가 이름과 기능을 바꾸어 충남 애니메이션 고등학교로 개편되었다. 4년제 대학교에서는 만화학과, 애니메이션학과, 만화애니메이션학과, 출판만화학과, 애니메이션영상정보학과, 캐릭터디자인학과, 만화예술학과 등의 다양한 명칭으로 33개 학교가 만화와 애니메이션 관련 학과들을 개설하고 있다.

한류 현상 역시 만화의 저변 확대 및 만화산업에의 투자와 관련이 있다. 정부와 문화 산업계는 한류 현상의 유지를 위해 '문화 콘텐츠 개발'에 노력을 기울이게 되는데 '한국적인' 또는 '한국 고유의' 캐릭터 개발에도 힘을 쏟고 있다. 로보트 태권 브이의 부활이나 아기공룡 둘리의 애니메이션 시리즈 재개, 뽀로로 시리즈의 마케팅 등이 이러한 작업의 일환이라고 볼 수 있다. 이에는 한국에서도 익숙해진 일본 캐릭터들에 대항할 수 있는 고유 캐릭터 개발이라는 다소 민족주의적 동기 또한 작용했다. 정부 차원에서는 2001년 문화산업진흥기본법에 근거 한국문화콘텐츠진흥원을 설립해 만화, 애니메이션 산업을 위한 "정책 개발, 사업 지원, 인력 양성"을 하고 있다.[5]

이와 같은 여러 가지 요인들로 인해 2000년대 들어 만화는 하나의 고유한 산업으로 인정받고, '정당한' 학문적 연구의 대상이 되었으며, 따라서 대중의 거부감도 줄어들어 하나의 의미 있는 문화 활동 및 문화 현상으로 한국 사회에서 사리삽게 된다.

한 가지 알아두어야 할 것은, 한국에서나 일본에서 이런 산업적인 의

5 http://www.kocca.kr/start.jsp

1년에 발간되는 만화의 종수는 어느 정도가 될까?

단행본만을 따져보면 우리나라에서 2005년에 발간된 만화 단행본은 4558종. 일본은 같은 기간에 1만738종이다. 우리가 일본의 거의 절반 수준에 육박하고 있다.

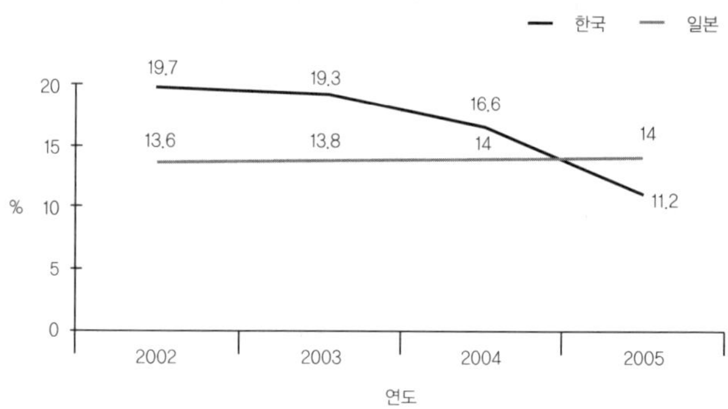

한국은 부천만화정보센터 통계를 그대로 사용, 일본은 출판협회의 통계를 그대로 사용

〈표 2〉 전체 신간 서적 종수 중 만화의 비율

더군다나 위의 표를 살펴보면, 전체 신간 서적 중 만화 신간의 비중은 2004년까지 한국이 더 많았다. 이것은 한국이 작은 시장에 비해 상대적으로 많은 종류의 만화를 찍어냈다는 뜻으로, 일본 만화 라이센스판을 활발히 수입하며 '다품종 소량 생산'을 했다는 것으로 풀이된다.

욕적 시도와는 정반대로 출판 만화의 일반인들에 대한 노출도가 점차 줄어드는 상황이라는 것이다. 일본의 경우 만화 단행본 시장은 판매액 기준으로 2500억 엔 수준에서 일진일퇴를 거듭하고 있지만, 만화 잡지 시장은 95년을 정점으로 2006년까지 11년 연속 마이너스 성장을 하고 있다. 한국에서도 출판 만화 단행본 시장은 2002년 이후 계속 마이너스 성장이다. 이런 출판 만화의 지분은 일본에서는 애니메이션과 TV게임으로 옮겨가고 있으며, 한국에서는 인터넷과 온라인 만화, 온라인 게임으로 옮겨가고 있다.

이런 점에서, 일본에서 만화의 위상이 절대적으로 높다는 선입견을 가지고 연구를 진행한다면, 이는 오류로 이어질 가능성이 높다는 것을 지적하고자 한다. 예를 들어 일본 만화의 트렌드가 움직인다고 해서, 이것이 일본 사회 전체의 트렌드를 이끈다든지 반영한다고 일괄적으로 단정하기는 힘들다는 것이다. 게다가, 한국에서나 일본에서나 만화-애니메이션 시장은 열광적인 팬 층에 의해 유지되면서 점점 그 취향이 일반인들이 접근하기 어려운 수준으로 변해가고 있다. 특히 출판 만화나 애니메이션은 종수가 점점 많아지면서 어느 한 세대나 시대의 아이콘으로 기능하는 경우가 거의 없어졌다. 쉽게 말해, 어느 만화 얘기를 했을 때 같은 또래라고 하더라도 해당 만화나 애니메이션을 알고 있어서 공감대를 형성할 가능성이 그리 높지 않다는 얘기다. 이 때문에 전체적인 사회를 이해하는 창으로서의 기능은 사실 세한석이 되어가고 있다고 봐야 할 것이다. 물론 한국의 경우 만화의 대중 노출 방법이 인터넷과 일반 서적에 가까운 고급 출판물 만화로 옮겨가면서 새로운 전기를 맞고 있다는 견해도 있다.

Ⅱ.

만화!

문화사회학적 읽기

제1장

만화 속에 비친 한국과 일본 사회

다물고 있던 입술을 열고 활짝 웃는 모나리자를 상상해본 적이 있는가? 미소의 여인 모나리자가 신비롭게 보이는 것은 그녀가 자애로운 눈길로, 절제된 엷은 미소를 띠고 있기 때문이다. 과연 그녀의 미소는 우아한 그녀의 인격을 보여주는 것일까? 아름다운 믿음이긴 하다. 하지만 사실, 그녀에게는 크게 웃을 수 없는 사정이 있었다. 당시 치과 치료의 수준은 대단히 열악했고, 모든 사람들의 치아 상태는 엉망이었다. 화가 입장에서는 형편없이 썩어 검게 된 이를 보여주지 않기 위해서는 한 가지 방법밖에 없었는데, 그것이 바로 모델의 입을 다물게 하는 것이었다. 이런 사실을 바탕으로 당시의 그림을 들여다보자. 그림 속의 모델들 모두가 입을 다물고 웃고 있음을 발견하게 될 것이다. 자, 이제는 이가 드문드문 빠지고 그나마 남은 이도 꺼멓게 썩은 모나리자가 밝게 웃고 있는 그림이 머릿속에 그려져 모나리자를 볼 때마다 미소를 짓게 되지는 않을지!

(그림 1) 입을 다물고 우아하게 웃고 있는 모나리자

모나리자의 미소가 이런 의외의 비밀을 가지고 있듯이, 문화적 텍스트는 보이는 것보다 훨씬 많은 그 사회의 비밀과 이야기를 담고 있다. 입을 다물고 웃고 있는 그림 속의 인물들은 그 당시 그 사회가 미소에 대해서 가지고 있는 태도와 당시 치과 치료의 수준을 말해준다. 또한 텔레비전과 영화 속의 범죄자들이 어느 지역의 사투리를 사용하는지 통계를 내 보면, 사회에 뿌리박고 있는 지역차별주의를 읽어낼 수도 있다. 이와 같이 문화적 텍스트가 사회에 대하여 무엇인가를 말해준다는 전제를 갖는 것을 '반영 이론(reflection theory)' 또는 '반영적 접근(reflection approach)'이라고 한다. 문화적 텍스트는 사회를 비추는 거울이며, 사회에 의해서 제한되거나 결정된다고 보는 것이 바로 이 이론이다.

반영 이론을 적용하는 연구들은 기본적으로 문화적 텍스트의 의미가

(그림 2) 이가 드문드문 빠지고 까맣게 썩은 모나리자의 미소는 이런 모습이 아닐까?

무엇인지에 관한 문제와 그 텍스트에 대한 상호 이해의 문제에 관심을 갖는 해석학적 시각을 가지고 있다는 공통점이 있다. 예를 들어 문학 작품이라는 문화적 텍스트를 연구 대상으로 하는 문학 비평의 경우를 생각해보자. 문학 비평은 문학 텍스트에 대한 분석과 해석, 평가를 포괄한다는 점에서 해석학과 뗄 수 없는 관계를 갖는다. 문학 비평의 역사를 살펴보면 그 초점이 작가로부터, 독자의 역할과 텍스트가 쓰여진 역사적 시대에 대한 논의를 수렴하면서 점차 텍스트로 옮겨갔다.[1] 초창기 문학 비평에서 해석학이 주로 관심을 가졌던 것은 작가가 의도했던 의미와 생각을 독자가 어떻게 찾아낼 수 있을지 여부였다. 이는 비평이라는

1 앤드류 에드거, 피터 쉐드윅 (2003). 『문화 이론 사전』, 박명진 외 옮김, 한나래.

것이 원래 성서에 대한 주석을 기술하기 위해 시작되었다는 것을 고려하면, 당연하다고 생각될 수 있다. 오랫동안 성서는 성스러운 정신의 직접적인 계시로 간주되었고, 그 자체가 자기 현시적인 실체로서 다루어졌기 때문에, 글자나 어구 하나하나 그 자체를 통해 절대적인 존재인 신이 무엇을 보여주려 했는지를 해석하는 데 열중할 수밖에 없었다는 것이다. 그러나 19세기 후반 독일의 철학자 빌헬름 딜타이(Wilhelm Dilthey)는 '해석이라는 것은 누군가의 머릿속을 들여다보는 것이 아니다' 라는 취지의 새로운 주장을 내놓았다. 딜타이는 작품 해석 시 작품의 배경이 되는 지적 상황과 사회적 환경 간의 관계를 발견함으로써 텍스트적 비평 분야를 사회과학적인 차원으로 확장시켰다.

중층 기술(또는 두터운 서술, thick description)로 잘 알려진 인류학자 클리퍼드 기어츠(Clifford Geertz)는 문학이나 미술 작품 등의 문화적 산물(cultural product)에 국한되어 있었던 해석학의 대상을 확장시켰다. 학문의 연구 대상에 있어서의 민주화를 이루었다고 평가되는 그의 대표적인 연구인 "심층놀이 : 발리의 닭싸움에 관한 기록들"에서 그는 발리 사회에서의 닭싸움을 심층적으로 분석하여 그 안에 녹아 있는 발리 사회의 계층 구조와 발리인들의 심리적 구조를 보여주었다.[2] 그리고 닭싸움 역시 그 가치에 있어 윌리엄 셰익스피어(William Shakespeare)나 찰스 디킨스(Charles John Huffam Dickens)의 작품과 다를 바 없는 중요한

2 Geertz, Clifford (1973). "Deep play: Notes on the Balinese cockfight", *The Interpretation of Cultures*, New York: Basic Books, pp.412–453.
클리퍼드 기어츠 (1998). "심층놀이 : 발리의 닭싸움에 관한 기록들", 『문화의 해석』, 문옥표 옮김, 까치, pp.482–532.

문화적 텍스트임을 주장했다.

기어츠는 인간이 " 자신이 뿜어낸 의미의 그물 가운에 고정되어 있는 거미와 같은 존재"라고 파악했던 막스 베버를 따라서 문화를 의미의 그물 즉 하나의 상징체계로 바라본다.[3] 그리고 문화의 분석은 법칙을 추구하는 실험적 과학이 되어서는 안 되며, 의미를 추구하는 해석적 과학, 즉 의미를 둘러싼 해석학이 되어야 한다고 주장한다. 그리고 특정한 문화를 텍스트의 집합체로 받아들여 해석을 하고, 그 해석은 대상 사회의 생활이라는 맥락에 뿌리내린 "중층 기술"이어야 한다는 것이다. 따라서 해석 작업은 쉬운 과제가 아니라 시간을 요하는 작업이다.

인간이 한 사회의 구성원이 된다는 것은 그 사회에 이미 존재하고 있는 상징체계를 습득하여 내면화하고 그 상징체계가 반영하고 있는 사회의 질서와 규범을 따르는 것이다. 그렇지 않으면 사회생활을 제대로 해나가기가 어렵다. 당신이 길거리를 지나가다 한쪽 눈만을 깜빡거리는 사람을 보았다고 가정해보자. 한쪽 눈만을 깜빡거리는 사람을 좀 더 객관적인 용어로 묘사해보면, 한쪽 눈의 근육만을 수축시키는 행위를 수행하고 있는 사람이며 우리는 이 행위를 주로 윙크라 부른다. 그렇지만 한쪽 눈만을 깜빡이는 이유는 다양할 수 있다. 한쪽 눈에만 먼지가 들어가서 아프기 때문일 수도 있고, 그냥 한쪽 눈만을 깜빡거리는 습관이나 질병을 가지고 있을 수도 있다. 그렇지만 만일 마음에 드는 누군가를 향

3 Geertz, Clifford (1973). "Thick description: Toward an interpretive theory of culture", *The Interpretation of Cultures*. New York: Basic Books. pp.412-453.
클리퍼드 기어츠 (1998). "중층 기술: 해석적 문화 이론을 향하여", 『문화의 해석』, 문옥표 옮김, 까치, pp.482-532.

해 같은 행위를 했다면 이것은 관심 또는 사랑의 눈짓이고, 두 사람이 약속을 하고 한 사람이 한쪽 눈을 찡그리면 무엇인가를 하기로 했다면 이것은 음모의 눈짓이다. 그리고 음모, 관심 또는 사랑이란 이미 확립된 사회적 관습에 의해 의미를 갖게 되기 때문에 그러한 맥락을 모른다면 행위를 할 수도 그 뜻을 이해할 수도 없다. 같은 행위라도 맥락에 따라 많이 다르게 인식할 수 있는 능력은 그 사회에서 통용되고 있는 상징체계를 습득해야만 가질 수 있다. 우리 자신은 우리가 인식하지 못할 뿐이지 살고 있는 사회의 상징체계를 능수능란하게 사용하고 있는 훌륭한 사회적 존재다.

중층 기술(또는 두터운 서술)은 표면적인 현상에 대한 단순한 묘사가 아니라 그 아래 깔려 있는 의미나 의도, 그리고 여러 가지 맥락까지를 기술한다는 점에서 현상 기술(또는 얇은 서술, thin description)과 구분된다. 위의 예로 생각해본다면, '한쪽 눈의 근육만을 수축시키는 행위' 가 현상 기술이라면, 각각의 맥락에 따라 '음모, 관심 또는 사랑' 으로 서술하는 것이 중층 기술이라 할 수 있다. 인간의 행위는 '의미' 를 지닌 행동이며, 문화는 '행위' 로 기록된 문서이다. 현상 기술과 중층 기술의 사이에 있는 위계적으로 연결된 여러 층위의 의미 구조가 바로 연구 대상이며, 특정 행위를 받아들이고 해석하게 해주는 이러한 의미 구조에 의해 행위가 하나의 문화적 범주로 존재하는 것이다. 중층 기술이 문화적 텍스트를 해석하는 데 있어서 매력적인 부분은 문화적 텍스트가 발생되는 곳의 문화와 삶, 그리고 사회에 대한 지식이 없이는 읽어낼 수 없는 지역적인 맥락과 본토적인 경험을 중시한다는 점이다.

1. 만화의 다양한 텍스트가 반영하는 한국과 일본 사회의 차이

반영 이론에 따른 연구들은 여러 가지 종류의 문화적 텍스트에 대해 다양한 방법론을 사용, 이러한 텍스트에 숨어 있는 사회의 모습을 분석해낸다. 반영 이론가들은 문학 작품, 미술 작품, 드라마, 광고 등 다양한 장르의 문화적 텍스트들을 분석했는데, 그 중 잘 알려진 두 연구를 소개해본다. 유명한 사회학자 중 하나인 어빙 고프만(Erving Goffman)은 광고가 일상생활에서의 구조적 관계를 알아볼 수 있는 훌륭한 재료라고 생각했다.[4] 그는 광고 속에서의 남자와 여자의 머리 위치에 주목했다. 광고 속에서 여성의 머리의 위치가 남성보다 더 높은 곳일 경우는 화려한 복장을 입은 상류층 여성이 등장할 때가 아니면 함께 있는 남성이 키 작은 요리사일 경우처럼 여성의 신분이 높다는 것을 누가 봐도 알 수 있을 때였다. 아니면 키가 크기도 하지만 동시에 뚱뚱하고 우스꽝스럽게 희화된 경우였다. 일반적인 광고에서 여성이나 어린이는 바닥이나 침대 등 남성들보다 낮은 위치에 있었다. 특히 여성들의 모습은 수줍어하며 무릎을 꿇거나 비스듬한 자세를 취하고 있었다. 고프만은 광고가 성차별주의를 반영하고 있으며, 남녀간의 불평등한 관계가 일상적 의례로서 받아들여지고 있다는 점을 분석할 수 있는 다양한 기법을 사용하고 있다고 결론지었다.

예술사학자인 엘리자베스 헬싱어(Elizabeth Helsinger)는 화가 윌리엄

4 Goffman, Erving (1979). *Gender Advertisements*, Cambridge (MA): Harvard University Press.

터너(Joseph Mallord William Turner, 1775-1851)의 그림에 해석학적 방법론을 적용했다.[5] 터너는 인상주의에 큰 영향을 미친 화가로서 주로 수채화와 판화를 통해 영국의 풍경을 평화롭고 아름답게 표현해냈다고 평가되고 있다. 그러나 헬싱어는 평화롭게 보이는 터너의 풍경화에서 평화스러움과는 반대되는, 1800년 초반 영국의 안정되지 않은 사회상을 분석해냈다. 영국의 1800년대 초반은 실업자 상태의 노동자들이 넘쳐나고, 지배 계층과 중상류 계층들은 이들이 반란을 일으킬지도 모른다는 공포심에 사로잡혀 있었던 시기였다. 그의 판화와 수채화는 의외로 곳곳에 그 당시 심각했던 계층 간의 갈등을 담고 있었다. '옥스퍼드 주 블렌하임' 이라는 판화를 예로 들어보자면, 그림 구도에 있어 중앙의 다리로 분리된 좌측과 우측에 대립적인 요소를 배치함으로써 투쟁의 장으로서의 영국을 담아내고 있다고 해석해내는 방식이다.[6]

회화적 요소와 스토리텔링적 요소를 함께 갖추고 대중에 의해 광범위하게 소비되는 만화와 여기에 음악과 생생한 동작까지 추가된 만화영화는 다른 예술 형태에 비해 반영 이론적 접근을 더 용이하게 할 수 있는 텍스트를 제공한다. 특히 한국의 만화와 만화영화가 일본의 영향을 많이 받아왔고, 또한 일본 작품의 수입이 직간접적으로 활발하다는 점을 감안하면, 같은 작품이 양국에서 소비될 때 드러나는 유사점과 차이점, 일본 작품이 한국으로 들어와서 한국적인 만화로 정착하는 과정에서 겪

5 Helsinger, Elizabeth (1994). "Turner and the Representation of England," in W. J. T. Mitchell (ed.), *Landscape and Power*, Chicago: University of Chicago Press, pp. 103–25.

6 Alexander, Victoria D. (2003). *Sociology of the Arts: Exploring Fine and Popular Forms*, Blackwell.

게 되는 변용 등의 비교 분석을 통해 양국의 사회 구조에 대한 풍부한 이해가 가능해진다.

1) 주제가는 알고 있다 : 주제가에 숨어 있는 한국과 일본

1960년대 말 이후로 많은 일본 만화영화가 한국에 수입됐다. 그런데, 이 만화영화들이 수입될 때 의외로 손이 많이 가는 것이 주제가 처리였다. 한국에서는 일본어 노래 방송이 금지돼 있었고, 단순히 더빙만 해야 하는 게 아니라 노래를 만들어야 하는 상황이 나왔기 때문이다.[7] 수입하면서 작사 작곡을 새로 한 경우도 많았지만, 70년대까지는 기존 곡을 사용하고, 가사만 번역하는 경우도 많았다. 일본의 주제가가 한국으로 들어오면서 어떻게 변했는지를 보면, 당시 두 나라의 사회 분위기 차이를 어느 정도 알 수 있다. 특히 공중파로 방영되는 만화영화는 상대적으로 노출도가 높기 때문에 여러 가지 규제가 있고, 또 이 과정에서 기성세대가 어린이들에게 강조하고 싶은 사회 규범이 반영되는 경우가 많았다.

① 말괄량이 마녀가 인고의 천사로?
–'적극적인 말괄량이' VS '인고하는 비련의 여인'

포털 사이트에 들어가 '캔디 세대'라고 입력해서 검색해보면 기사를

7 일본에서 한국 만화를 수입하는 경우도 비슷한 고민이 있었다. 일본의 경우 1990년대 초반에 〈2020 우주의 원더키디〉 등 한국의 만화영화를 수입 방영할 경우 일단 원곡을 그대로 사용하고 일본어 자막을 다는 방법을 사용했는데, 2000년대 들어서는 아예 새로 일본어판 주제가를 만드는 경우가 많아졌다.

(그림 3) 만화영화 〈캔디〉는 1970년대 말부터 1980년대 초를 휩쓸었다. 그 인기에 편승하여 한국 내에서 자체적으로 극영화를 제작하기도 했다. 이 자료는 1981년 7월에 개봉된 국내영화 "캔디캔디"의 포스터이다.

포함하여 상당히 많은 정보들이 출력된다. 물론 학술적인 용어도, 또 X세대니 영상세대 등과 같이 매스컴을 풍미했던 용어도 아니지만, 만화영화 〈캔디〉는 한 세대를 규정짓는 용어로 사용되는 것이 이상하지 않을 정도로 그 당시 많은 인기를 얻었다. 그리고 1977년부터 방송된 이 만화영화는 그 후 여러 차례에 걸쳐 재방송되기도 했다. 특히 1970년대 말에서 80년대 초까지의 인기는 가히 폭발적이었다. 만화 단행본으로 출간된 것은 물론 80년대 초반 한국에서 극영화로 만들어지기도 했을 정도였으니 말이다.

그런데 이 〈캔디〉의 주제가는 같은 멜로디를 사용하고 있음에도, 일본의 원곡과 한국의 노래에 미묘한 차이가 있다. 일단 일본의 원곡 템포가 한국 주제가보다 다소 빠르고, 편곡도 원곡은 가볍고 발랄한 느낌인데 비해, 한국의 주제가는 느리고 구성지게 되어 있다. 그러나 무엇보다 두 곡의 차이를 대변해주는 것은 군데군데 다른 가사이다. 이를 한 줄 한 줄씩 비교해보자.

한국 : 외로워도 슬퍼도 나는 안 울어. 참고 참고 또 참지 울긴 왜 울어

일본 : 주근깨 같은 것은 신경쓰지 않아. 납작코이긴 하지만 마음에 들고

한국 : 웃으면서 달려보자 푸른 들을, 푸른 하늘 바라보며 노래하자

일본 : 말괄량이에 장난치기가 너무 좋아. 달리기, 뜀뛰기가 너무 좋아

한국 : 내 이름은 내 이름은 내 이름은 캔디

일본 : 나는 나는 나는 캰디

한국 : 나 혼자 있으면 어쩐지 쓸쓸해지지만, 그럴 땐 얘기를 나누자 거울 속의 나하고

일본 : 외톨이로 있으면 아주 조금 쓸쓸해. 그럴 땐 이렇게 얘기를 해봐, 거울을 보면서

한국 : 웃어라 웃어라 웃어라 캔디야 울며는 바보야 캔디 캔디야

일본 : 웃어라 웃어라 웃어라 캰디, 울보 같은 건 안녕이야. 캰디 캰디.

전체적으로 비교해보면, 같은 가사를 번역해놓은 것임은 드러나는데 그 분위기가 아주 다르다. 일본 원곡의 캔디는 아주 발랄한 말괄량이다. 주근깨가 있어도, 납작코라도 신경쓰지 않고 달리고 놀고, 장난치는 아이가 캔디이다. 혼자이면 쓸쓸해지긴 하지만, 그런 때도 거울을 보면서 '자 웃자'라고 하는 명랑 쾌활하고 밝은 아이가 캔디인 것이다. 그리고 그런 분위기를 살리기 위해서 밝은 분위기의 편곡에 템포도 빠르다. 마지막 부분(외톨이로 있으면……)에서만 갑자기 분위기가 바뀌면서 일시 느려졌다가 '웃어라' 부분에서 다시 빨라진다.

그러나 한국으로 들어오면서 캔디는 비련의 여인, 인고의 여인으로 탈바꿈한다. 너무너무 힘들지만 참고 참고 또 참고, 울지는 말자, 웃어보자, 달려도 보고, 노래도 해보면서 웃으려고 노력하자, 혼자 있어서 쓸쓸하면 거울을 보면서 얘기하자 등등, 그런 분위기를 살리기 위해 템포도 느려지고, 노래도 구성지게 불렀다. 특히 마지막 부분의 번역은 직역인 것 같아도 뉘앙스가 많이 다르다. 원곡은 캔디 자신이 거울을 보면서 자신을 격려하는 내용으로 되어 있으나, 한국의 주제가는 시청자가(혹은 전지적 작가가) 캔디에게 웃으라고 하는 내용이다. 스스로 자신을 일으켜 세우고 노력하는 모습과, 외로워서 거울 속의 자기 자신과 이야기를 하는 불쌍한 모습, 그리고 남이 응원해줘야 할 필요가 있는 모습과는 큰 차이를 발견할 수 있다.

대체로 이런 차이는 1970년대의 양국의 여성 위상의 차이로 분석할

수 있지 않을까. 실제로 캔디라는 만화에서는 밝은 부분도 있고 어두운 부분도 있지만, 캔디라는 주인공 자체는 참고 또 참는 소녀는 아니었다. 대들고 싸워가면서 자신의 인생을 개척하는 적극적이고 활달한 소녀였는데도, 당시 한국 사회가 그런 적극적인 여성을 받아들일 수 있는 분위기가 아니었다.

참고로, 이런 소녀 캔디에 '인고'의 설정을 부과한 것은 단순히 노래 가사에서만은 아닌 것 같다. 캔디가 첫 방영되던 1977년 9월 19일 자 『경향신문』은 〈캔디〉의 소개 기사를 싣는데 다음과 같이 적고 있다. "(전략) 끝없는 괴로움을 맛본다. 이런 속에서도 언제나 예쁜 모습을 잃지 않고 착하게 자라나는 캔디. 어린이들에게 꿋꿋하고 아름다운 인간상을 심어줄 좋은 영화다." 방영 전에 쓴 기사이므로 기자가 전편을 보고 쓰기는 현실적으로 어려웠을 것이고, 아마 방송국의 보도 자료에 의존했을 가능성이 높다. 이는 주제가의 한국어 가사가 단순히 작사자의 즉흥적인 개사라기보다는 수입 의도에 충실했던 결과라는 것을 보여준다.

새프로

MBC TV 만화영화

「캔　　디」

역경을 딛고 자라나는

착한 고아소녀의 얘기

MBC TV는 소년소녀를 위한 순정만화영화「캔디」를 19일(월)부터 매주 월요일 하오6시에 방영한다. 「걸리버여행기」에이어 방영되는 이 프로는 영국 UK사가 75년에 제작한것으로 유럽을 비롯한 동남아 일대에서 현재까지 방송되고 있는 인기만화영화다. 이영화는고아소녀캔디가 역경과 고난속에서도밝고 명랑하게 자라나는 과정을엮어 어린이들에게 깊은감동을주는순정물이다.

기구한 운명으로 고아원에서 자라는 캔디는 티없이 맑고 순수한 마음씨로 열심히 배우고 건강하게 뛰어놀며 어른들을 공경한다. 친구들을 특히 아끼는 캔디는 늘 주위의 사랑을한 몸에 받는다. 여러해가 지나자 캔디는 어느 부유한 가정의 양녀로 가게되어 고아원을 떠나게된다.

정든 사람들과 헤어져야하는 슬픔을 겪으며 양녀로 간 캔디는 고아원에서 친하게 지냈던 친구에게배신을 당하자 크게서러워한다. 더구나 정다웠던 남자친구의 죽음을 지켜본그녀는 끝없는 괴로움을 맛본다. 이런 속에서도 언제나 예쁜 모습을 잃지않고 착하게 자라나는 캔디. 어린이들에게 꿋꿋하고 아름다운 인간상을 심어줄 좋은 영화다.

(그림 4) 〈캔디〉 방영 당시 신문에 난 프로그램 소개. '참고 견디는', '착하게'가 역시 강조되어 있다.
(1977년 9월 19일 『경향신문』)

– '섹시한 마녀' VS '인정받는 천사'

여성상과 관련된 이런 개사의 또 다른 예가 있다. 캔디보다 약 1년 전인 1976년에 방송됐던 〈요술천사 꽃분이〉이다. 〈요술천사 꽃분이〉의 원제는 〈꼬마 마녀 메구(魔女っ子メグ)〉이고, 역시 멜로디는 원곡과 같은 것을 사용하고 있다. 그러나 개사의 수준은 훨씬 강하다.

한국 : 아이라고 만만히 보았다가는 그렇구 말구요 큰일나지요.
일본 : 어린아이라고 생각한다면 큰 착각이예요. '여자' 예요.

한국 : 비록 여자로 태어났지만 남자도 못할 일 척척 해내네.
일본 : 가슴에 두 개 불룩한 것이 뭐든지 할 수 있다는 증거예요.

한국 : 수수한 옷차림에 모양은 안 내도 나만 보면 모두들 좋아하지요.
일본 : 화장 같은 것은 하지 않아도 당신은 나에게 벌써 푹 빠졌어요.

한국 : 두 눈에 구슬 같은 눈물이 맺히면 무뚝뚝한 남자라도 따라 울지요.
일본 : 비장의 무기인 '눈물'을 떠올리면 남자 같은 것은 한방에 넘어가요.

한국 : 요술천사 꽃분이 착한 꽃분이
일본 : 마녀아이 메구는 마녀아이 메구는

한국 : 세상사람 마음에 길이 남겨라.
일본 : 당신의 마음에 숨어들어갈 거예요.

거의 성희롱적인 느낌마저 드는 원문 일부를 고친 것은 이해한다 하더라도, '마녀'가 '천사'로 바뀌었다는 점에는 주목할 필요가 있다. 주인공이 '마녀'인 것을 용납할 수 없었기 때문이었을 것이다. 게다가 원곡에는 없는 부분을 만들어넣기도 했는데, '비록 여자로 태어났다'라든지, '남자도 못할 일' 등의 부분은 요즘의 페미니스트적 시각에서 보면 비판의 대상이 되고도 남을 내용이다.

TV하일라이트

지구에 내려온 꽃분이

★MBC「요술천사꽃분이」(6시)

요술나라의 아미따문 아가씨꽃분이가 장차 요술나라의 여왕으로서의 수련을 쌓고자 지구에내려온다. 그러나 인간세상에 눈이어두운 꽃분이는….

(그림 5) 〈요술천사 꽃분이〉라는 제목으로 한국에서 방송됐던 〈꼬마 마녀 메구〉. 역시 가사가 대단히 수동적인 여성을 강조하는 쪽으로 바뀌었다.
(1976년 4월 15일 『경향신문』)

일본 원곡의 주인공 '메구'는 말 그대로 '마녀'이고(착한 마녀이기는 하지만) 사내들의 마음을 자신이 휘어잡겠다는 의지를 보여주는 적극적인 캐릭터다. 이것이 한국으로 와서는 수동적으로 '가만히 있는데도 무조건 인기 좋은 소녀' 상으로 바뀌어버렸다. 일본에서는 이성을 끄는 매력 자체를 하나의 '능력'으로 다루고 있는 데 비해, 한국에서는 '남자도 못할 일을 척척 해내는' 순수한 실무 능력을 중시했다는 것이 특이하다. 일본에서는 남자를 꾀기 위해 (거짓) 눈물을 흘리는데, 한국에서는 그냥 눈물을 흘리면 자연스럽게 남자들이 감동하는 것으로 돼 있다. 또한 '세상사람 마음에 남겨두는 것'과 '당신의 마음에 숨어들어가는 것'은 주인공의 성격에서 근본적인 차이를 보여준다.

한국판의 경우 그냥 제자리에서 묵묵히 자신의 위치(그것이 성적인 역할 분담이건 분수이건)를 지키면, 자연스럽게 성공(?)하고 세상 사람들이 인정해주는 것으로 표현되고 있다. 이는 인생관 자체가 '다른 사람에게 인정받는 것'이라는 내용과도 상통한다. 반면 '당신 마음에 숨어들어가는 것'은 적극적인 태도일 뿐 아니라 대상도 분명하다. 당시의 일본 사회가 '세속적 의미의 출세'보다는 '한 사람의 사랑'을 더 중요시하는 분위기로 진입하고 있음을 보여주는 것이 아닐까.

② 'Oh, sun boy'와 '와! 햇님 아들'

1970년대 중반에 일본에서 국내로 수입 방송된 만화영화 중에 〈서부소년 차돌이〉라는 만화가 있었다. 이 만화의 제목은 원래 〈황야의 소년 이사무〉로, 젖먹이 때 서부에서 아버지를 잃은 일본인 소년 이사무의 얘기이다. 이 만화가 한국에서 방영되었을 당시 주제가는 '와! 햇님 아들 우리들의 차돌이'로 시작됐다. 원곡은 'Oh, Sun boy 우리들의 이사무'로 시작하며, Sun boy를 외치는 것은 일본의 상징이 해이기 때문이다. 일장기의 해를 비유해서 '태양의 아들'이라고 한 것인데, 이 정도의 비유에서 굳이 일본의 냄새가 묻어나는 것은 아니고, 그냥 의역해서 '햇님 아들'이라고 한 것이 무리는 아닐 것이다. 그러나 아직도 의문은 남는다. 왜 'sun boy'를 굳이 '햇님 아들'로 바꿔야 했을까? 아이들 대상의 만화라 영어가 어울리지 않기 때문이었다고 넘어간다고 해도, 감탄사마저 'Oh'에서 '와'로 고칠 필요가 있었을까?

1970년대 당시만 해도 일본에서는 노래에 영어가 많이 들어갔지만, 한국의 경우 노래에 영어 가사가 들어가는 경우가 거의 없었다. 전 세계적으로 불고 있는 국제화 논의를 감안하더라도 과다하다고 할 수밖에 없는 현재 한국 사회에서의 영어 광풍을 생각하면 상상하기 힘들 것이다. 그러나 이런 상황은 당시 한국 사회가 강력한 민족주의의 영향 아래 있었다는 점에 기인하기도 한다.[8] 이런 민족주의는 국민 통합의 수단으로 사용됐기 때문에 배타적인 모습을 띠기도 했고, 나아가 외국 문화의 배격으로 이어진 상황이었다. 이런 상황은 1970년대에 외래어 간판 단속이라는 모습으로 나타나기도 했고, 1980년대에는 위성방송 안테나를 사회악으로 규정하는 모습으로 나타나기도 했다.

이것은 단순히 한국의 특수성으로 치부하기는 힘들다. 민족국가의 통합이 완성되지 않은 상황에서는 외국의 문화를 문화 침략으로 치부하고 유입을 적극적으로 막는 모습이 단순히 한국만의 상황은 아니기 때문이다. 한류에 대한 중국의 반응을 보면 좋은 예가 될 수 있을 것이다. 한국 드라마가 중국에서 한류라는 흐름을 형성하는 과정에서, 중국은 초창기에 한류를 높이 평가하고 이를 본받자는 여론이 형성됐으나, 어느 수준을 넘어가자 적극적으로 평가절하하고, 나쁜 점을 강조하게 된다. 중국 일부에서 한국 방송을 청취하기 위한 위성 안테나를 단속하기도 했고 결국은 한때 가장 인기를 모았던 드라마 '대장금'이 가장 나쁜 드라마로 평가절하되기도 했다.

이런 민족주의 때문에 주제가에 영어나 외래어가 최소한으로 제한되고 있던 현실이 만화영화 주제가 가사에 남아 있다. '로케트 펀치'만 해도 '로케트 주먹'이 되던 시절로, 이와 같은 시대 상황으로 인해 다음과

8 이에 대한 분석은 차후에 〈대야망〉을 통해 심도 있게 다룰 것이다.

같은 몇 가지 특이한 번역이 나오게 된다.

일본 : 슈퍼 로보트 마징가 Z

→ 한국 : 인조인간 로보트 마징가 Z (〈마징가Z〉 중에서)

일본 : 아마노이드를 무찔러라 제로 테스터

→ 한국 : 우리의 용사는 우주 삼총사 (〈우주삼총사〉-원제 〈제로테스터〉 중에서)

일본 : 이때다 발사! 브레스트 파이어

→ 한국 : 나타나면 모두모두 벌벌벌 떠네(〈마징가Z〉 중에서)

일본 : 아아아 사이보그 009(제로 제로 나인)

→ 한국 : 아아 무적의 009(공공구 혹은 영영구)(〈무적의 009〉-원제 〈사이보그 009〉 중에서)

일본 : 황금 BAT(일본어 발음으로 오곤 밧토)

→ 한국 : 황금 박쥐(〈황금박쥐〉-원제 〈황금 BAT〉 중에서)

일본 : Dash! Dash! 단단단단 Dash! Dash! 단단단단 스크램블 Dash!

→ 한국 : 달려라 달려 찡가, 날아라 날아 찡가, 용감하게 싸워라(〈그레이트 마징가〉 중에서)

이런 '우리말화 현상'이 반드시 1970년대에 특정된 현상은 아니다. 1970년대 이후로 오랫동안 계속됐고, 지금도 어느 정도는 유지되고 있다. 앞서도 설명했듯이, 일단 만화영화가 아이들 대상이라는 관념이 우리나라에서는 아직 강하고, 아이들이 이해할 수 있는 만화 가사를 만들려고 한 듯하다. 그러나 예전처럼 강박관념에 가까운 우리말화는 사라졌다. KBS 1TV에서 2007년에 방송된 〈라라의 스타일기〉(원제는 きらりん☆レボリュション)가 좋은 예가 될 듯하다. 이 애니메이션은 한 여중생이 아이돌 스타가 되는 과정과 연예계 이야기를 담은 작품이다. 일본에서는 나이가 어린 여자 아이들을 대상으로 한 만화인데, 애니메이션을 만드는 과정에서 일본의 아이돌 그룹인 '모닝구 무스메' 멤버를 성우로 기용하고 주제가와 삽입곡을 많이 넣었다. 그런데 우리나라에서는 이 만화를 수입할 때 기존의 삽입곡은 대부분 그대로 사용했지만, 오프닝과 엔딩에는 일본의 주제가를 사용치 않고 새로 주제가를 만들어 넣었다. 그런데 삽입곡이 번안되는 과정에서는 약간이기는 하지만 '한글화' 현상이 나타난다.

일본 : (원곡) 사랑일까 느낌이 오면 Say "사랑이여 이뤄져라" 라고

→ 한국 : (번안곡) 사랑일까 느낌이 오면 내 마음은 두근두근

그런데, 막상 일본 원곡과 관련이 없는, 한국판 주제가는 어땠을까? 조금만 소개한다.

이대로 네 곁에 있을게 나

I want you love it baby,

Fly me baby, To the heart

시원한 바람이 나를 문득 스쳐갔어

아무 예고도 없이 네가 내게로 오던 날

현기증처럼 넌 그냥 나를 스쳐갔어

아무 인사도 없이 그렇게 시작된 거야

다가온 그 날부터 (Oh love) (후략)

일본 원곡과는 비교도 할 수 없이 영어 가사가 많다. 물론 이것을 단순히 민족주의 코드로 해석하기는 힘들다. 우선 과거 1970년대와 달리 현재는 만화 주제가에 일반 노래를 쓰는 경우가 늘어나고 있고, 주제가 안에서만은 '어린이 프로그램' 의 논리보다는 '노래' 자체의 논리가 지배하는 경우가 많아졌다. 만화 자체로만 보면 애니메이션의 주제가가 어린이들 대상에서 일반 가요로 변화됐다는 의미를 부여할 수도 있겠다. 또 우리나라에서 방송될 때 타깃 연령이 일본보다는 다소 높았을 수도 있다. 다만, 과거만큼은 주제가에서까지 어린이들에게 '우리의 것' 을 강조할 필요가 없어졌다는 의미 정도로는 해석해도 무리가 없을 것이다.

③ 힘세고 '인정 많은' 로보트 용사 마징가 Z

주제가 번역 과정에서, 원작과는 전혀 관계없이, 갑자기 등장하는 단어가 있는데, 대개는 '마음 착한' 이나 '착한' 이다. 아마도 이 당시 한국의 어른들이 어린이들에게 강조하고 싶었던 가장 큰 덕목이 아니었을까?

일본 : 폭풍우를 향해 달리는 이사무

→ 한국 : 씩씩하고 슬기롭고 '마음 착한' 차돌이(〈서부소년 차돌이〉-원제 〈황야의 소년 이사무〉 중에서)

일본 : 마녀아이 메구는 마녀아이 메구는

→ 한국 : 요술천사 꽃분이 '착한' 꽃분이(〈요술천사 꽃분이〉-원제 〈꼬마 마녀 메구〉 중에서)

일본 : 무적의 힘은 우리들을 위하여

→ 한국 : 우리들을 위해서만 힘을 쓰는 '착한' 이(〈마징가Z〉 중에서)

이러다 보니, 마음이 없는 '로봇' 에게도 '착하다' 는 표현을 넘어서 '인정 많은' 이라는 표현을 쓰는 경우마저 생겼다. 1978년에 나온 〈마징가 Z〉의 주제가 2절을 보자.

일본 : 발사! 명중! 미사일 펀치

→ 한국 ; 힘세고 '인정 많은' 로보트 용사

〈아톰〉처럼 감정을 가지고 사람에 가까운 로봇이 아니라 자동차처럼 조종하는 로봇에 '인정' 이라는 말을 붙이는 것은 논리에 맞지 않는 일이기도 하다. 이러한 번역 상에서의 차이는 당시 로봇에 대해 가지고 있었던 인식에 있어서 한국과 일본 간의 미묘한 분위기 차이를 대변하는 것이다. 대체로 1960년대와 1970년대 초반에 거대한 로봇 만화를 만들어냈던 일본의 만화 작가들은 로봇에 대해 감정을 투영하고 있지 않았다. 실질적인 최초의 거대로봇 만화영화라고 할 수 있는 일본의 〈철인 28호〉의 경우 로봇 '철인 28호'는 리모콘으로 원격조정을 하는 스타일의 로봇이었다. 그래서 만화 전체가 조종기 쟁탈전을 주제로 하고 있다. 조종기가 악한의 손에 넘어가면 서슴지 않고 거리를 부수는 로봇이 철인 28호다. 그래서 일본의 철인 28호 주제가는 '어떤 때는 정의의 편, 어떤 때는 악마의 졸개'라고 언급하고 있으며, 원작자 역시 '철인 28호'가 단순히 정의의 사도처럼 보이는 것을 대단히 꺼려했다.

이것은 〈마징가〉에서도 마찬가지였다. 마징가 역시 조종사의 의지에 따라 '신도 될 수 있고 악마도 될 수 있는' 거대한 힘을 상징하는 것으로 되어 있다. 역시 애초부터 로봇은 힘을 가진 기계이고, 그것을 움직이는 것은 인간이라는 점을 수차 강조하고 있다. 다만, 이런 점은 일본 자체에서도 어린이를 대상으로 한 애니메이션에서는 강도가 많이 약화되어 있다. 철인 28호나 마징가의 원작자는 이 점을 아쉬워하는 일이 많았다. 그것이, 한국에 오면 더욱 더 극단적인 형태가 돼서, 로봇 자체가 인간처럼 감정을 갖고 있고, 그것이 미덕으로 여겨지는 해석이 나오고, 이것이 '인정 많은'이라는 주제가 가사에 투영되어 있는 것으로 보인다.

마징가 Z와는 다른 방송국에서 방송한 〈그레이트 마징가〉 노래를 살펴보도록 하자.

> 일본 : 나는 눈물을 흘리지 않아. 로봇이니까. 기계(machine)이니까.
> → 한국 : 그레이트 그레이트 마징가 지구를 위해 싸운다.

원본에는 감정 없는 로봇이라는 점이 아예 노래 가사에도 명시되어 있는 셈이다.

2) 혐한류가 그리는 한국인의 얼굴, 그리고 일본 속의 한국인의 얼굴

이번엔 가사가 아니라 그림체를 가지고 생각해보도록 하자. 2005년에 외교적으로 화제가 된 일본 만화 중에 〈혐한류〉라는 만화가 있다. 〈혐한류〉는 이른바 '이런 이유 때문에 한국은 혐오할 만한 나라다'라는 내용을 담은 반한 만화다. 일본에서는 단기간에 큰 히트하면서 베스트셀러에 올랐다. 이 만화의 성공 비결에 대해서는 논의돼야 할 점이 많지만, 일단 이 만화에는 특징이 있다. 등장하는 주인공 중 일본인의 얼굴은 말 그대로 만화에서나 보이는 미남미녀인데, 악역으로 등장하는 재일교포의 얼굴은 광대뼈와 실눈을 강조하는, 이른바 '못난' 얼굴이라는 점이다.

일본의 『요미우리신문』은 이를 놓고 "작가가 편드는 인물을 미남미녀로 그려놓고 상대편을 추하게 그리는 수법은 일종의 이미지 조작"이라며 "이 책 자체가 한국에 의한 이미지 조작을 비난하는 내용인 만큼 더욱 안 좋다"고 지적했다. 『요미우리신문』은 이어 "한국에서 일본인을 그릴 경우 이 책에서 한국인이 그렇게 그려졌듯이, 광대뼈에 실눈이 될 경우가 많다. 싫어하는 얼굴만은 한일 공통인 것 같아 서글프다"고 이야기하고 있다. 『요미우리신문』이 지직하는 바와 같이, 한국의 신문 만화나 삽화에서 보면 일본인의 모습은 대개 촌마게라고 부르는 일본식 상투를 틀었거나, 뻐드렁니에 기모노와 게다를 신고 있다. 물론 일본인들은 이런 그림 자체가 모독이라고 여긴다.

(그림 6) 일본을 상징한다고 볼 수 있는 세 가지 이미지

미국 사회에서 일본을 상징하는 대표적인 이미지들은 일본이 국제 사회와 미국 사회에서 가지고 있는 위상의 변화와 더불어 변화되어왔다. 일본에 대한 관심이 많지 않던 시기, 이를 다르게 말하면 미국 사회에 일본의 영향력이 크지 않았던 시기에는 촌마게에 뻐드렁니, 기모노와 게다를 신고 있는 모습이나 게이샤가 일본 하면 떠오르는 이미지였다. 그러나 1990년대 들어 미국 경제가 불황에 빠지고 일본이 경제대국으로 떠오르면서 엄청난 거구인 스모 선수의 이미지가 대표 이미지로 등장한

다. 그 후 점차적으로 스모 선수와 사무라이가 함께 나오게 되었다.

일본의 주류 만화계에서는 이런 왜곡된 이미지가 오래 전에 문제가 됐다. 일본 만화 중 〈사이보그 009〉라는 만화가 있다. 이 만화는 아홉 명의 사이보그가 등장하는 활극물로, 1960년대 일본의 대히트작 중의 하나다. 한국에서도 1973년에 수입돼 〈무적의 009〉라는 제목으로 방영됐다. 이 만화에는 주인공으로 9명의 개조인간이 등장한다. 이들은 당시 001부터 009까지 번호가 붙어 있는데, 이중 한 사람인 '008'이 아프리카 전사 출신으로 흑인이었다. 그런데, 이 008의 얼굴은 입술이 얼굴의 반을 차지하고 있다.

70년대 만화에서 일본뿐만 아니라 한국에서도 공통적으로 나타나는 특징 중 하나는 이른바 '토인'들의 얼굴에서 입술을 과장되게 강조하는 것이다. 그런데, 70년대 후반부터 이런 작화가 편견에 의한 이미지 조작이라는 비판이 대두되자, 1980년에 나온 이 만화의 극장판 애니메이션 '초은하 전설'에서는 같은 008의 입술 생김이 보통 사람처럼 바뀌게 된다.

이 만화뿐만 아니라 일본 만화계는 70년대 이전 만화의 복각판을 출판할 때는 어떤 형식으로든 사과문이 붙는 경우가 많아졌다. 보통은 인종차별적 표현에 대해 사과하고, 이러한 표현이 당시에는 널리 쓰였던 표현으로 작자는 물론이고 독자에게도 차별 의식은 없었다고 해명한다. 그러나 역설적으로 이러한 사과와 해명은 당시까지 흑인에 대한 차별 의식이 매우 일반적이고 광범위했다는 반증으로 볼 수 있을 것이다. 이렇게 한 나라의 만화에 등장하는 외국인에 대한 일반적인 만화식 서술 방법은 말 그대로 어느 나라에 대한 그 나라의 인식 수준과 이미지를 나타내주기도 한다. 그 대표적인 예가 일본 만화에서 드러나는 한국의 이미지다.

(그림 7) 입술이 얼굴의 대부분을 차지하는 흑인들은 대부분 오지에서 살고 있는 미개한 모습으로 등장하는 경우가 많다.

일본에서 크게 히트한 드라마 〈겨울연가〉가 촉발한 한류 열풍 이전까지만 하더라도, 일반 일본인들에게 있어서 한국은 무관심의 대상이었다. 한국인의 해외여행 자유화가 이루어진 것이 80년대 말부터였기 때문에 사실은 외국인들이 한국인들을 접하는 것 자체도 힘든 환경이었다. 일본 입장에서는 과거 식민지 통치 경험 이외에는 한국에 대한 정보가 많지 않았던 셈이다.

자연히 이전의 만화에는 한국에 대한 서술 자체가 많지 않다. 굳이 따진다면 몇몇 스포츠물이나 역사물 정도이고 그것도 상당히 전형적인 모습이다. 〈내일의 죠〉라는 작품을 살펴보자. 후술하게 되지만, 이 만화는 1960년대 말 작품으로 일본 만화의 대표적인 걸작 고전으로 꼽히는 권투만화인데, 한국에도 〈도전자 하리케인〉이라는 제목의 번안판으로 소년잡지에 소개돼 크게 히트했다. 이 만화에서는 주인공의 대전 상대역으로 한국인이 등장한다. 동양 챔피언 '김용비'라는 이 인물은 거의 음식을 먹지 않아 감량이 필요 없는 사람으로 묘사되고, 이 원인은 한국전쟁에 있었다. 그는 어렸을 때 한국전의 와중에서 먹을 것을 얻으려고 어떤 사람을 돌로 치는데, 알고 보니 자신의 아버지였고, 그 때문에 극단적으로 식사량이 줄어들었다는 내용이다.[9]

9 김용비라는 인물은 한국의 번안판에서는 '레오 맨발'이라는 동남아인으로 묘사되었고, 한국전의 내용은 삭제된 채, 시합 중에 상대방을 죽인 죄책감을 가진 사람으로 나온다.

(그림 8) 미국의 대표적인 지성파 흑인 미남 배우 덴젤 워싱턴(Denzel Washington, 좌측)과 NBC 간판 언론인이었던 브리언트 검벨(Bryant Gumbel, 우측). 이들 얼굴에서 입술만 두터운 토인 형상을 찾아보기는 힘들다.

이 만화의 스토리 작가는 뒤에 소개할 최영의의 가라테 제자로 재일 한국인을 대단히 많이 만난 사람이고, 어느 정도는 한국에 대한 이해가 있었던 사람이다. 그래도 한국인에 대한 인식 수준은 '전쟁'이 큰 부분을 차지하고 있었다고 볼 수 있다.

1970년대까지의 한국 묘사는 이렇게 스토리 작가의 개인적인 인연에 의존하는 정도다. 다만, 당시는 스포츠계에서 재일 한국인들의 활동이 두드러져서 그런 점을 만화가 짚고 넘어가는 경우가 많았다. 예를 들어, 한국에도 소개돼 큰 화제를 모았던 〈타이거 마스크〉의 경우 1970년대의 레슬링 스타 '김일'이 실명으로 등장한다. 당시 일본에서는 유명 스포츠 스타들이 허구의 만화 속에서 실명으로 등장하는 경우가 적지 않았는데, 바로 이런 케이스이다. 그는 일본에서 '오키 긴타로'라는 이름으로 활약하던 선수이기도 했는데, 〈타이거 마스크〉에서는 이 김일이 토너먼트 대회에 참석하는 이야기가 등장한다. 김일은 주인공인 타이거 마스크의 정체를 알고 있는 선배로, 홍미삼아 타이거 마스크 가면을 써봤다가 사건에 말려들게 된다. 이 만화에서 결국 김일은 타이거 마스크를 위해 승부에서 스스로 물러나는 형식이 되는데, 한국인과 일본인이 대립 관계에 서지 않고 협력하는 희귀한 케이스이다.

이런 상황은 1988년 올림픽 개최 이후에 상당히 바뀐다. 스포츠 만화는 일단 '올림픽 출전'을 계기로 주인공이 서울에 가는 경우가 생기고, 일반 만화에서도 조금씩 한국에 대한 관심이 늘어나게 된다. 이는 '올림픽을 계기로 한국에 대한 관심이 늘어났다'는 일본에서의 상식과 일치한다.

실제로, 한국인들에 대한 전형적인 패턴이 생기는 것은 이때부터인데, 만화 속의 한국인에 대한 이미지는 '자국에 대한 지나칠 정도의 프라이드를 가진(내셔널리스틱한)', '육체적으로 강인하고 힘찬', '고집이 세고 유교적 전통에 충실한' 이미지가 자주 등장한다.

예를 들면, 〈맛의 달인〉이라는 제목으로 한국에서도 인기 작품이 된 〈오이신보〉의 경우 등장하는 한국인들이 언제나 고집 센 스타일이다. 한 에피소드에서는 일본인(주인공의 상사로 좀 방정맞은 역할을 맡은 인물이다)이 어른 앞에서 담배를 피우고, 술을 마음대로 들이키자 한국인들이 모두 자리에서 일어나서 나가버린다. 결국 이런 갈등은 일본 측에서 한국 측의 예절을 배워서 담배는 삼가고, 술은 고개를 돌리고 마시는 한국식 예절을 식사자리에서 충실히 갖춤으로써 해결된다.

물론, 식사자리에서 격분한(음식이든 예절이든 여러 원인으로) 사람이 자리를 박차고 일어나고, 이를 음식 등으로 해결하는 것은 이 만화의 전형적인 패턴이기도 하지만, 그 근저에는 당시 일본인들이 한국인들에 대해 떠올리는 것은 '유교식 예절'이 한국인의 특징 중 하나라는 일본인의 생각이 깔려 있기 때문이기도 하다. 사실 이 만화가 나올 당시에는 한국이나 일본이나 유교식 예절을 강조하는 사회는 아니었다. 말 그대로 일본인의 눈으로 본 한국의 이미지였던 셈이다.

두 번째 등장하는 한국인은 일본에서 음식을 공부하고 있어도 "세계 최고의 한국 요리를 더욱 갈고 닦기 위해서"라는 이유를 들고 있는 인물이다. 한국의 음식이 최고라고 대결을 주장하는 이 인물에 주인공 일행들은 다소의 당혹감을 느끼는데, 일본의 경우 1990년대에 들어서면 이미 민족주의가 상당히 탈색된 상황으로, 한국에 대한 이미지로 '민족주의'가 인상에 남는다는 해석이 가능하다. 또 다른 예를 들어보자. 1990년대 중반에 나온 인기 소년만화로 한국에서도 소개된 〈기동경찰 패트레이버〉에서는 한국인이 아주 짧게 단역으로 등장한다. 이 만화에서는 로봇 기술을 팔기 위해 경찰 로봇에 싸움을 거는 악역이 등장하는데, 이 악역의 기술 도입 제의에 한국인은 '한국은 이미 독자 개발 중이므로 일본의 기술을 살 필요가 없다' 고 얘기한다. 역시 '내셔널리스틱' 한 대답이다. 당시 일본에서는 '치마저고리'를 입고 다니는 조총련계 학생들에 대해 고집스러운 민족주의로 생각하는 시각이 상당히 넓게 펴져 있었는데, 이 만화의 한국에 대한 이미지에도 역시 혼용되어 반영된 것은 아니었을까.

이 시기의 한국인들은 대개 고집스러운 성격을 나타내는 각진 얼굴을 하고 있기도 하고, 어느 정도는 광대뼈가 나온, 이른바 서구에서의 동양인 이미지를 차용하고 있기도 하다. 한국인이나 일본인이나 비교적 구별이 가지 않는 얼굴임에도 불구하고, 구별된 표현을 쓰는 것은 아직 한국인에 대한 낯선 '외국인'의 이미지가 강한 탓으로 평가할 수 있을 것이다.

1990년대 중후반으로 들어가면, 〈신춘향전〉이나 〈이조 암행기〉처럼 한국 역사를 다룬 것들이 나오기 시작한다. 이는 한국 만화에서 〈아라비안 나이트〉가 나오는 것과 근본적으로 그다지 다르지 않다. 한국의 이미지라기보다는 외국의 쓸 만한 이야깃거리의 하나라는 접근이다.

그러나 이런 한국에 대한 이미지에 결정적인 변화가 일어나게 된다. 그 원인은 양국의 교류 증가와 한국의 일본 문화 개방이다.

1998년 10월 20일 김대중 대통령이 일본 대중문화의 개방을 공식적으로 발표하면서 1965년 일본과의 국교 정상화 이래로 금지되어온 일본 대중문화가 개방되었다. 1998년 공식적인 개방 발표 이전까지 일본 대중문화의 개방과 관련해서는 찬반 논란이 양립하고 있었다. 개방에 대한 완전한 합의가 이뤄지기 전 일본 대중문화의 개방을 선언한 정부는 그 충격을 최소화하기 위해 일본 대중문화를 단계적으로 개방한다는 원칙을 세웠고, 지금까지 4차에 걸친 일본 대중문화 개방이 이루어졌다. 1998년 10월 20일 1차로 당시 가장 많이 유포되었다고 알려진 출판만화를 개방했으며, 영화(4대 국제 영화제 수상작에 국한)와 비디오(극장 상영된 영화에 국한, 애니메이션과 성인 에로물은 제외)를 제한적으로 개방했다. 1999년 2차 개방을 통해 영화 및 비디오 부문의 개방 폭을 확대하고, 일본 대중가요의 공연을 제한적으로 허용했다. 2000년 6월 27일 3

차 개방을 통해 일본 대중가요를 전면적으로 허용하고 특히 극장용 애니메이션을 제한적으로 허용(각종 영화제 수상작에 국한)했다. 음반도 제한적으로 허용하고(일본어 가창 음반을 제외한 나머지 음반), 스포츠, 다큐멘터리, 보도 프로그램을 모든 방송매체에 대해 허용했으며, 케이블 TV 및 위성방송에 한해 공인된 국제영화제 수상작과 전체 관람가 영화로서 국내 개봉작에 한해 방영을 허용했다.[10] 그러나 3차 개방 이후 일본 역사 교과서 왜곡 문제가 이슈화되면서 한일관계가 급격히 냉각돼 3년여 동안 추가 개방이 진행되지 않다가 마침내 2004년 1월 1일자로 일본 대중문화 4차 개방이 이루어졌다. 케이블 TV와 위성방송을 통해 일본 드라마를 '12세 이상 시청가' 등급까지 시청할 수 있게 되었으며 일본어 가창 음반을 포함해 일본 영화·게임이 전면적으로 개방되었다. 그러나 일본 극장용 애니메이션은 2006년 1월 1일부터 전면 개방하는 것으로 유예 기간을 두었다. 방송의 경우 '일본어 가창'과 '드라마'만 부분 개방하고, 버라이어티 쇼, 토크 쇼, 코미디 등 기타 오락형 프로그램은 일본 오락문화 유입에 따른 문화적 파급 영향 등을 고려하여 매체에 상관없이 미개방했다.[11]

이렇게 일본 만화가 개방되자 한국과 일본에 동시 연재되는 만화가 생겼는데, 일본의 작가들도 한국인을 '독자'로서 인정해야 했다. 또 일본의 출판사가 한국에 제휴사를 만들게 되면서 이들 작가들이 한국에 출장 와서 직접 한국인과 대화할 기회가 늘어났고, 이런 것들이 만화 속의 한국인의 이미지를 결정적으로 변화시키게 된다. 이때부터는 한국인

10 문화관광부 (2003). 『2002 문화정책백서』, pp.316-322.
11 문화관광부 홈페이지 새소식, 2003년 12월 30일 자 게시물.

얼굴이 점점 '보통사람'의 얼굴로 나타나게 된다. 일본의 다른 지방 사람을 표현하듯이, 국적은 달라도, 같은 사람으로, 비슷하게 묘사하게 된다. 예를 들어 〈미스터 초밥왕〉이라는 제목으로 수입된 〈쇼타의 초밥〉의 경우 '한국편'을 그리기 위해 직접 한국을 찾아 안내를 받아 취재도 하게 되는데, 이 만화가 정식으로 나왔을 때 한국인 캐릭터들의 얼굴은 이 만화의 다른 캐릭터들과 크게 다르지 않았다.

한국과 일본에서 동시에 관심을 가졌던 바둑만화 〈히카루의 바둑〉(〈고스트 바둑왕〉이라는 제목으로 한국에서 출판) 역시 비슷한 케이스이다. 이 만화의 원작자 역시 한국을 찾았고, 한국의 바둑인들을 취재했기 때문에 실제 한국의 조훈현 9단을 닮은 캐릭터가 출연한다. 그리고 그 외에 등장하는 한국인들의 얼굴은 실제 일본 캐릭터들에 못지않은 '미소년'들로 설정돼 있다. 캐릭터들의 성격도 좀 달라졌다. 〈히카루의 바둑〉의 경우 마지막 부분이 한중일 3국의 바둑대결로 되어 있다. 그러나 이 경우에는 한국 측 캐릭터들이 민족주의에 빠진 캐릭터가 아니다. 오히려 바둑에 대한 사랑과 호승심으로 일본의 캐릭터와 서로를 자극하며 성장하는 모습을 다루고 있다. 〈히카루의 바둑〉은 마지막 장면에서 주인공이 한국의 캐릭터에게 패배하고 분루를 삼키면서 끝난다.

이런 상황은 2002년 이후의 '한류' 바람 이후에는 더욱 눈에 띈다. 굳이 '메이저' 만화가 아니더라도 이곳저곳에서 한국 캐릭터가 등장하고, 한국어가 등장하는가 하면 한류와 관련된 에피소드가 등장한다. 한국에서도 큰 인기를 모은 와인 만화 〈신의 물방울〉의 주요 캐릭터가 한류 스타 배용준을 모델로 한 얼굴이라는 것은 이미 알려졌다. 한류 선풍을 이룬 〈겨울연가〉를 비롯해서 〈대장금〉 등을 일본에서 나름대로 재구성한 만화책들이 발간됐는데, 여기에 등장하는 한국 인물들은 자연스럽거나, 어느 정도는 부담스러울 정도의 미남미녀들이다. 실제로 이 시기의 일본에서는 신문에 '한국 미인의 비결' 같은 기사가 날 정도로 한국의 이미지가 극적인 변화를 거친 상태였다. 캐릭터 모습의 변화는 이런 상황을 그대로 비추고 있다.

2008년 현재 많은 미디어들은 한류가 수그러들고 있다는 기사들을 자주 내보내고 있다. 일본 만화에서의 한국인들의 묘사는 앞으로 어떻게 변할 것인가?

3) 아톰과 기계전사 109가 그리는 노동자 혁명

그럼 내용 면에서 살펴보자. 만화에는 별로 관심이 없는 사람도 '아톰'이라는 캐릭터는 한 번쯤 본 기억이 있을 것이다. 일본에서 '만화의 신'이라고 추앙받는 데즈카 오사무의 대표작 〈철완 아톰〉의 주인공 캐릭터로, 한국에서는 만화영화가 1970년대 초반에 TV에서 방송되면서 큰 인기를 모았고, 똑 닮은 캐릭터가 1990년대 초반까지 국내 유명 프로축구단의 마스코트로 사용되기도 했다.

그런데, 이 아톰 중에는 한국에 제대로 알려지지 않은 부분이 있다. 그것은 어린이들의 친구로 각인돼 있는 아톰이 실제로는 중반 이후 인류에 대해 반기를 드는 '혁명'에 가담한다는 것이다. 아톰의 원작은 1950년대 초반부터 연재를 시작했는데, 연재가 1960년대 중반의 '푸른 기사' 편으로 가면, 극적인 반전이 일어난다. 아톰의 세계에서는 로봇이 인간처럼 마음을 가지고 있지만, 로봇은 '로봇 법'에 의해 규제를 받는다.

아톰 이야기

아톰은 일본에서 '만화의 신'으로 추앙받던 데즈카 오사무가 1952년부터 1968년까지 일본의 『소년』이라는 잡지에 연재한 만화다. 원제는 무쇠팔 아톰(鐵腕アトム). 1963년에는 일본 최초의 TV 애니메이션으로 만들어지며 엄청난 인기를 모았고, 이후로도 오랜 기간 여러 가지 속편 만화, 애니메이션이 제작됐다.

아톰은 원래 1951년에 데즈카 오사무가 그린 '아톰 대사'라는 만화의 단역이었다. 지구인과 외계인을 화해시키는 과정에서 등장한 로봇인데, 주인공을 넘어서는 인기를 모으면서 단독 주인공이 되어 등장하게 된 것이다. 만화 속에서 아톰은 원래 2003년에 만들어진 로봇이다. 로봇공학의 권위자 텐마 박사가 교통사고로 아들을 잃고 이 아들과 닮은 모습을 한 로봇을 만들어 자기 자식 이름인 '도비오'라고 부르는데, 이것이 바로 아톰이다. 텐마 박사는 인간처럼 감정을 가진 로봇 '도비오'를 자식으로 여기고 사랑하지만, 어느날 로봇 도비오가 성장하지 못한다는 데 좌절, 결국은 자기 자식이 아니고 로봇일 뿐이라고 절망하면서 서커스단에 팔아버린다. 서커스단에서 '아톰'이라는 이름을 얻은 도비오는 이후 오차노미즈 박사에게 발견되면서 인간의 친구로 키워지게 된다.

여러 가지 능력을 지닌 아톰은 이후 인간의 친구로서, 인간을 지키는 정의의 사도 역할을 하게 된다. 아주 귀여운 '슈퍼맨'이라고 보는 것이 옳은 표현인 듯하다. 당시까지만 해도 소년만화는 선악의 구분이 뚜렷했고, 더군다나 일본의 첫 TV 애니메이션으로 제작된 아톰이기에 착한 인간의 친구 이미지가 대단히 강조돼 있다.

다만 원작 아톰은 뒤로 가면서 '로봇과 인간의 관계', '로봇의 인권 문제' 등 점점 더 어려운 주제로 빠지게 되는데, 로봇과 인간의 문제는 이 책에서 설명하듯이 노동자 문제로 해석하는 시각이 일반적이다.

인간과 같은 감정을 가진 아톰은 오랫동안 일본 어린이들의 친구로, 또 일본의 로봇 산업의 목표로 설정돼 왔다. 2003년 4월 7일 만화 설정상 아톰의 탄생일이 되자 일본 전역에서 아톰 열풍이 불기도 했다. 만화 속에서 아톰이 태어난 곳으로 돼 있는 일본 도쿄의 다카다노바바에서는 지역에서만 쓰이는 '지역 화폐'로 10마력(10엔 상당), 100마력(100엔 상당), 200마력(200엔 상당)의 '아톰 화폐'가 쓰였고, 한때는 역 발차음을 아톰의 주제가로 쓰기도 했다.

우리나라에서도 아톰은 1970년대에 여러 번 방송되면서 인기를 모았다. 우리나라 프로 축구 초창기에는 한 구단이 아톰과 똑같은 캐릭터를 마스코트로 하고 팀명도 '아톰즈'로 하기도 했다. 물론 우리나라에 저작권 개념이 거의 없을 때였기 때문에 생긴 일이기도 하다. 이 팀은 1997년에야 아톰즈라는 팀명을 바꾸게 된다.

이 법은 로봇이 인간을 죽이거나 상처 입혀서는 안 되고, 로봇은 자신의 얼굴을 바꾸거나 할 수 없고, 로봇은 인간의 물건을 부숴서는 안 되고, 로봇은 해외로 여행할 수 없다는 것 등을 규정하고 있다. 사실상 로봇에 대한 차별대우가 이뤄지는 사회인 셈이다.

이러자 이 '푸른 기사' 편의 주역인 로봇 '푸른 기사'는 로봇들이 사는 '로보토피아'를 만든다는 기치를 내걸고 독립을 선언하게 된다. 로봇이

언제 독립투사로 변할지 모르는 상황이 벌어지자 인간들은 로봇을 격리하게 되고, 이 과정에서 아톰의 부모 로봇(물론 로봇에게 부모는 없다. 다만 부모 역할을 맡을 수 있도록 만들어준 로봇이다)을 격리하고 모욕을 준다. 자기 부모 로봇이 옷이 벗겨져 수모를 받는 모습을 보자, 아톰은 결국 인간을 배신하고 로봇 편으로 가게 된다.

사실, '푸른 기사' 편이 나오기 이전에도 기본적으로 로봇에 대한 인간의 차별은 〈철완 아톰〉 전편을 통해 조금씩 보이고 있었다. '로봇'이라는 말은 원래 '일한다'는 뜻의 말에 그 어원을 두고 있고 애초부터 노동을 위해 창조된 것이다. 이 점을 감안하면 로봇은 어떤 면에서 노동자에 비유할 수 있을 것이다. 그렇다면 로봇을 부리는 인간은 그 점에서 자본가에 비유할 수 있을 것이며, 그런 점에서 이 '푸른 기사' 편은 노동자들의 혁명을 빗댄 것이라고 봐도 무리가 없다. '푸른 기사' 편이 나온 것은 1965년에서 1966년이다. 일본에서는 1950년대 중반에 봄철의 임금 인상 투쟁이라고 할 수 있는 '춘투'가 생겨났고, 1950년대 말에는 정치운동화하면서 절정기에 접어들게 된다. 일본의 노동운동은 1970년대에 들어가야 다소 진정되게 되므로, 이 '푸른 기사' 편은 그 절정기에 나온 작품인 셈이다.

그런데 노동운동의 기세가 절정에 달했을 전후에, 로봇의 혁명을 다룬 이런 만화가 나오는 것은 한국에서도 마찬가지였다. 한국에서는 1989년에 〈기계전사 109〉라는 만화가 등장한다. 1988년 대선으로 출범한 노태우 정부 시절은, 1988년 6월의 민주화 운동으로 촉발된 운동에너지가 노동시장에서 폭발하던 시절이다. 당시 노태우 정부의 가장 큰 과제가 '산업평화'였다는 점을 감안하면, 역시 노동운동의 절정기였던 셈이다. 〈기계전사 109〉도 로봇(사이보그)들이 인간에 대해 혁명을 일으키는 과정을 그린 만화다. 김준범 작의 이 만화는 인간의 폭압적인 지배에 반항, 혁명을 일으킨 사이보그들의 이야기이다. 테러 진압에 휘말려 죽은 후 옛 기억을 그대로 지닌 채 사이보그로 재생된 여인이 잔혹한 '인간 지배'에 휩쓸려 '투사'가 되어가는 과정이 담겨 있다. 사이보그인 아내를 과거와 동일 인물로서 인정하지 않는 공안요원 남편과의 전투, 인간이면서도 '사이보그 해방 전선'에 뛰어들게 되는 어린 아들 건이의 이야기가 격렬하게 그려진다.

만화작가 역시 그 사회의 일원이기에 많은 사람이 관심을 갖는 주제에 대해 관심을 가지는 것은 당연하고, 그것이 만화로 나타나는 것은 어쩌면 자연스러운 일일 것이다. 다만, 사회의 분위기에 따라, 그리고 작가의 성향에 따라, 그 접근 시각은 천차만별이다.

〈철완 아톰〉과 〈기계전사 109〉, 두 만화는 모두 혁명이 일어나게 되는 과정을 개연성을 가지고 그리려 하고 있기 때문에 로봇(사이보그) 측이 혁명을 일으킬 수밖에 없는 사회적인 배경을 상당히 설득력 있게 설명한다. 두 만화에서는 모두 인간이 노동을 착취하면서도 최소한의 인권(?)조차도 보장해주지 않으려 하는 사악한 존재로 묘사되고 있다. 〈철완 아톰〉은 일본에서 『소년』지에, 그리고 〈기계전사 109〉는 한국의 『아이큐 점프』에 연재됐는데, 두 잡지는 모두 초등학교에서 중학교 정도의 어린이나 소년들을 대상으로 한 잡지다. 어떤 면에서는 아이들에게 보여주기에는 지나치게 무거운 주제였고, 당시까지만 해도 '사전심의'가 있던 한국의 경우, 어떻게 이런 과격한 내용이 심의를 통과할 수 있었는지가 의심스러울 정도로 강력한 정치색을 드러낸다.

그러나 두 만화가 내는 결론은 매우 다르다. 〈철완 아톰〉의 경우 결국 아톰이 인간의 편으로 돌아오는 것으로 되어 있다. 아톰은 반란군의 리더인 '푸른 기사'가 자신을 만들어준 과학자를 죽이려 하는 것을 보고, 자신이 대신 몸을 날려 파괴된다. 말하자면 인간을 위해 대속(代贖)하고 죽은 셈인데, 이 모습을 보고 인간은 '푸른 기사'에게 "아톰을 보라"고 얘기한다. 〈철완 아톰〉의 가치관은 역시 노동운동을 하더라도 혁명에 의한 희생이 일어나서는 안 된다는 데 주안점을 두고 있는 셈이다. 반면, 〈철완 아톰〉과 달리 〈기계전사 109〉는 철저하게 '혁명'과 '투쟁'의 의지를 강조한다. 이 만화의 선과 악은 대단히 명확한 경계를 그리며 나눠진다. 주인공과 사이보그 해방전선 내부를 제외하면 인간(노동자와 자본가로 치환할 경우 자본가에 해당하는) 측에는 선인(善人)이 아예 등장하지 않으며, 사이보그(노동자에 해당) 중에는 악인(惡人)이 기본적으로 없다.

〈철완 아톰〉이나 〈기계전사 109〉나 모두 로봇들의 반란이 진압되는 것은 마찬가지이다. 그러나 〈기계전사 109〉 쪽에서는 반란 진압 과정 역시 철저하게 특정한 시각을 유지하고 있다. 〈기계전사 109〉의 세계에서는 인간들이 아예 물리적으로 사이보그를 세뇌시켜 해방 전선에 침투시키고, 이에 의해 리더가 암살당하면서 해방 전선이 와해된다. 쉽게 말하면 이른바 '프락치'에 해당하는 것인데, 철저하게 비열한 수단에 의해 혁명이 실패한다는 암시를 주고 있다. 인간 측은 철저하게 비열하고 나쁘게만 그려지고, 사이보그 측은 물리적인 세뇌라도 당하지 않는 한 철저하게 선하다는 구조를 답습한다. 그렇기 때문에 작품 역시 인간인 주인공 소년이 '사이보그 해방 전선'의 새로운 리더가 되어 "사이보그 해

(그림 9) 김준범 작 〈기계전사 109〉. 혁명전사가 될 것을 결의하는 주인공의 모습이다.

방의 그날까지 싸우겠습니다"라며 비장한 결의를 하는 것으로 마무리 짓게 된다. 이는 완전히 진압되어 혁명 세력의 뿌리가 끊어진 〈철완 아톰〉과는 대조적인 결말이다.

현실 세계와 대비해보자면, 일본에서는 사회주의 운동과 노동운동이 참담한 실패로 끝나고 만 반면, 한국에서는 1980년대 말의 민주화 등을 통해 어느 정도의 사회적인 지분을 확보한 채 이어지게 된다. 단 두 개의 만화로 일본에서는 사회적인 노동 '운동'에 대해 '실패'의 분위기가, 한국에서는 노동운동에 대한(그것이 민주화 운동의 연장선상에서 그 분위기를 타고 있다고 하더라도) '성공' 혹은 '지속'의 분위기가 존재했다는 점을 유추하는 것은 다소 무리일지도 모르겠다. 일단, 〈철완 아톰〉의 작가 데즈카 오사무는 '푸른 기사' 편을 그릴 당시 이미 일본 만화계의 거장으로 대접받고 있었던, 이른바 기득권층에 해당하는 사람이어서 혁명적인 시각을 담보하기 어려웠을 수 있다. 이에 반해 〈기계전사 109〉의 작가 김준범은 혈기왕성한 20대 초반의 신인 만화가로(스토리 작가가 있었음을 감안하더라도 말이다), 혁명적 내용을 더 과감히 전개할 수도 있었을 테니 말이다.

다만 만화작가 개인의 취향과 배경에만 의존해서 두 만화의 차이를 규정짓기에는 뭔가 아쉬움이 남는다. '대중' 잡지에 만화가 연재되어 독자에게 읽힌다는 것은 작가 개인의 취향 외에도 독자들의 '인기'를 염두에 두어야 하는 편집자를 비롯, 여러 '게이트키퍼'들을 통과한다는 것을 의미한다는 점도 고려해야 한다. 특히 한국의 경우에는 당시 실질적인 검열에 해당하는 사전심의도 통과하지 않으면 안 되었다. 게다가 이 게이트들을 통과한 후, 인기 작품으로까지 등장한다는 것은 어느 정도 사회의 분위기를 반영하지 않으면 불가능하기 때문이다.

이렇게 '민중'이나 '혁명'을 정면으로 다룬 만화들은 일본에선 역시 1960년대에 많이 나오고, 한국에서는 1980년대에 많다. 일본의 경우 사무라이와 평민, 천민[非人] 세 소년의 얘기를 다룬 〈가무이전〉이 1960년대 작품인데, 이 작품 역시 근본적으로 세상을 뒤엎는 혁명보다는 제도를 개혁하는 '개선'의 노력을 다루고 있다는 점은 특기할 만하다. 한국의 경우 프랑스 혁명을 다룬 김혜린의 〈테르미도르〉가 1980년대(1988년)에 등장한다. 〈테르미도르〉는 혁명의 피해와 비극에 눈을 돌리고 있어, 굳이 말하자면 〈기계전사 109〉처럼 선명한 정치색을 띠지는 않는다. 다만, 일본에서 1970년대에 같은 프랑스 혁명 시대를 다룬 〈베르사유의 장미〉가 왕궁 내에서의 사랑 이야기에 주된 포커스를 맞추고 있는데 비하면 역시 그 관심의 차이는 두드러진다.

4) 외인구단은 왜 지옥 훈련을 해야 했을까?

한국의 1980년대를 대표하는 만화라고 할 수 있는 이현세 작 〈공포의 외인구단〉에서는 야구계에서 빛을 보지 못한 선수들을 무인도에 가둬놓고 훈련을 시킨다. 이런 부류의 만화라고 한다면 굳건한 의지의 주인공이 피나는 훈련을 하는 것이 일반적이고 당연할 것 같다.

그러나 이 〈공포의 외인구단〉에서는 스스로 강렬한 의지로 엄청난 훈련을 받겠다고 자처하는 사람들인데도 불구, 발을 족쇄로 묶은 뒤 채찍으로 때려가면서 훈련을 시킨다. 주인공 오혜성은 실수로 다른 선수들에게 잡혀 묶여버린 코치를 풀어주고 스스로 연습하자고 말하는 강인한 의지를 보여주는데 코치는 "내 훈련을 3일만 받았으면 풀어주자는 말을 못 했을 것"이라고 되받는다. 뜨거운 태양에 화상을 입지 않기 위해 하루 종일 모래밭을 계속 땀을 내며 달려야 하고, 훈련을 마친 뒤에 왕소금

(그림 10) 〈공포의 외인구단〉에서 등장하는 '지옥 훈련'. 자신의 몸을 혹사하는 지옥 훈련은 1970년대 일본, 그리고 1980년대 한국의 유행 코드이다.

위에서 뒹굴고, 도대체 이게 야구를 잘 하는 것과 무슨 관련이 있을지 궁금할 정도의 '지옥 훈련'이 이어진다.

외인구단이 이런 인간의 한계를 넘는 훈련을 하는 이유는 무엇이었을까? 외인구단 내용은 이렇게 밝히고 있다. "인간의 능력으로 가능한 훈련으로는 (승리하기에) 부족하기 때문에 (멀쩡한) 그들을 이기려면 그들은 흉내도 낼 수 없는 훈련을 해야 한다"는 것이다. 시작할 때 아무리 각오를 가지고 해도 생명의 위협까지 느끼는 훈련을 하면 포기하게 되는데, 포기하지 않도록 뒤에서 채찍질을 해줄 사람이 필요하다는 논리다. 그들은 결국 이런 과정을 통해 '실력'을 얻게 된다.

그런데, 왜 만화에는 지옥 훈련이 필요할까? 이른바 1960-1980년대 한국과 일본 양국을 풍미한 만화들을 보면 주인공들의 실력 향상을 위해 빠지지 않는 것이 있다. '상식을 벗어난 강도 높은 훈련'이다. 1960년대 말 일본에서 크게 히트한 야구만화 〈거인의 별〉에서는 어린 학생이 온몸을 강철 스프링으로 된 특수 근력 강화 장치로 감고 있는 모습이 나온다. 야구에 필요한 힘을 기르기 위해서다.[12] 역시 1980년대의 히트작 〈무당거미〉를 보면 미들급 이상의 체중을 가지고 있던 주인공은 아버지의 복수를 하겠다는 일념으로 산속에 홀로 들어가서 연습을 한 끝에 무려 25킬로그램을 감량, 페더급으로 경기를 하게 된다. 일부러 감량을 해서 경기를 하는 것은 아버지를 죽게 한 계기를 만드는 편파 판정 사건이 페더급에서 일어났기 때문이다. 나중에 공개되는 그의 연습은 절벽을 타는 등 말 그대로 '지옥 훈련'이다. 훈련의 연장선에서 그 결의를 보여주는 것으로 신체 훼손도 마다하지 않는다. 일본의 〈아스트로 구단〉이라는 만화에서는 변화구를 던지기 위해 드릴을 '스스로' 손으로 잡아 손에 상처를 낸다. 한국의 〈공포의 외인구단〉에서는 아예 '스스로' 손가락 하나를 자른다.

어떤 목표를 달성하기 위한 방법에는 여러 가지가 있다. 노력하는 사람도 있지만, 날 때부터 재능이 있는 사람도 있고, 운이 좋을 수도 있다. 실제로는 아무리 노력해도 달성할 수 있는 성취에는 한계가 있고, 사회

12 이 근력 강화 장치와 비슷하게 생긴 것을 〈공포의 외인구단〉에서도 볼 수 있다. 다만, 외인구단에서는 이 근력 장치를 달고 연습을 한 것은 주인공이 아니라 주인공의 라이벌이다. 근력 강화 장치를 몸에 다는 것은 누구나 할 수 있는 연습이고, 주인공은 이를 뛰어넘는 연습을 한다는 것이 은연중에 표시돼 있다.

(그림 11) 허영만 작 〈무당거미〉 시리즈에서 나오는 지옥 훈련 장면. 역시 산을 타는 등 원시적인 방법의 지옥 훈련이다.

시스템상의 문제로, 보통 사람이 평생을 노력해야 얻을 수 있는 대가를 처음부터 가지고 있는 사람도 있다. 그러나 보통 어린이를 위한 만화는 물론이고, 드라마나 영화 등 어른들을 위한 이야기에서마저도, 아주 광범위하게 나타나는 것이 '근면의 신화'이다. 쉽게 말해 (육체적인) 노력을 하면 그 보상은 반드시 나타난다는 것이다. 실제로는 많은 경우에 큰 위력을 발휘하는 '과학의 신화' (뛰어난 과학기술은 모든 것을 극복한다는 것이다)조차도 '근면(노력, 훈련)의 신화' 앞에서는 압도되고 만다. 즉, 첨단 기계를 사용하여 과학적으로 최적의 프로그램을 짜서 훈련한 상대역은 오로지 이기겠다는 집념으로 원시적인 지옥 훈련을 받은 주인공에게 비참한 패배를 당하게 되는 것이다.

비단 과학이 아니더라도, 지나친 훈련이 몸에 이상을 가져오고, 이 때문에 조기 은퇴하는 경우는 현실에서도 많은 예가 있기 때문에, 이런 지옥훈련이 꼭 바람직하지만은 않다는 점은 대단히 광범위하게 알려진 상식에 속한다. 그런데도 만화들은 지옥 훈련을 선호한다. 채찍을 맞아가면서 훈련받은 '외인구단' 단원들에서 보이듯이 단순히 주인공들의 의지를 강조하기 위한 수단만도 아니다. 지옥 훈련이란 주인공의 '승리'나 '성공'을 정당화하는 가장 손쉬운 소재가 돼 있다.

원래 이런 지옥 훈련은 이른바 일본에서 유행한 '스포콘' 만화에서 즐겨 사용하는 소재였다. 스포콘이란 '스포츠 곤조'의 일본식 축약어인데 '곤조'는 근성(根性)을 일본식으로 읽은 것으로 쉽게 말해 끈질긴 근성을 가지고 승리하는 스포츠물을 의미한다. 지옥 훈련은 스포콘 만화 전성시대를 지나고 나서 오랫동안 살아남는다. 그 정도는 바뀌었지만, 어쨌든 엄청난 훈련량과 성실성이 승리를 이끌어낸다는 것은 최근의 만화까지도 이어지는 특성이다.

'근면의 신화'는 어느 정도 자본주의의 헤게모니를 반영하는 것이다. 근면이란, 특히 육체적 노력이란 기본적으로 자본가보다는 노동자에게서 가장 요구되는 덕목이기 때문이다. 열심히 공부해서 좋은 성적을 얻거나 좋은 대학에 들어가는 것도 비슷하다. 실제로 자본주의 사회에서의 '보상'은 노력 그 자체보다는 시장의 경제 원리에 의해 결정된다. 말 그대로 시장에서 평가받지 못하는 기술에 아무리 노력을 기울여도, 혹은 잘못된 방식으로 아무리 근면해도 그 보상을 받기는 힘들 수 있다. 그러나 이런 당연한 자본주의의 논리는 진지하게 다뤄지지 않는다. 실제로 아무리 노력해도 그 성과를 거두지 못하는 데 대해서 좌절하는 주인공들의 모습은 그 자체가 자본주의의 보상 체제 원리를 인정하지 못한 채, 철저히 근면의 신화에 몰입되어 있는 모습인 것이다.

근면의 신화와 비슷한 것으로 '실력'에 대한 신화도 마찬가지다. 대체로 정말 실력이 있는 사람이 그 보상을 받을 것이라는 기대는 만화뿐 아니라 일반적인 사회의 기대에 해당한다. 실력을 기르기 위해서는 노력이 필요한 경우가 대부분이므로, 역시 체제를 구성하기 위해 기대되는 덕목일 것이다. 그러나 이는 역시 '보상은 시장원리에 의해'라는 자본주의의 원칙을 다소 가리고 있는 것이고, 이 때문에 현실적으로 논쟁이 벌어지기도 한다. 가장 쉽게 일어나는 것이 가수의 '실력' 논쟁이다. 가수란 노래를 하는 사람인데, 그렇기 때문에 노래를 하는 능력이 대단한 사람이 높은 성취를 받아야 한다는 것이 이런 논쟁의 출발점이다. '실력 위주의 보상'이라는 사회적인 선입견 때문에 "왜 실력도 없이 입만 벙긋거리는 가수가 인기가 좋으냐"는 논쟁이 벌어진다. 그러나 자본주의 사회, 대량 소비 사회의 기본적인 성취와 보상은 얼마나 많은 사람을 만족시킬 수 있는지에 연관되어 있다. 이른바 '인기'라는 것이 그 만족의 척도이며, 이런 인기를 촉발시키는 것은 단순히 노래를 잘 부르는 것과는 다른 원리에 따른다. 이성적 매력도 있을 수 있고, 목소리 자체의 문제도 있을 수 있고, 노래의 문제가 될 수도 있다.

이런 보상 체계에 대한 사회적인 신뢰와, 이를 만들어내는 헤게모니가 나타나는 모습은 사회마다 다르다. 예를 들어 일본의 경우 '아이돌'을 소재로 삼고 있는 것들이 그렇다. 일본은 노래도 부르고 연기도 하는 아이돌 시스템이 확립돼 있다. 빠르면 중학생에서 출발할 정도로 낮은 연령인 이들이 실력을 온전히 갖춘 엔터테이너로 데뷔하기란 실질적으로 어려운데, 그럼에도 불구하고 이들이 폭발적인 인기를 얻기도 하고, 아이돌 시스템 자체가 장기적으로 유지되고 있다는 점은, '실력 보상'의 원리를 신봉하는 사회에서는 다소 받아들여지기 어려운 것이다. 일본의 아이돌 관련 만화나 애니메이션은 이런 현상을 어느 정도 합리화한다. 아이돌 만화에 나오는 주인공들은 결코 '실력'이 좋지 않다는 설정이며, 이런 '실력'에서 떨어지는 주인공이 훌륭한 기본기와 실력을 가진 라이벌을 물리치는 이야기들이 꾸준히 나오고 있다. 물론, 이전의 근면에 대한 보상 체계에서 봤듯이 실력에 대한 보상이 이뤄진다는 사회의 헤게모니가 있기 때문에 이런 예외 현상에 대해서도 적극적인 '변명'이 이뤄진다는 것이다. 실제로는 '실력'이 없는 주인공도 실력을 키우기 위해서 노력을 하고, 최선을 다하는 장면이 들어간다는 것은 이를 반증한다.

5) 〈대야망〉과 〈가라테 바카 일대〉로 읽어보는 한국과 일본의 민족주의

1970년대, 한국 어린이들 사이에서 인기를 얻은 만화 중 〈대야망〉이라는 만화가 있다. 이 만화에서 장발의 '태권도'인 '최배달'은 태국의 킥복싱 영웅인 킹 코브라와 대전하는데, 최배달은 이 경기가 시작되기 전에 킹 코브라에게 형을 잃은 한 소년으로부터 그의 갈빗대에 약점이 있음을 알게 된다. 그러나 최배달은 그 약점을 공격하지 않고, 정정당당하게 승리를 거머쥔다. 자신들의 영웅이 K.O. 당하자 그를 일본인으로 알고 있던 태국의 관중들은 일제히 흥분하지만, 여기서 최배달은 연설을 시작한다.

(그림 12) 〈대야망〉에서 최배달과 킹 코브라와의 대결. 자신의 무술이 태권도이며, 자신은 일본인이 아님을 강조하고 있다.

"나는 일본인이 아니고 한국인이며, 나의 무술은 가라테가 아닌 한국의 태권도라는 전통 무술이다"라는 내용이다.

〈대야망〉의 최배달은 바로 '한민족이란 이런 것이다'고 할 만큼 살아 숨쉬는 민족적인 인물로 표현된다. 그는 첫 이름도 순 한글 '바우'였고, 일본의 가라테 고수에게 패할 듯하자 스스로 벼랑으로 몸을 던진 뒤 입산수도, 오로지 한국인과 태권도를 알리기 위해 일본의 가라테 고수들을 찾아다니며 물리치고, 세계의 강자들을 차례차례로 격파한 인물이었다. 〈대야망〉이 그리는 최배달은 어디가서나 '한국인'이며 태권도가 최고의 무술임을 강조하는 '태권 전도사' 같은 사람이었다. 가라테는 최배달의 적이었다.

그런데 여기 또 한 권의 만화가 존재한다. 1971년 일본의 인기잡지 『주간소년 매거진』에 연재되기 시작한 만화 〈가라테 바카 일대〉. '바보스러울 정도로 오로지 가라테밖에 모르는 사람의 일대기'라는 뜻의 제목이다. '가라테'인 '오야마 마스타쓰'는 태국에 건너가 타이복싱의 상징이라고 할 수 있는 '블랙 코브라'와 대전한다. 오야마는 시합 전에 블랙 코브라에게 형을 잃었다는 한 소년으로부터 블랙 코브라의 갈빗대에 약점이 있음을 알게 되지만, 결국 그곳을 공격하지 않고, 정정당당하게 승리한다. 그런데, 오야마가 승리하자, '형을 잃었다'던 소년은 혀를 낼름 내밀고 주위로부터 돈을 걷어간다. 소년의 형이 희생됐다는 것은 거짓말이었고, 소년은 단순히 오야마에게 돈을 걸어 일확천금을 노리기 위해 약점을 알려준 것이었다. 오야마는 다음날 태국을 떠나면서 "한 바보 같은 '일본인'이 자신을 위해 최선을 다했다는 것을 그 소년이 기억해 주면 그것으로 족하다"고 말한다.

〈가라테 바카 일대〉의 오야마는 '일본혼'을 보여주는 인물이다. 일본의 전설적인 검사 미야모토 무사시의 정신을 본받았고, 천황을 위해 목숨을 버리는 가미가제 특공대 출신이었다. 종전 후에는 점령군으로 들어온 미군을 때려눕힌다. 미국 프로레슬링계에서 일본인이 악역으로 등장하는 데 대해 "조국 일본의 명예와 긍지를 돈으로 팔아버리는 행위"

라며 분노했고, "조국 패전에 따른 열등 의식을 뿌리째 날려버리고 민족의 긍지와 새로운 생명력을 일깨우는 것이 오야마 가라테의 사명"이라며 미국인 레슬러에 압승한 사람이 바로 〈가라테 바카 일대〉의 오야마이다.

짐작할 수 있듯이, 이 두 사람은 동일인물이다. 정확히 말하자면 '최영의'라는 사람이 창씨개명을 하면서 바꾼 일본 이름이 '오야마 마스타쓰'이고, 오야마 마스타쓰는 한자로 쓰면 '大山倍達(대산배달)'이 된다. 창씨개명을 해도 말 그대로 배달겨레임을 잊지 않는다는 뜻이 담겨 있다. 그리고 두 만화는 각각 한국과 일본에서 픽션을 적당히 섞어 만든 전기 만화이고, 애초에 픽션도 섞였음을 선언해놓고 있다. 그렇기 때문에 두 만화 중에 어느 것이 더 '역사적 사실'에 접근해 있는가를 따지는 것은 이른바 촌스러운 일이 될 것이다.

그러나 뭔가 있을 것 같지 않은가? 두 개의 만화를 비교해보는 것만으로 뭔가 재미있지 않을까? 도대체 무엇 때문에 두 만화의 차이가 오는 것일까? 단순히 작자의 취향일까? 〈대야망〉의 세계에서 사용하는 '최배달'이라는 이름은 엄밀히 말하면 의도가 진하게 배어 있는 이름이다. 그의 한국 이름은 '최영의'이며 일본 이름은 '오야마 마스타쓰'일 뿐이다. 그럼에도 두 이름에서 민족적인 코드만을 뽑아 만든 '최배달'이라는 이름을 만화는 시종 사용하고 있다. 〈대야망〉은 처음부터 끝까지 일본의 '가라테'를 타도의 대상으로 삼고 있다. 만화 속의 최배달은 몇 번이나 자신의 무술을 '가라테'라고 부르는 사람들에게 '가라테가 아니라 태권도'라고 일일이 정정해주고 있으며, 그는 가라테의 고수들을 차례로 물리치고 '태권도'가 제일임을 강조한다. 그런데, 이것은 일본의 〈가라테 바카 일대〉와도 다르지만, 사실과도 다른 부분이다. 왜냐하면 그가 무술을 배우고 활동하던 해방 전후 시기에는 '태권도'라는 이름 자체가 없었다(태권도라는 이름은 1955년에 생겨났다). 실제 그는 가라테의 고수들과 싸웠지만, 같은 가라테인으로서였고, 〈대야망〉에서 그렇게 적대시했던 '가라테'라는 이름을 세계에 전도한 사람으로 알려져 있다. 그의 가라테는 기존의 가라테와는 크게 달랐다는 점을 감안하더라도 말이다.

도대체 최영의는 왜 한국의 만화에서는 가라테인으로서의 자신의 정체성을 찾을 수 없었을까. 당시의 시대상을 고려해보면 그 원인을 어느 정도 유추해볼 수 있다. 지금도 상당히 강하게 남아 있는 것도 사실이지만, 1970년대까지 한국 사회의 반일 감정은 대단한 것이었다. 일본인으로 귀화하지 않은 야구선수 장훈이 민족의 정체성을 가진 사람으로서 굉장한 영웅으로 묘사되었으며, 정치인들은 유세에서 공식적으로 일본을 비난하는 데 많은 시간을 할애했다. 민족주의가 고공비행하는 와중에서, '태권도'는 민족의 긍지와 '상무(尙武)' 정신의 핵심으로 떠오르게 되는데, 당연히 대한민국 사람이라면 '태권도'를 해야 했다. 일본인의 무술인 '가라테'를 한국인이? 납득하기 힘들었고, 그런 사회의 분위기가 만화 속에 그대로 녹아 있다.

그럼 〈가라테 바카 일대〉는 어땠나? 〈가라테 바카 일대〉도 '일본 민족'을 강조하는 것은 마찬가지다. 〈가라테 바카 일대〉에는 그가 한국 출생이라는 얘기가 전혀 나오지 않는다. 그래서 그의 유년기는 완전히 생략돼 있다. 이것은 〈대야망〉에서 그가 가라테를 배우고 일본 학교에 다닌 청년기를 생략한 것과는 대조적인 사실이다. 일본 역시 1970년대까지는 일본의 '혼'을 강조하는 만화가 많았다. 제2차 세계대전 때 전사한 실존 인물인 명투수의 혼이 아홉 명의 아이에게 들어가 미국의 메이저리그를 무찌르기 위한 야구단이 만들어지는 만화도 있고, 제2차 세계대전 때 침몰한 거대 전함 야마토를 우주선으로 부활시키는 만화도 나왔다. 이런 만화가 줄어드는 것은 일본이 완전히 부유해지고, 버블의 호황으로 들어가는 1980년대부터다.

이런 최배달의 '민족으로서의 정체성'이 덜어지는 것은 양국에서 십수 년이 지나서다. 양국에서는 80년대 중-후반 약속이나 한 듯이 최영의를 재평가하는 만화가 다시 등장한다. 한국에서는 〈바람의 파이터〉라는 제목, 일본에서는 〈사나이의 성좌〉라는 제목이었다. 〈바람의 파이터〉의 작가 방학기는 〈대야망〉의 작가 고우영의 어시스턴트로 〈대야망〉을 만들 때 참여했으며, 〈사나이의 성좌〉는 〈가라테 바카 일대〉의 원작자가 자신의 자서전으로서 기획한 만화이므로 두 만화는 실질적인 '개정판'에 해당한다. 이 두 만화에는 모두 '민족투사'를 방불케 하는 최영의의 이미지는 사라져 있다. 두 만화는 모두 소년 대상 만화에서 성인 대상 만화로 변해 있는데, 〈바람의 파이터〉는 끊임없이 정진하는 장인과 구도자로서의 이미지가, 〈사나이의 성좌〉에서는 소탈한 인간으로서의 이미지가 강조돼 있다.

물론, '태권'을 '공수'로 바꿨음에도 불구하고 〈바람의 파이터〉 역시 주인공은 '최배달'이다. 역도산이 한국인임을, 그리고 그 주위의 사람이 한국 출신임을 밝히고는 있지만, 〈사나이의 성좌〉 역시 오야마 마스타쓰가 평생 한국어를 잊지 않은 한국인임을 밝히고는 있지 않다. 고도 성장기에 유행했던 '민족주의'의 주박은 완전히는 풀리지 않았다.

2. 사회가 변하면 만화도 변한다

반영 이론에 기반하여 연구 대상이 되는 사회의 시간에 따른 변화를 추적할 수도 있다. 이번에는 만화에 반영되고 있는 한국과 일본 양국의 사회상의 시계열적인 변화를 분석해보고자 한다. 특히 국민소득과 같은 그 사회의 경제적인 측면과의 관계 하에서 살펴보고자 한다. 사실상 반영 이론의 유래는 마르크스주의에서 찾아볼 수 있기 때문이다. 마르크스주의는 사회의 문화와 이데올로기(상부 구조)는 경제적 관계(토대)를 반영한다고 보았으며, 바로 이것이 마르크스주의 문화 분석의 열쇠였다.[13] 경제적 토대가 바뀌면 사회 전체가 변화하게 된다는 것이 마르크스의 기본 생각이라고 생각해본다면 문화적 텍스트인 만화에도 분명히 그 변화가 반영되어 있을 것이기 때문이다.

사실 이와 비슷한 예로 1975년, 미국의 서부극을 대상으로 하여 문화적 텍스트에 반영되는 경제적 토대의 변화를 보여준 미국의 사회학자 윌 라이트(Will Wright)의 연구를 들 수 있다.[14] 그는 『육연발 권총과 사회(*Sixguns and Society*)』라는 책에서 1930년에서 1972년 사이에 흥행에 성공한 전형적인 미국 서부 영화를 '구조주의적 분석'[15]기법을 통해서 분석한다. 필자들이 성장했던 1970년대에서 1980년대 초반까지 대부분의 텔레비전 주말 영화와 연휴 특집 영화는 서부극으로 채워지곤 했다.

13 Williams, Raymond (1973). "Base and superstructure in Marxist cultural theory", *New Left Review*, 82 (November/December), pp.3-16.

14 Wright, Will (1975). *Sixguns and Society: A Structural Study of the Western*, Berkeley: University of California Press, p.15.

15 '문화적 텍스트의 해석 – 구조주의' 부분(p.235)을 먼저 읽으면, 쉽게 이해할 수 있을 것이다.

사실 내용도 엇비슷해서 서부극을 좋아하지 않았던 사람들도 대부분 기본적인 주제나 내용 등은 알고 있었다. 그런데 요즘 수업을 하면서 학생들에게 서부극에 대해 물어보면 반 수 이상이 한 번도 본 적이 없다고 한다. 서부극은 1900년대 초반에 처음으로 만들어져 1950년대부터 1970년대 초반에 이르기까지 그야말로 전성기를 이루며 엄청난 양의 서부 영화와 스타를 만들어냈고 또 이에 상응하는 인기를 끌었다. 그리고 이 책의 후반부에서 좀 더 자세하게 설명하게 될 구조주의의 '많은 사람들이 좋아한다는 것은 무엇인가가 있는 것' 이라는 발상에 의해 서부극은 사회과학적 연구의 주요 주제로 떠올랐다. 라이트 역시 양자 대립 구조와 서사 구조 분석이라는 구조주의적 방법론을 이용하여 할리우드의 서부극을 분석했다. 라이트는 서부극을 미국 사회에 깔려 있는 믿음을 단순하지만 상당히 심도 있게 개념화하여 이를 상징적으로 보여주고 있는 텍스트로 바라보았다. 그는 서부극의 서술적 힘이 대부분 양자 대립의 구조에서 비롯된다고 주장하면서, "한 사회의 신화가 어떻게 그 사회 구성원들에게 개념화된 질서를 전달하느냐" 에 관심을 기울였다.

라이트는 서부 영화의 신화를 고전적 플롯(the classical plot), 복수의 변형 플롯(the vengeance variation), 과도기적 주제 플롯(transition theme), 전문가적 플롯(professional plot)의 네 가지로 구분한다. 고전적 플롯은 1930년부터 1955년경까지의 서부극들에서 공통적으로 나타나며, 도박꾼이나 또는 농장주로부터 농민이나 마을을 구해내는 외로운 총잡이 영웅을 중심으로 영화가 진행된다. 고전적 플롯의 마지막 시기즈음부터 1960년경까지 지속되었던 복수의 변형 플롯에서는 자기가 속한 사회에서 정의를 발견하지 못하고 이에 대한 복수를 모색하는 총잡이가 되어버리는 일그러진 영웅이 그려지고, 1950년대 초반 과도기적 주제 플롯에서는 정의를 지키기 위해 노력하다 사회로부터 거부당하게 되는 영웅들에 대한 이야기가 중심이 된다. 마지막으로 1968년에서 1970년 사이부터 확장된 전문가적 플롯에서는 돈을 벌기 위해 전문적인 총잡이가 되는 영웅들의 이야기를 다룬다는 것이다.

그리고 서부극의 각 양식들은 미국의 경제 발전의 특정 단계와 상응하며, 각 단계에서 아메리칸 드림(American dream)을 성취할 수 있는 신화적 방법들을 명시하고 있다고 분석한다. 좀 더 상세히 설명하자면 고전적 서부극 플롯은 시장 경제의 바탕이 되는 개인주의적 인식, 즉 시장 자본주의와 개인을 강조하는 이데올로기를 반영한다. 여기에서 우정이나 존경, 위엄과 같은 인간적 보상을 얻기 위한 방법은 자율적이고 독립적인 개인으로서 노력하는 것이다. 복수의 변형 플롯에서는 개인과 사회의 양립성이 약화되면서 존경과 사랑을 얻기 위해서는 다른 사람들로부터 떨어져 나와 수많은 강력한 적들에게 단신으로 대항해 투쟁해야 한다. 과도기적 주제 플롯에서는 사회의 편협함과 무지에 대항하여 굳고 정의롭게 버티어 사랑과 우정을 얻는 대신, 자신은 그 사회로부터 추방자가 되는 새로운 사회적 가치를 암시한다. 가장 마지막에 나온 양식인 전문가적 플롯은 계획적 대기업 경제에 내재하는 가치와 태도들에 상응하는, 집합 자본주의와 협동에 대한 강조를 반영하는 것이다. 전문적 서부극의 플롯에서는 숙련된 기술자가 되어야만 우정과 존경을 얻을 수 있으며, 이때의 숙련된 기술자는 전문가들로 이루어진 엘리트 집단으로 들어가며, 주어진 어떤 일도 받아들이고, 어떤 다른 경쟁적 사회나 공동체의 가치가 아닌 그 집단에만 충실한 사람이다. 서부 영화가 반영하는 것이 특히 경제 발전의 매 단계라는 점에서, 마르크스의 토대-상부 구조라는 모델에 충실하고 있음을 알 수 있다. 자, 이제 만화의 예로 들어가보자.

1) 만화도 국민소득과 함께 변한다

① 신의 물방울과 식객: 음식만화로 읽어보는 국민소득

2006년에 한국 사회에서 가장 히트를 치고, 사회적 반향을 얻은 만화를 꼽는다면 일본 와인만화인 〈신의 물방울〉을 들 수 있을 것이다. 〈신의 물방울〉은 한 와인 평론가가 남긴 와인 컬렉션을 상속하기 위해 경쟁을 벌이는 두 젊은이의 이야기를 그린 만화다. 이 평론가는 자신이 좋은 와인이라고 평가한 '12사도' 와인에 대한 감상문을 남겼는데, 수수께끼와 같은 이 감상문을 기초로 어떤 와인인지를 맞추는 승부를 겨뤄, 이기는 사람에게 자신의 와인을 물려주기로 한다. 주인공은 죽은 와인 평론가의 아들로서, 와인에 그다지 취미가 없던 그는 당대의 젊은 스타 와인 평론가를 상대로 겨루며 궁극의 와인을 찾기 시작한다는 내용이다. 이 만화는 단순히 히트작에 그친 것이 아니라, 사회적으로 큰 파장을 일으켰다. 비즈니스맨들의 필독서로 지정되어 재경부 고위 관리가 기자들마다 한 세트씩 선물하기도 하고, 12사도로 알려진 와인이 품절 사태를 빚기도 했다.

그런데 왜 이런 와인만화가 일본에서는 나오고 한국에서는 나오지 못했을까? 일본에서는 〈신의 물방울〉 이전, 1990년대 중반부터 와인만화가 나와 꾸준히 읽혔다. 1996년에 나온 〈소믈리에〉라는 만화는 천재 소믈리에 주인공이 어렸을 때 어머니가 과거에 준 와인을 찾아가는 과정을 그린 것으로, 일본에서 드라마화도 됐었다. 이 만화는 주인공을 바꾸어가며 시리즈 형식으로 속편이 나오고 있다.

원래 와인만화는 좀 특수하다. 서구로 가면 와인이 가정에서 부담 없이 즐길 수 있는 술에 해당하는 반면, 일본이나 한국에서는 다르다. 최근 들어 여러 예외가 생기기는 했지만, 와인은 기본적으로 외식 자리에서 그것도, 대부분은 형식을 갖춘 양식 식당에서 마실 수 있는 술이다. 게다가, 와인은 그에 대한 상식이 없는 사람은 주문하기조차 쉽지 않다. 한마디로 말해 와인은 즐기는 데 어느 정도 돈과 시간의 투자가 필요한 음식이다. 일본 만화는 전문 지식을 바탕으로 하는 만화가 많아지면서 오래전부터 수많은 편집자들이 지원하여 만들어내는 생산품이 되었다. 그러나 한국에도 〈식객〉과 같은 음식만화가 나오고 있다. 와인만화가 나올 수도 있을 상황이 아니었을까?

만화는 대중예술이다. 당연히 그 만화를 보는 대중의 존재를 생각해야 하는데, 와인만화가 나왔다는 것은 와인을 즐기는 대중이 형성돼서, 충분한 독자를 확보할 수 있었다는 말과도 상통한다. 일본에 와인만화 〈소믈리에〉가 등장했을 당시 일본의 1

(그림 13) 한국에서 등장한 음식만화 〈식객〉. 일본의 음식만화와 비교하면 좀 더 인간 드라마에 초점을 맞추고 있다.

인당 국민소득은 4만 달러를 넘어 있었다. 2007년 현재 한국의 1인당 국민소득이 2만 달러 언저리라는 점을 생각하면 아직 한국에는 자체적인 와인만화가 나올 만한 환경이 무르익지 않은 상태라고 해석할 수 있다. 국민들의 구매력을 감안한 구매력 평가 환율로 따져봤을 경우는 당시 일본의 1인당 국민소득은 약 2만 달러를 조금 넘는 수준이어서, 한국의 현재 소득 수준과 비슷하다. 와인만화를 만들 정도의 위험을 감수하기는 힘들더라도, 수입해서는 히트할 수 있는 환경이 이제 정비된 수준이 된 것이고, 〈신의 물방울〉의 한국에서의 성공도 이런 맥락에서 해석할 수 있을 것이다.

그럼, 결국 어떤 스타일의 만화가 등장하는 것 역시 국민소득과 관계가 있는 것일까? 우선 비슷한 예부터 들어보자. 와인에는 미치지 못하지만, 이른바 훌륭한 맛을 찾아다니는 미식만화, 일본의 표현으로 '구르메 만화'가 적절할 것이다. 일본에서 이 '구르메 만화'가 처음 나온 것은 1970년대 초반이다. 당시에는 역시 소년 대상의 열혈 대결물이 인기 있던 시절이라 요리 대결물이 나왔다고 하는데, 전체적인 붐을 일으키지는 못했다. 실제로 일본에서 이런 만화들이 쏟아져 나오기 시작한 것은 1980년대 중반이다. 한국에도 〈맛의 달인〉이라는 제목으로 유명한 〈오이신보〉가 시작된 것이 1983년으로 다소 빠르고, 한국에 〈미스터 초밥왕〉이라는 제목으로 소개된 〈쇼타의 초밥〉의 작가 데라자와 다이스케가 〈미스터 아짓코〉라는 요리만화를 그린 것이 1986년, 역시 유명 요리만화로 꼽히는 〈식칼 한자루 만타로〉가 연재 시작한 것이 1985년, 역시 장기 연재 요리만화 〈쿠킹 파파〉가 시작한 것이 1984년이다.

일본은 1980년대 초에 1인당 국민소득(구매력 평가 기준)이 1만 달러를 넘어섰고, 1980년대 중반이 되면 약 1만3000-1만5000달러 정도 된다. 소득이 1만5000달러에 접근해야 본격적인 요리만화가 등장한다고 할 수 있다고 보고, 한국에 다시 적용시켜보자. 한국에서도 일본과 마찬가지로 요리 대결을 하는 만화는 이전에도 있었다. 1990년대 말에 일본의 여러 구르메 만화가 히트를 하자, 1999년에 〈짜장면〉이라는 만화가 등장했다. 이 〈짜장면〉은 만화가가 교체되는 우여곡절을 겪은 끝에 기대에 미치지 못했으며, 제대로 된 한국의 구르메 만화가 등장하는 것은 역시 소득이 1만5000달러 정도를 넘은 2000년대, 정확하게 말하자면 2002년의 〈식객〉 부터다. 물론 개별 만화가의 노력도 있겠고, 준비 기간도 있을 것이다. 그러나 〈식객〉의 경우 종합일간지 『동아일보』를 통해서 선보이게 되는데, 이는 그만큼 음식만화가 대중에 공감을 얻을 수 있게 됐다는 것을 의미한다.

② 국민소득과 함께 변화하는 만화 트렌드

와인을 포함한 음식만화는, 당연히 소득과 연관이 된다. 기본적으로 좋은 맛을 알려면 여러 음식을 먹어봐야 하고 그러려면 외식이 필수적이다. 배를 채우기 위해 음식을 먹는 시대가 아닌, 맛으로 음식을 찾아다녀야 하는데, 그러기 위해서는 나라 전체가 빈곤에서 벗어나야 할 것이다. 그런데 여기에서 다음과 같은 의문이 생긴다. 음식 관련 만화가 아닌 만화 전체의 트렌드도 국민소득과 관련이 있을까? 시계바늘을 조금 앞으로 돌려보자.

– 고전파 : 약육강식 시대 비운의 열혈 주인공

만화의 경우에는 의미 있는 변화가 일본의 경우 1970년대 말에, 한국의 경우는 1980년대 말에 일어난다. 기본적으로 만화라는 장르가 어린이들을 위한 장르에서 어른들도 볼 수 있는 장르로 탈바꿈하기 위해서는 그만큼의 스토리적 개연성을 지녀야 하고, 사회 전체의 관심사에 어느 정도는 닿아 있어야 한다. 이렇게 만화가 '어린이 문화'에서 하나의 독립된 장르로 인정받게 되는 것을 편의상 '고전파의 형성'이라고 부르기로 하자. 이런 고전파가 완성되는 것이 대체로 일본에서는 1970년 안팎이다. 예를 들어 1968년 연재가 시작된 권투만화 〈내일의 죠〉의 경우 당시 학생운동 주도자들이 '오른손에 아사히저널(당시 좌파잡지), 왼손에 매거진(내일의 죠 연재 잡지)'이라고 할 만큼 독자층의 연령대가 높게 형성되어 있었다. 1970년에 일본 항공기 '요도호'를 납치한 범인들은 "우리들은 〈내일의 죠〉"라고 얘기하는데, 역시 그만큼 만화가 성인의 문화로서 진지하게 받아들여졌다는 사례가 될 것이다.

대체로 이런 '고전파 형성'은 TV가 보급되고, TV와 만화를 보면서 성장한 아이들이 어른이 되어서도 만화를 끊지 못하는 데서 이뤄진다. 한국과 일본의 경우 베이비붐 세대가 10대 후반이 되던 시기에 공통적으로 TV 보급이 폭발적으로 늘어났고, 이들보다 약 5-10여 세 어린 세대가 이 TV 보급의 수혜를 받는 'TV 세대'가 된다. 일본은 1947-1949년의 이른바 '단카이 세대'라는 베이비붐 세대가 등장한 후 1950년대 말-1960년대 초반에 TV 보급이 급속히 이뤄졌다. TV에서 만화가 방영되기 시작하면, 이 만화는 출판만화와 시너지 효과를 이루면서 하나의 어린이 문화를 형성한다. 이 베이비붐 세대가 대학생이 되고, 사회에 진출할 무렵인 1960

년대 말-1970년대 초에, 일본의 경우는 대체로 '고전파'가 형성됐다. 반면, 한국의 경우에는 만화에서의 이런 '고전파 형성'이 1980년대 초중반에 해당한다. 한국에서는 1955-1963년생을 일반적으로 베이비붐 세대로 잡는데, 이들의 후미가 10대 후반을 통과하는 1970년대 중-후반에 집중적으로 TV 보급이 늘어나고, 역시 이들의 후미가 사회에 진출할 무렵인 1980년대 중후반에 '고전파 형성', 즉 어른들의 만화 문화가 이뤄진다.

당시 언론들은 이런 만화 세대의 등장을 대단히 신기한 눈으로 보고 있다. 1970년대까지의 언론들은 만화를 주로 불량만화와 연결시켜 사회악의 일종으로 규정하고 있었으며, 1980년대 초반까지도 '불량만화를 추방하자'는 내용의 사설이 종종 등장한다. 물론 이런 사설의 근저에는 '만화는 아이들이 보는 것'이라는 판단이 숨어 있다. 그러나 1980년대 중반이 되면 만화를 보는 어른들이 등장하면서, 이런 구도를 쓰기는 힘들어진다. 특히 1980년대 중반에 〈공포의 외인구단〉이 크게 히트하자 신문들은 이런 사회 현상을 '만화 세대'가 대두했기 때문으로 분석했다. 『조선일보』는 1986년 8월17일자 '만화 세대의 스타 만화 주인공들'이라는 기사에서 "대학가뿐 아니라 충무로 종로 광화문 서소문 등 도심지 오피스 타운에 나날이 늘어가는 만화 가게가 최근 젊은이들의 만화 열풍을 짐작케 한다. 인기 있는 만화의 주인공들은 영화배우나 탤런트 못지않은 대중들의 '스타'로 떠오르고 있다"고 적었다.

이렇게 생긴 '고전파'들의 특성은 한일 양국이 대단히 비슷하다. 우선 이런 고전파 만화들은 스토리텔링에 주력한다. 대부분의 만화에 '캐릭터'가 존재하지 않는다. 쉽게 말해 이 만화의 주인공이나 저 만화의 주인공이나 결국 다 비슷한 성격이고, 대개 줄거리만 가지고도 재미를 느

선 일 보 西紀 1986年 8月 17日 日曜日 (8)

"만화世代의 스타" 만화 主人公들

「까치」「독대」「강토」등 젊은이 사로잡아

"강인한 英雄"의 좌절극복-희생-우정에 공감

"소설 못잖은 재미…挑戰 성공땐 통쾌감까지"

(그림 14) 만화가 하나의 문화 장르로서 독립하기 위해서는 아이들의 문화에서 성인들이 즐기는 문화로 탈바꿈을 해야 한다. 한국에서는 1980년대 중반 이런 현상이 일어났다. 당시 조선일보사는 만화 주인공들이 젊은이들의 스타로 떠오르고 있다고 적었다. (1986년 8월 17일 『조선일보』, 박선이 기자).

낄 수 있는, 빠르고, 강렬한 전개를 가지고 있다.

또 대부분의 주인공들은 '상승'의 욕구를 대변하고 결핍의 콤플렉스를 가지고 있다. 일본에서는 1960년대 말부터 1970년대까지를 풍미한 '열혈 만화 붐'이 있었다. '열혈 만화'란 기본적으로 주인공이 가혹한 육체적 고통을 이겨가며 수련해서 사회의 최고봉에 도전하지만, 결국은 마지막 단계에서 추락하는 내용으로 구성돼 있는 것이 보통이다. 열혈 만화의 대표격 중 하나인 〈내일의 죠〉의 경우 고아라는 콤플렉스를 가진 사기꾼 소년이 권투를 배워가며 '내일'을 향해 나가는 내용이다. 그러나 많이 맞는 스타일의 권투를 하던 주인공은 전체 과정에서 피나는 고통을 겪을 뿐 아니라, 결국 마지막 시합에서 최선을 다한 백중의 시합을 펼친 후 만족한 얼굴로 죽고 만다. 시합의 승부는 물론 졌다. 이외에도 근력 강화를 위해 온 몸에 스프링을 칭칭 감고 생활을 하거나(〈거인의 별〉), 마구를 만들기 위해 드릴을 잡아 손에 상처를 내는 등의 고행을 하는(〈아스트로 구단〉) 주인공이 등장한다.

이같이 부단히 상승을 위해 과도한 노력을 하는 '열혈'은 소녀만화도 예외는 아니다. 예를 들어 두 소녀의 연극 주연 쟁탈을 다룬 〈유리 가면〉의 경우 동물 역을 잘 연기하기 위해 짐승과 똑같은 생활을 한다.

고전파의 주인공의 싸움의 스타일은 지극히 자본주의적이다. 고전파의 주인공들은 말 그대로 '약육강식'의 룰을 따르며 자신의 실력을 키우기에 주력한다. 물론 작가 자신은 '사회 시스템' 그 자체에 도전하려는 인간의 모습을 그리려고 한 경우도 많겠지만, 능력이 최우선이라는 기본적인 논리는 변함이 없다. 이 때문에, 이들 '고전파' 주인공들은 운동경기를 하되, 지극히 괴로운 수련을 겪어야 하고, 그리 행복하지 못한 비운의 캐릭터들이다.

이런 성격은 한국의 고전파 주인공들도 마찬가지다. 앞서 말했듯이, 한국의 1980년대 만화를 대표하는 〈공포의 외인구단〉의 경우 사회(야구계)에서 장애인 취급을 받은 이단자들이 모여서 지옥훈련을 통해 재탄생하는 과정을 다루고 있다. 일본에서 변화구를 위해 드릴을 손으로 잡는 캐릭터가 등장했다면, 이 만화에서는 변화구를 위해 손가락을 자르는 캐릭터가 등장한다. 이런 한국의 80년대 고전파 만화들은 일본의 만화보다 더욱 선명하게 자본주의의 논리를 따르는데, '강한 것은 아름

답다'는 〈공포의 외인구단〉의 모토가 이를 잘 반영한다. 일본의 고전파 대표 작품인 〈내일의 죠〉 주인공이 지고, 죽었다면, 외인구단의 주인공 오혜성은 대기록을 눈앞에 둔 마지막 순간에 스스로 포기하고 실명한다. 고전파의 주인공들은 대부분 사회 시스템에 대적하려는 굳은 의지를 불태우며, 순정만화에서도 〈북해의 별〉 등 혁명물이 많아지는 패턴으로 나타난다.

–낭만파 : 풍요로운 시대의 평범한 인간들의 사랑 이야기

앞서 지적했듯이, 일본은 1970년대 말, 한국은 1980년대 말에 들어서 큰 변화를 겪게 된다. 일본의 경우 1970년대 고도성장을 통해, 풍요로운 사회로 접어든다. 일본이 1인당 국민소득 1만 달러(구매력 평가 기준)를 돌파한 것은 1980년대 초반. 1970년대 말은 1만 달러에 접근해가는 과정이다. 이렇게 '열혈' 고행을 하지 않아도 먹고 살기에 크게 문제가 없는 사회가 되면서, 이런 열혈의 논리가 공감을 얻지 못하게 된다. 이러면서 대안으로 '낭만파'라 명명될 수 있는 일군의 만화들이 등장한다. 낭만파는 고전파가 중요시했던 스토리텔링보다는 개인의 심리 묘사에 주력한다. 고전파가 중요시했던 사회 시스템과의 대결(혁명)보다는 개인과 개인 사이에서 벌어지는 미묘한 감정 싸움을 세밀하게 묘사하게 된다.

소년만화에서 낭만파 출현을 이끌었던 대표적인 작품은 아다치 미쓰루 작 〈터치〉이다. 〈터치〉는 1960년대의 열혈 만화 〈거인의 별〉과 같은 야구만화이지만 작품 속의 논리는 전혀 다르다. 이 만화는 쌍둥이 형제와 그 옆집에 사는 동갑내기 여자아이를 주인공으로 하고 있다. 일란성 쌍둥이 중 동생은 야구도 공부도 모두 잘하는 우등생인데, 형은 운동도

공부도 별로 관심이 없는 학생이다. 쌍둥이는 둘 다 옆집 여자아이에게 호감을 가지고 있었고, 이를 바탕으로 이야기가 펼쳐진다. 〈터치〉는 작품의 무대가 한 마을을 벗어나지 않고, 인간관계 역시 좁은 울타리 속에서만 벌어지는 편이다. 내용도 야구 승부 자체보다는 주인공들의 연애관계에 초점을 맞추고 있다. 〈거인의 별〉의 주인공은 오로지 야구의 승부에 승리하기 위해, '거인의 별을 잡기 위해'(프로야구 구단 요미우리 자이언츠의 스타가 되기 위해) 열혈 고통을 감내하지만, 〈터치〉의 주인공의 목적은 좋아하는 아이의 소원을 이뤄주는 것이다. 입신양명, 혹은 자존심의 논리가 사랑의 논리로 바뀌어 있다.

'열혈' 만화의 시대에서 여주인공과의 로맨스는 주인공이 확실한 능력을 보여주면 자연히 따라오는 경우가 많았다. 이런 '능력'의 신화는 개발 시대의 산물로 보인다. 성장하는 경제에서는 말 그대로 새로운 사업 기회가 많고, 개개인의 능력에 따라 밑바닥에서부터 사회 최정상에 오르는 성장의 신화가 가능해진다(한국의 재벌 그룹들이 대부분 성장 시대에 형성됐으며, 2000년대 이후에 신흥 재벌 등장이 거의 없다시피 하다는 점을 기억하자). 이런 '능력'의 신화는 특히 소년만화에서 주인공들의 로맨스조차도 '능력이 좋으면 이성은 자연히 끌려온다'는 전제 조건으로 나타나게 된다.

그러나 '낭만파' 만화에서는 달라진다. 사람의 심리란 반드시 능력으로 결정되는 것은 아니다. 단적으로 〈터치〉에서는 옆집 여자아이가 쌍둥이 형제 중에서 능력 있는 동생보다는 다소 못난 형을 더 좋아한다는 설정이 등장한다. 이것은 이 시기에 수없이 등장하는 '러브 코미디' 물에서도 마찬가지다. 러브 코미디의 주인공들은 최대한 독자가 감정 이

입을 하기 쉬운 평범한 사람이거나, 아니면 그 이하인 경우도 많다. 그러나 이런 만화들 중 일부는 이렇게 '능력적'으로 별 볼일 없는 사람이 사랑받는 데에 대해 어느 형태로든지 '코멘트'를 하고 있다. 예를 들어 〈터치〉에서는 '선택하는 것은 그녀'라고 이야기한다. 사람을 좋아하는 것은 객관적인 능력이나 간판과 상관이 없다는 것을 강조한다. 역시 이 시기의 히트작 러브 코미디 〈우루세이 야쓰라〉의 경우는 직접 여주인공이 주인공과, 주인공보다 여러 모로 객관적인 능력, 재력 등에서 월등한 두 캐릭터를 놓고 저울질을 해보는데, 결론은 객관적 능력이 어떻든 두 사람은 내면적으로는 똑같은 수준이고, 그 경우 자신이 좋아하는 상대를 선택하겠다고 결론 내린다.

그럼 이런 '낭만파'의 흐름은 한국에서도 나타날까? 일본의 예를 따르자면 한국의 경우 구매력 평가 기준 국민소득 1만 달러에 처음 도달하는 것이 1990년대 중반이므로 1990년대 초반에는 이런 '낭만파'가 나타났어야 한다. 그러나 1980년대 말에는 한국 만화계에서는 별도의 사건이 나타났다. 한국에서는 1988년 말 『아이큐 점프』를 시작으로 소년 주간 만화 잡지가 창간되기 시작했다. 이 잡지들은 1980년대 말에 공통적으로 일본 소년만화 수입을 시작하는데, 이를 계기로 1980년대 말부터 1990년대 초에 걸쳐 집중적으로 일본 만화가 쏟아져 들어오게 된다. 당시 일본 경제는 버블경제의 최정점을 달리던 때다. 일본 만화 역시 1980년대 중반을 거치면서 단순히 '고전적 열혈'이나 '낭만'처럼 한 가지 테마로는 설명하기 힘들어지는 '다기화(多岐化)'의 경향을 띠고 있었다. 예를 들어서 일본에서는 1980년대 중반에는 '구르메' 만화들이 집중적으로 등장한 데 이어, 1980년대 후반에는 미술, 음악 등 여러 가지 전문적인 지식들이 등장하는 만화들이 나오게 된다.

한국 만화는 1980년대 말부터 이런 일본의 만화들 세례를 집중적으로 받게 된다. 이런 과정에서 '낭만파'는 자체적으로 발생하지 않고 일본의 수입 만화에 맡기는 흐름이 일어난다. 한국 만화가 자체도 기존의 맥락이 이어지지 않고, 일본의 만화를 보고 독학해서 데뷔하는 만화가들이 늘어나게 된다. 다만, 한국의 경우 이런 과정을 겪으면서, 완전히 독자적인 영역을 잃은 것은 아니어서, '순정만화' 장르에서는 어느 정도 일본 만화의 영향이 제한적이었다. 원인에 대해서는 여러 가지 이설이 있을 수 있겠지만, 당시까지 한국 순정만화가 어느 정도 스토리텔링에서 경쟁력을 가지고 있었던 데다가, 심리를 다루는 일이 많은 순정만화가 그만큼 국내의 정서와 일치하고 있어서 다른 나라의 정서가 바로 받아들여지기 힘든 면이 있었던 것이라고 판단하는 경우가 많은 듯하다.

(그림 15) 김혜린 작 〈북해의 별〉. 1980년대 대작 흐름을 대표하는 만화 중 하나이다.

순정만화의 경우 국민소득이 1만 달러를 돌파하는 1990년대 중반에 분위기가 달라진다. 한국 순정만화는 1980년대 후반에 황미나-김혜린-김진-신일숙-강경옥 등의 작가군이 등장하며 무거운 주제의 대작들이 나오고, 어른들이 읽는 문화로 자리 잡게 된다.

한국 순정만화는 '고전파'의 특성대

로, 역사물, 그중에서도 기존 질서에 도전하는 혁명물이 인기를 모았다. 물론 순정만화의 특성상 연애물 역시 많았는데, 연애물조차도 심리보다는 스토리텔링에 주력하는 것들이 일반적이었다.

그러나 1990년대 중반에 유시진, 천계영 등을 비롯한 신세대 작가들이 등장하면서 순정만화에서도 자연히 '열혈' 성의 분위기가 퇴색한다. 그리고 심리를 중요시하는 '낭만파' 의 특성이 나타나기 시작한다. 이런 현상은 당시에는 한국적인 순정만화 특성이 희석되는 것이 아니냐는 우려를 낳기도 했지만, 만화가 문화의 한 장르로서 경제발전 단계를 반영한다는 가설에 따르면 개연성 있는 현상이기도 하다.

이외에 또 다른 곳에서도 '낭만파' 의 흐름이 나타난다. 이는 일부 신문지면을 장식한 만화들이다. 1990년대 중반에 『조선일보』에 연재되면서 크게 히트한 〈광수생각〉의 경우 애초에는 '시사만화' 에 대비되는 '생활만화' 를 게재하기 위해 연재한 것이었는데, 실제로는 '생활' 자체보다는 다소 감상적인 감성에 호소하면서 큰 공감을 얻었다.

결국 일본 수입 만화 때문에 한국에서는 1990년대 말-2000년대 초에 만화가 급속한 다기화 흐름을 보인다. 만약 소득이 안정적으로 늘어난다면, 사회적인 관심도 다양해지고, 앞으로 한국에서 히트하거나, 한국 만화가들이 그릴 만화들은 각 분야의 전문지식을 다루거나, 적어도 그동안 사장되었던 지식들을 디테일하게 사용하는 것들이 될 것이다. 실제로 2000년대 중반 들어 나타나기 시작한 '무속' 이나 '역사', '인터넷 게임' 을 다룬 몇 편의 만화들은 이런 시대를 반영하고 있다고 봐도 무방할 것이다.

2) 전함 속의 인간관계 그리고 여성의 사회적 역할

일본 애니메이션 중 〈우주전함 야마토〉라는 애니메이션이 있다. 우주인의 침략으로 황폐화되는 지구를 구하기 위해 '야마토'라는 우주 전함이 은하 저편의 이스칸달이라는 별로 오염을 정화시킬 '코스모 클리너'라는 기계를 가지러 간다는 내용의 애니메이션이다. 1974년 일본에서 첫 방송될 때는 그다지 인상적인 반응을 보이지 못했으나 1977년에 개봉된 극장판이 흥행에 크게 성공하면서 사회적 반향을 일으켰다. 일본 애니메이션계에서는 이 〈우주전함 야마토〉와 1979년의 〈기동전사 건담〉, 1995년의 〈신세기 에반겔리온〉이 일으킨 붐을 각각 1, 2, 3차 애니메이션 붐으로 보고 있다.

〈우주전함 야마토〉라는 이 애니메이션은 한국에서도 1980년에 〈날으는 전함 V호〉라는 제목으로 TV판이 방송됐었기 때문에 익숙하다. '야마토'란 한국으로 말하면 '배달'처럼 일본 민족을 일컫는 이름이고, 또한 제2차 세계대전 때 일본군을 위기에서 구해줄 것으로 국민들의 큰 기대를 모았지만, 결국은 이렇다 할 활약을 하지 못한 채 격침된 거대 전함의 이름이기도 하다. 민족주의, 어떻게 보면 제2차 세계대전의 제국주의에 대한 향수에 젖은 만화라고 볼 수도 있지만, 일단 그 부분에 대해서는 접어두자.

여기에서 주목해보고자 하는 것은 이 애니메이션의 승무원 구성이다. 원래 일본에서 만들어진 전함에 일본인 승무원들이 타는 것은 당연하다. 그런데 이 야마토에 탑승하는 인물 중 여성은 한 명뿐이다(정확히 말하자면 탑승은 여러 사람이 한 것으로 나오는데 실제로 대사를 가지고 이야기 속에 등장하는 여성이 한 명뿐이다). 수많은 승무원 중에 '홍일점'인 여성이 '깍두기'처럼 존재한다는 것도 체크해둬야 할 부분이지만, 중요한 것은 이 여성의 전함 내에서의 직책이다. 이 여성의 역할은 원래 간호사이면서, 함교의 레이더를 보는 역할도 한다. 생활반장이라고도 얘기한다. 즉 이 여성에게서 기대되는 역할은 전투나 혹은 단독으로 중요한 판단을 내릴 수 있는 위치가 아닌 보조역(함대 내 의사의 보조이고, 함장의 보조)이다. 또 레이더를 보는 역할은 대체적으로 여성이 예민하다는 선입관에다 5감의 연장이라고 할 수 있는 '레이더'가 적합한 것으로 생각했던 것이 아닐까.[16]

게다가 꼭 만화만의 특성은 아닐지라도 이 승무원 여성은 역시 주인공 남성과의 연애에 빠지게 돼 있다. 작중에 등장하는 여성의 마음을 빼앗는 것은 주인공의 특권이라기보다는 작품 내에서 내포한 하나의 임무(task)로 보인다. 주포를 쏜다든지, 깊은 연구 개발을 한다든지, 비행기를 몰고 전투를 나가는 것은 남성의 역할이고, 함장의 지시를 받아 전달한다든지 하는 역할이 여성의 역할이다. 같은 작가의 만화 중에는 여성이 함장으로 등장하는 〈퀸 에메랄다스〉라는 것이 있었는데, 작품 내에서 남성 부하가 눈에 띄지 않을 뿐 아니라, 이 만화가 만화영화화된 것은 2000년대가 되어서다.

또 이 승무원 외에, 이 만화에서 등장하는 주요 여성이 한 사람 더 있다. 바로 이 야마토의 목적지인 이스칸달에서 오염을 정화시킬 '코스모

16 이렇게 여성의 역할에 5감의 역할을 부여한 것은 이 경우뿐만이 아니다. 예를 들어 1960년대 말의 히트 만화영화 〈사이보그 009〉에는 아홉 명의 개조인간이 나오는데, 단 한 명만이 여성이며 이 여성 사이보그가 가지고 있는 고유 능력은 뛰어난 청력(聽力)이다.

클리너'를 가지고 야마토가 오기를 기다리는 외계인 여성이다. 이 외계인 여성은 '여왕'인데, 이 별은 일찍이 멸망해, 그녀는 유일한 생존자이다. 이 '나홀로 여왕'은 말하자면 '순결'하고 고고한, 지구를 구원해줄 '여신'인 셈이다. 이는 대체로 당시 여성에 대해서 사회가 기대하고 있는 롤(role)이 '보조'이든지 직접 만나보지는 못하고 상상 속에서 이상화된 '여신'이라는 것을 보여준다. 그것은 '어머니'의 이미지와도 겹쳐지면서, 대부분의 소년만화에서 용인되어지는 캐릭터이다. 이것은 반대로 '그 정도는 돼야 등장의 자격이 있다'는 것과도 상통하는 것이고, '어머니'는 여성이 아니라 '어머니'일 뿐이라는 논리와도 상통한다. 쉬운 예로 〈은하철도 999〉의 히로인 메텔은 주인공의 어머니와 닮은 모습을 하고 있다.

그럼, 이런 현상은 한 작품, 혹은 한 작가의 경향일까? 앞서 주제가에서 알아본 일본에서의 여성의 모습이 한국에 비해서 주체적이고 자유로운 것은 사실이다. 다만 일본의 경우도 확실한 한계는 가지는데, 그것은 애초에 〈메구〉나 〈캔디〉가 모두 말 그대로 소녀들을 대상으로 한 소녀만화라는 것이다. 소녀만화에서는 대단히 주체적이고 적극적인 주인공 여성이 등장하지만, 그런 여성의 모습은 소년 대상의 만화로 넘어가면 찾아보기가 힘들어진다. 앞서 소개한 〈우주전함 야마토〉라는 전함물이 이런 경우 유용한 것은 선박이라는 상황은 많은 사람이 오랜 기간 동안 공동체가 되어 생활해야 한다는 특징이 있기 때문이다. 말하자넌 작은 독립 사회의 개념으로 보면 된다. 실제 상황에야 선박에 여성을 태우지 않는다는 등의 금기가 있었던 시절도 있었으나, 일단 20세기의 만화영화인 만큼 그런 제한은 사라져 있다.

1970년대는 물론이고, 1990년대 초반에 이르기까지 압도적으로 많은 소년 대상 애니메이션에 등장하는 여성은 말 그대로 '구색을 맞추기 위한 것' 내지는 '주인공과 사랑에 빠지기 위한 것'에 해당하는 것이다. 좀 더 깊이 살펴보면 일부는 여성을 상품화하기 위한 캐릭터로 존재한다. 예를 들어, 대체로 소년 대상의 로봇 만화에서는 남성 지휘관 비슷한 '박사'가 존재하고, 남성 파일롯이나 전투원들이 존재하고, 보통은 홍일점 여성이 등장한다. 이런 홍일점 여성은 등장인물들이 적을 때는 전투원일 때도 있고, 파일롯일 때도 있지만, 출연진이 많아지면 레이더를 보고 있거나, 비서역으로 등장하는 경우가 거의 전부다.

한국에서도 히트한 〈마징가 Z〉를 살펴보자. 주인공이 있고, 실제로 전투를 지휘하는 '박사'가 있고, 박사의 딸이 또 하나의 여성형 로봇 파일롯으로 등장한다. 그러나 실질적으로 이 여성형 로봇(아프로다이 에이스)은 전투에는 그다지 적합하지 않게 돼 있고, 보통은 상대편이 얼마나 강한지를 알게 해주기 위해, 말하자면 주인공 로봇을 돋보이게 해주는 역할에 충실하다. 즉, 상대 로봇에게 얻어맞고, 부서지는 역할이다. 게다가 마징가 시리즈에서 여성형 로봇들은 섹슈얼한 이미지를 갖도록 디자인되어 있다. 여성형 로봇들의 가슴이 미사일로 발사될 뿐만 아니라 공격을 받을 때 신음소리까지 느끼게 한다. 물론 로봇이 고통을 느끼지 않지만, 막상 만화영화에서는 여성형 로봇에는 여성형 조종사가 타는 것이 일반적이고, 탑승한 여성 조종사가 비명을 지르면 해당 로봇이 비명을 지르는 것처럼 느끼도록 돼 있다. 이른바 가학증을 만족시킬 수 있도록 애니메이션 자체에 장치를 마련해둔 셈이다. 실제로 일본의 일부 만화영화 연구서에는 만화를 감상한 어린이들이 이런 섹슈얼한 이미지를 느꼈다고 적고 있다.

이런 구도는 대단히 많은 만화에서 공통적으로 발견되는 것이다. 예를 들어 한국에도 〈이겨라 승리호〉라는 제목으로 1970년대에 소개됐던 〈얏타만〉 시리즈에서는 남성과 여성 주인공이 한 명씩 등장하는데, 실제로 여성 주인공의 활약은 크게 제한된다. 한국에서 〈독수리 5형제〉라는 제목으로 소개된 〈과학 닌자대 갓차맨〉의 경우 남성 넷에 여성 한 명이다. 여기서 나오는 여성은 실제로 전투를 하지만, 역시 남성 에이스에 비하면 역할이 적다. 일본의 이런 '전대물'은 포용력 있고 정의감이 강한 리더 스타일의 남성 1명, 리더와 반목하면서 약간 냉소적인 스타일의 남성 1명, 우직하고 힘있는 남성 1명, 좀 나이가 어린 소년 1명, 여성 1명의 전형적인 5인 전대 스타일로 되어 있다.

일본에서는 1980년대 중반을 넘어서면 여성을 주인공으로 한 소년 대상 애니메이션도 여럿 나오기 시작한다. 여성 탐정부터 시작해서 여성 전투기 조종사 등등 다양한 스타일의 여성 주인공들이 등장한다. 그러나 이런 경우를 과연 여성의 사회적 역할이 바뀐 것이라고 판단할 수 있을까? 이 경우는 아직 이르다고 보인다.

1980년대까지의 여성이 주인공이 되는 소년용 만화영화에서는 대부분 남성 캐릭터에 중요 비중이 없다. 등장 여성들은 말 그대로 독불장군으로 등장하고, 남성 캐릭터와는 경쟁하는 입장이 아니다. 쉽게 말해 남성이 없는 상황에서 그 역할을 연기하고 있을 뿐인데, 이 경우에는 차라리 성의 상품화라고 하는 게 옳을 것이다. 그러나 1990년대가 되면 애니메이션 속에서 이런 여성에 대한 '사회적 역할'은 대단히 크게 풀어지게 되고, 만화영화가 다루는 세상도 남성과 여성이 골고루 섞인 모습이다.

그만큼 여성에 대한 재평가가 일어나고 있다고 봐도 좋을까.

예를 들어 〈기동경찰 패트레이버〉라는 작품의 경우 근미래에, 로봇으로 치안을 유지하는 경찰을 배경으로 한 것인데, 수적으로나 내부 역할을 보거나 실질적인 남녀평등이 이뤄져 있다. 주인공 파일롯은 여성이며, 주인공의 관심도 남주인공과의 연애보다는 자신의 일에 열중해 있다. 또한 이 만화 속의 경찰 조직에서 로봇을 다루는 2개 소대 중, 1소대의 소대장은 여성이고 2소대의 소대장은 남성이다. 주인공이 속한 2소대에는 2대의 로봇을 운용하는 총 6명의 대원 중 남성이 4명, 여성이 2명으로 구성돼 있고, 이중 최선임이 여성이다. 가장 말단인 주인공 여성의 경우 남녀 구별 없는 공평한 선발 테스트에서 좋은 성적을 거둬 파일롯이 됐다. 물론 보조역은 남성이다.

그럼, 다시 전함으로 돌아가보자. 전함 속의 인간관계를 보는 데 유용한 것이 〈기동전사 건담〉 시리즈이다. 이 시리즈는 1979년에 첫 편이 방송된 이후로 때로는 속편으로, 혹은 전작과는 전혀 관계없이 아예 배경을 바꿔가며, 30년이 다 되어가는 현재에 이르기까지 시리즈가 나오고 있다. 일본에서 애니메이션 2차 붐을 일으켰던 작품이기도 하다.

이 시리즈는 대부분 지구와 우주를 오가면서 전투를 벌이게 되는데, 우주에서는 전함을 중심으로 행동이 이뤄지게 된다. 이렇게 오래 이어지는 시리즈 과정에 흥미 있는 일이 일어난다. 그것은 전함 내에서 차지하고 있는 여성의 직위가 점점 높아진다는 것이다. 1979년도에 나왔던 제 1작 〈기동전사 건담〉에서는 전함이 피난선을 겸하고 있기 때문에, 전함 속에는 승무원과 민간인이 섞여 있다는 설정이다. 이 과정에서, 비중을 가지고 등장하는 여성이 3명 정도다. 이 3명의 역할은 기본적으로

'보조'이다. 여성 중에서 가장 상위자(미라이 야시마라는 여성이다)는 함정을 움직이는 주요 임무를 맡았기는 하지만, 함장의 '대리' 성격이 강하다. 실제로 함장이 과로로 쓰러지고 그녀가 함장 대리를 맡았을 때는 중대한 작전 실패를 일으키기도 한다. 나머지 두 명 중 한 명은 통신사이고, 한명은 민간인으로서 구호 활동을 하게 된다. 후에 가면 통신사 여성이(실제로는 공주격인 노블한 여성이었다) 파일롯이 되기도 하지만, 기본적으로는 '여성의 역할'에서 크게 벗어나지 못한다.

이 건담은 6년 후인 1985년에 속편격인 〈기동전사 제타 건담〉, 그리고 곧이어 1986년에 〈기동전사 건담 더블제타〉로 이어지게 되며, 이때 여성의 역할에 다소의 차이가 생긴다. 〈기동전사 제타 건담〉에서는 여성들이 로봇(이 만화에서는 모빌 수츠라는 용어를 사용한다)의 파일롯으로 등장한다. 과거 〈마징가〉 시리즈에서처럼 주인공 로봇의 실력을 증명하기 위한 역할이 아니라, 주인공과 더불어 전장에 나서고 때로는 이끌어주기도 하는 역할도 맡는다. 이른바 확실한 전문직 여성이 등장하기 시작하는 셈이다. 〈기동전사 건담 더블제타〉로 가면 좀 더 다양한 전문직 여성들이 등장한다. 로봇 개발사의 개발 담당이 여성이고, 함 내에서 로봇을 수리하는 메카닉 담당이 여성이다. 지원병으로 훌륭한 능력을 발휘하는 소녀도 등장한다. 여성은 남성 캐릭터의 '보조' 역할에서 벗어나서 독자적으로 작전을 수행하는 독립체가 되고 있다.

이 건담 시리즈는 이후에도 지속적으로 제작됐지만, 첫 시리즈와의 실질적인 관련성은 거의 없다시피 하다가, 2002년에 첫 건담의 오마주 형식으로 〈기동전사 건담SEED〉라는 만화가 나오게 된다. 이 시리즈는 큰 인기를 얻어 2004년에는 〈기동전사 건담SEED 데스티니〉라는 2부가 나오기도 했다. 이 시리즈로 넘어가면 여성의 비중은 절대적으로 높아진다. 우선 두 명의 남성 주인공에게 각각 상대 여성을 책정했는데, 둘 다 카리스마를 지닌 정치 지도자 여성이라는 점은 연애 스토리를 넣기 위한 장치로서 이해하자. 그와는 관련 없는 점에서, 주인공이 타는 전함의 '함장'이 여성으로 설정돼 있으며, 부함장 역시 여성이다. 즉, 전함의 지휘부가 여성 두 사람으로 구성되는 셈이다. 게다가 이 두 여성은 서로의 단점을 보완하며(내용상으로는 대립하지만) 과거 다소 유약했던 〈기동전사 건담〉 시리즈의 남성 함장에 비교되는 당찬 지휘를 보여준다. 특히 2부인 〈기동전사 건담 SEED 데스티니〉에서는 주인공과 라이벌 진영의 주력함 함장이 모두 여성인데다 나름대로 훌륭한 지휘관으로 묘사되고, 마지막 회에서는 두 여성 지휘관이 군함과 군함을 지휘하며 훌륭한 명승부를 벌이게 된다.

단순히 이런 작품이 전체에서 몇 %를 차지하고 있는지를 계량하는 방법이 그다지 바람직하지는 않은 것으로 보인다. 1990년대 중반 이후로 일본에서는 심야 애니메이션이 많이 증가하는 현상을 보였다. 이것은 어렸을 때부터 만화를 보던 애니메이션 세대가 성인이 되고 난 후, 그들의 구미에 맞는 만화를 적극적으로 소비하는 모습을 보였기에 가능했다. 녹화를 해서 심야 방송을 볼 정도로 열성적인 애니메이션 마니아가 늘어난 것이다.

이들의 특성 중 하나는 여성 캐릭터에 대한 열광적인 반응뿐 아니라, 이들 캐릭터들을 통해 성적 환상을 만족시키려는 측면 역시 있었기 때문에, 이런 만화에는 엄청나게 여성 캐릭터가 많이 등장하게 된다. 이런 경우 여성 캐릭터가 많이 등장하는 것은 시청자 입장에서는 마음에 드는 스타일을 보고 즐길 수 있도록 하는 장치가 된다. 그러므로 단순히 작품 속에서 여성의 비율이 늘어났다고 해서 그것이 곧 사회 전체에서 여성의 지위 향상을 반영하고 있다고 하기는 힘들 것이다. 다만 단순한 '보조적' 역할에서 출발한 여성 캐릭터들이 지휘관으로까지 자연스럽게 등장하게 된 것은 그만큼 사회 전체에서 여성의 참여가 자연스러워진 것이 그 배경을 제공했다고 볼 수는 있겠다.

역시 비슷한 방법론의 하나가 되겠지만, '리메이크' 작품을 비교하는 것도 도움이 되리라고 본다. 한 작품이 다른 나라로 수입되면서 여러 가지 변화가 일어나는 것처럼, 한 작품이 시대를 넘어 리메이크되면서 일어나는 변화는 그간의 사회 변화를 어느 정도는 반영한다고 해도 되지 않을까. 두 가지의 리메이크 작품을 보도록 하자.

〈대공마룡 가이킹〉이라는 만화영화는 1976년에 방영된 로봇 만화영화다. 이 만화에는 역시 당시까지의 전형대로 총 지휘관 '박사'에 다양한 파일롯들이 등장한다. 여성은 한 명뿐으로 역시 오퍼레이터 역할을 하고 있을 뿐이다. 그러나 이 만화는 2006년에 〈가이킹, 대공마룡전설〉이라는 제목으로 리메이크되면서 크게 바뀐다. 리메이크 과정에서 줄거리가 상당수 바뀌었는데, 줄거리뿐 아니라 주요 캐릭터 중 상당수가 여성으로 교체되었다. 게다가 여성의 역할이 대단히 다양한 분야이고, 성격도 다양해져 있다. 함장 직속의 '부장'이 여성이라는 점은 '보조'로 넘긴다고 하더라도, 주인공 소년보다 훨씬 능력 있는데다 라이벌 의식까지 불태우는 여성 전투기 파일롯이 등장하고, 주인공이 들지 못해 쩔쩔매던 물건을 여러 개 거뜬히 들어 올리는 기관사 여성도 등장한다. 그렇다고 해서 이런 여성 캐릭터들이 자신들에게 주어진 기존 사회의 성

역할을 포기하는 것은 아니며, 미인 대회를 개최하는 등의 모습도 보이는데, 이는 이런 만화영화의 여성의 모습이 어느 정도 새롭게 형성되고 있다는 역설적인 증거가 될 것이다.

〈초수 기신 단쿠가〉라는 만화도 있다. 이 만화는 1980년대에 방영된 인기 타이틀의 하나로서, 원래 1980년대 판은 네 명의 파일롯이 운전하는 머신이 합체되어 대형 로봇이 된다는 설정이다. 파일롯은 남성 3명, 여성 1명으로 구성돼 있고, 이중 메인 파일롯은 남성이 맡고 있었다. 그런데, 2007년에 만든 리메이크 판에서는 이 비율이 바뀐다. 남성 2명에 여성 2명이 파일롯으로 등장하고, 메인 파일롯은 여성이 맡게 된다. 남성과 여성이 섞인 팀에서 여성이 리더가 되어 메인 파일롯을 맡는 케이스는 희귀하다. 1980년대 판에서는 네 명이 다 군인 신분이었던 반면, 2007년 판에서는 기존에 사회에서 활동하는 사람을 스카웃 해온다는 설정이고, 특기할 만한 것은 여성 두 명은 각각 카 레이서와 형사 출신, 남성 두 명은 샐러리맨과 노숙자 출신이라는 것이다.

이는 완전히 기존의 성 역할을 역전시켜놓은 것인데, 여기에서 드라마, 영화, 광고라는 세 가지 미디어를 내용 분석하여 미국 사회에서의 흑인의 경계성을 보여준 연구[17]를 소개하는 것이 적절해 보인다. 이들이 세 가지 미디어를 선택한 것은 미디어가 양극화되는 인종적 원형(prototype)을 반영하고 있다고 보았기 때문이다. 할리우드 영화에서는 주연에서 엑스트라까지 다양한 배역의 흑인이 등장하지만, 역할의 범위에

17 Entman, Robert M. and Andrew Rojecki (2001). *The Black Image in the White Mind: Media and Race in America*, with a new preface. Chicago: University of Chicago Press.

한계가 있고 매우 정형화된 모습으로 그려진다. 일단 흑인 여성은 성적으로 묘사되는 경향이 강하다. 또한 이러한 차별은 언어에서도 나타나는데, 영화 속에서 흑인은 문법적으로 맞지 않는 말과 욕설 등을 많이 사용한다. 심지어 영화 속에서는 고학력 전문직의 흑인도 빈민가 언어를 구사한다. 텔레비전 광고 속에서도 이러한 경향이 비슷하게 나타난다. 그러나 텔레비전 드라마에서만 흑인의 70% 이상이 전문적이고 경영적 위치를 차지한다는 것을 발견했다. 한국에도 소개되었던 코스비 가족 일가를 생각해보면 그림이 보다 확실히 그려질 것이다. 주인공이었던 헉스터블 가족은 남편인 클리프가 산부인과 의사, 아내인 클레어가 변호사인 것을 비롯해 자녀들 모두 모범적이거나 평범하고 밝은 캐릭터를 가진, 그야말로 그 당시 미국인들이 꿈꾸던 중상계층의 정형이었다. 그러나 연구자들은 이러한 경향이 비록 과거에 흑인을 백인에 종속되는 것으로 그렸던 것보다는 긍정적인 발전이지만, 결국 흑인과 백인의 관계에 있어서의 '단순한 유토피아적인 반전' 일 뿐이라고 분석한다. 이러한 분석 후 그들이 낸 결론은 흑인에 대한 구시대적인 인종 차별은 넘어섰지만, 다른 인종 집단을 완전하게 통합할 수 있는 시대에는 아직 이르지 못했다는 것이다. 전함에서의 여성의 역할의 변화는 한국과 일본 사회에서의 여성 지위의 놀라운 변화인 것일까 아니면 단순한 유토피아적인 반전일 뿐일까? 여성에 대한 구시대적인 성적 차별은 넘어섰지만, 아직 완전하게 평등한 시대에는 이르지 못했다는 분석이 가장 적절한 표현이 아닐는지.

코스비 쇼 (The Cosby Show)

1984년부터 1992년까지 8년 동안 방영되었던 미국의 인기 시트콤. 코메디언 빌 코스비(Bill Cosby)가 헉스터블(Huxtable) 일가의 가장인

클리프 헉스터블 역을 맡아 주연했다. 헉스터블 가족은 남편인 클리프가 산부인과 의사, 아내인 클레어가 변호사인 중상층(upper-middle class)으로 묘사되어 흑인 가족들에 대한 일종의 역할 모델로 제시되었다. 특히 헉스터블 부부는 지적이고, 부유하며, 인종에 대한 편견이 없는 인물들로 그려졌는데, 이는 흑인의 문화적 요소를 강조하던 당시의 다른 흑인 가족 소재 시트콤들과는 확연히 다른 내용이었다. 전반적으로 가족 구성원간의 유대를 강조하는 내용의 에피소드들이 주를 이루면서, 특히 자녀들의 교육에 대한 관심이 빈번한 소재로 등장했다. 흑인 가족이 주인공임에도 불구하고 코스비 쇼는 인종에 상관없이 시청자들의 인기를 끌어서 1985년부터 5 시즌 연속 시청률 1위를 기록하기도 했다. 그러나 이 시리즈는 백인 중상층 가족에 흑인의 색만 입혔다

는 비난을 흑인 빈곤층으로부터 받았으며, 성공한 흑인 가족, 조화로운 흑인 가족만을 부각시키고, 교육을 통해 성공할 수 있다는 이데올로기를 짙게 내보임으로써 미국 내에 실재하는 인종 문제와 연관된 계층 문제의 구조적 요인들을 간과했다는 비판도 받았다.

Jhally, Sut and Justin Lewis (1992). *Enlightened Racism: The Cosby Show, Audiences & the Myth of the American Dream*, Westview Press.

3. 문화적 텍스트 : 사회를 비추는 일그러진 거울

어느 날 못된 악마가 거울을 하나 만들었습니다.
뭐든지 다 흉측하게 보이는 거울이었습니다.
악마는 거울을 하늘로 옮기다가 그만 떨어뜨려 깨뜨립니다.
산산조각난 거울은 먼지처럼 떠다니다 사람들의 눈과 마음으로 파고듭니다.
그러면 사람들은 차갑고 잔인하게 변해버렸습니다.
－동화 '눈의 여왕' 중에서

반영 접근의 가장 큰 문제는 그 근본적 은유가 광범위하게 정의되었기 때문에 사회의 어떤 부분, 혹은 어떤 집단이 반영되었는지를 구체화할 수 없다는 점이다. 피터 라스렛(Peter Laslett)은 문학을 이용하여 당시의 실제 삶을 추론하는 역사 사회학자들에게 경고한다.[18] 문학에서 나타나는 상황이 그 당시에 정말 광범위하게 실재한 것이기 때문에 고안된 것인지, 아니면 오히려 흔하지 않기 때문에 고안된 것인지 알 수 없다는 것이다. 왜냐하면 문학이란 꾸며낸 것이기 때문이다. 예를 들어 산업사회 이전의 영국 문학에서는 대가족이 많이 등장한다는 점을 통해서 당시 대가족이 보편화되어 있을 것이라는 추측은 잘못된 것이다. 이는 극적인 사건들을 많이 만들어내고자 대가족이라는 특정한 배경을 택한 작가의 의도를 간과한 것이다. 이와 같은 문제점은 문학뿐 아니라 다른 문화적 텍스트들에서도 찾아볼 수 있으며 지금까지 분석한 만화의 경우 역시 마찬가지다.

특히 해석적 방법론을 사용할 경우 아무리 질적으로 우수한 연구이고 결과가 흥미롭다 하더라고 "자의적 또는 주관적"이라는 비판에서 자유로울 수 없다. 연구자가 보여주고자 하는 것을 뒷받침해줄 수 있는 문화적 텍스트만을 선택했을 수 있다는 가능성 때문이다. 반면 내용 분석을 사용하는 연구자들은 표면상으로는 보다 객관적으로 보인다. 그러나 내용 분석은 자료를 체계화하는 직접적 대가로 자료의 맥락을 희생하게 되며 해석학적 시각이 갖는 질적 연구의 생생한 장점을 갖지 못하는 경향이 있다. 이와 같은 함정을 극복하기 위해서 반영 접근을 선택한 연구자들은 문화적 텍스트와 사회 사이의 어떤 연결이라도 다양한 요인에 의해서 매개되어 있다는 사실을 항상 염두에 둘 필요가 있다.

18 Laslett, Peter(1976). "The wrong way through the telescope: A note on literary evidence in sociology and in historical sociology," *British Journal of Sociology*, 27 (3), pp.319–42.

그러나 반영 접근은 이러한 치명적인 결점에도 불구하고 문화적 텍스트를 연구하는 중요한 방식으로 대중적인 많은 저술과 문화적 텍스트 분석에 가장 널리 쓰이는 양식이다. 왜 그럴까? 왜 사회 그 자체를 연구하지 않고 미술작품, 영화, 광고 등등의 여러 가지 문화적 텍스트들을 연구할까? 그 대답은 많은 연구자들이 보다 흥미로운 자료를 찾고 싶어 한다는 점과 더불어 사회에 대한 직접적 관찰만으로는 찾아낼 수 없는 많은 것들이 존재하는 점에서 찾을 수 있다. 사실상 연구자들이 찾는 증거들은 직접적으로 얻을 수 없는 경우가 종종 있다. 왜냐하면 많은 시간이 흘렀기 때문에 소멸되어버릴 수도 있고, 증거를 건드릴 수 있는 직접적인 방법이 없을 수도 있다. 그렇다고 타임머신을 타고 그 시대로 돌아갈 수는 없다. 돌아가는 대신에, 그 시대의 다양한 문화적 텍스트를 통해서 당시 사회상을 연구해볼 수 있는 것이다. 또 다양한 문화적 텍스트는 특정 시대의 넓게 퍼져 있었던 사조라든지 가치관 등을 밝혀내는 데 그치는 것이 아니라 더 나아가 다양한 발현 방식과 기법 등을 생생하게 제시할 수 있다는 장점이 있다. 이번 장에서 다양한 만화와 그 요소를 통해 다루었던 많은 주제들 역시 반영 이론이 가지고 있는 단점에도 불구하고 이러한 긍정적인 측면들을 충분히 보여주었으면 한다.

결론적으로 말하자면 문화적 텍스트는 사회를 반영한다. 그러나 복잡한 방식으로 반영한다. 사회 체계 내에 존재하는 문화적 텍스트를 만들어낸 생산자와 또 이를 받아들이고 소비하는 수용자 모두 문화적 텍스트와 그 의미를 형성하기 때문이다. 그렇기 때문에 문화적 텍스트가 사회를 반영하는 거울이라고 한다면, 이 거울은 일그러진 거울이다.[19] 이런 맥락에서 봤을 때 데잔(Desan), 퍼거슨(Ferguson), 그리스올드

(Griswold)[20]가 문화적 텍스트와 사회의 관계를 설명하는 데 사용한 동화 '눈의 여왕'에 나오는 거울의 비유는 기발하고 적절하다. 앞에서 인용했듯이 이 동화에서 악마는 사람들의 행동과 생각을 삐뚤어지게 비추는 거울을 만든다. 악마의 제자들은 이 거울을 들고 돌아다니면서 사람들을 이간질하고 세상을 어지럽힌다. 그러던 어느 날 이 거울이 깨지게 되고, 그 파편이 많은 사람들의 눈에 박히게 되고 사람들은 악마의 거울과 같은 삐뚤어진 시각을 갖게 된다는 내용이다.

여기에서 악마의 거울은 문화적 텍스트가 사회를 반영하는 방식이다. 무엇보다 체계적으로 왜곡되어 있다는 점에서 그러하다. 또 거울을 만든 악마(문화적 텍스트의 생산자)와 이를 퍼뜨린 악마의 제자(문화적 텍스트의 배급자)가 거울의 왜곡된 이미지를 형성한다. 여기서 우리는 문화적 텍스트가 생산된 지적, 제도적 맥락에 의해 영향을 받을 수밖에 없음을 알 수 있다. 또한 거울이 조각한 파편의 형태로 사람들에게 박혀버린다는 것은 문화적 텍스트가 사회적 맥락에 배태되어 있고, 선택적 수용을 통해서 의미를 만드는 관객에 의해 소비된다는 점과 연관지을 수 있다는 것이다. 악마, 악마의 제자, 거울의 파편이 눈에 박혀 있는 사람들에 대한 이야기는 제3장 문화의 다이아몬드에서 다루어지게 될 것이다. 물론 만화라는 문화적 텍스트를 가지고서 말이다.

19 Alexander, Victoria D. (2003). *Sociology of the Arts: Exploring Fine and Popular Forms*. Blackwell, pp.31-34. 알렉산더는 이 책에서 반영 이론의 장단점을 매우 체계적이고 적절하게 요약 정리해놓았다.

20 Desan, Philippe, Priscilla Parkhurst Ferguson, and Wendy Griswold (eds.) (1988). "Editors' Introduction: Mirrors, Frames, and Demons: Reflections on the Sociology of Literature", *Literature and Social Practice*, Chicago: University of Chicago Press, pp. 1-10.

제2장

만화는 사회의 독소인가?

'담임선생님과 애인을 지하철 안에서 잔인하게 폭행하는 학생들, 말 안 듣는 후배들을 교육시킨다며 담뱃불로 지지는 일진회 선배.' 일본 폭력 만화의 한 장면들이다. 일본 만화가 폭력에 물들기 쉬운 학생들에게 학원 폭력의 '교과서' 구실을 하고 있다. 초등학교부터 중고교 앞 만화가게, 문구점을 통해 아이들 손에 들어가는 일본 저질 폭력만화가 바로 그것이다. 〈캠퍼스 블루〉, 〈남자의 바다〉, 〈할렐루야 보이〉, 〈좋은 친구들〉 등 중고생들에게 인기를 누리는 일본 만화들은 한결같이 잔인한 학교 폭력배들을 영웅으로 그리고 있다. 가정과 학교에서는 버림받았지만 주먹 하나로 학교를 휘어잡고 때로는 성인 폭력배들과 결투를 통해 조직원들을 지켜 나가며 의리를 소중히 여기는 폭력 조직 두목. 최근 경찰에 적발된 학생들은 한결같이 "일본 만화에 등장하는 이런 '멋진 폭력배'처럼 살고 싶었다"고 말했다. 가장 싸움을 잘 하는 학생들만이 모인다는 '일진회'나 우두머리를 '짱'으로 부르는 것도 모두 일본 만화에서 나온 말들이다. 학교에서 소지품 검사를 할 때마다 한 반에 수십 권씩 나오는 이들 만화에서 일본도, 쇠파이프를 들고 싸우는 장면은 보통이다. (후략)

(1997년 7월 5일 『조선일보』 기사 중에서)

대체로 만화나 혹은 만화영화는 끊임없이 '유해' 논란을 낳는다. 특히 만화의 경우 주 대상이 어린이들로 간주되기 때문에, 그 부정적 영향에 대한 사회적인 견제가 지속적으로 존재해왔다. 어린이에 대한 영향력은 이 어린이들이 이끌어갈 몇 년 후의 사회에 대한 영향력이기도 하고, 뒤집어보면 사회에 적응시키기 위한 '교육'의 차원에서도 이해될 것이다. 이런 생각은 문화적 텍스트가 사회에 영향을 미친다고 생각하는 기본적인 논리에 바탕하고 있는데, 이러한 논리가 바로 문화사회학의 '형성 이론(shaping theory)' 또는 '형성 접근법(shaping approach)'이다.

위의 기사가 나왔던 당시는 '일진회'라고 불리는 학원 폭력 조직이 크

일본 만화는 폭력 '교과서'

「담임선생님과 애인을 지하철 안에서 잔인하게 폭행하는 학생들, 말 안듣는 후배들을 교육시킨다며 담뱃불로 지지는 一陣會(일진회) 선배.」 일본 폭력 만화의 한 장면들이다.

일본 만화가 폭력에 물들기 쉬운 학생들에게 학원 폭력의 「교과서」 구실을 하고 있다.

초등학교부터 중고교앞 만화가게, 문구점을 통해 아이들 손에 들어가는 일본 저질 폭력만화가 바로 그것이다.

◇일본 폭력만화 「좋은 친구들」에 나오는 한 장면. 교복을 입은 고교생들이 패싸움을 벌이고 있다.

「캠퍼스 블루」「남자의 바다」「할렐루야 보이」「좋은 친구들」 등 중고생

학교앞 문구점서
日만화 쉽게 구입
잔인한 폭력배 영웅시
'일진회''짱'용어도 모방

들에게 인기를 누리는 일본 만화들은 한결같이 잔인한 학교 폭력배들을 영웅으로 그리고 있다.

가정과 학교에서는 버림받았지만 수먹 하나로 학교를 휘어잡고 때로는 성인폭력배들과 결투를 통해 조직원들을 지켜나가며 의리를 소중히 여기는 폭력조직 두목.

최근 경찰에 적발된 학생들은 한결같이 『일본 만화에 등장하는 어린 「멋진 폭력배」처럼 살고 싶었다』고 말했다.

(그림 16) '일본 만화는 폭력 교과서'라고 표현하고 있는 신문. 만화의 사회에 대한 영향력은 주로 부정적인 방향에서 언급됐다. (1997년 7월 5일 『조선일보』, 박용근 기자).

게 사회 문제화됐던 때였다. 일진회란 사실 구체적인 실체가 있는 것은 아니었다. 그 학원에서 가장 센 학생을 '일진'이라고 부르고 그들과 함께 다니는 학생들을 묶어 일진회라고 불렀는데, 이들의 학원 폭력이 빈발하자, 이 원인을 찾게 되는 과정에서 나타난 것이 '일본 만화'였다. 이 기사 역시 마치 일진회라는 학교 폭력이 일본 만화 때문이라는 전형적인 형성 이론적인 논리에 근거하고 있다.

형성 이론은 반영 이론과는 반대로 문화적 텍스트가 사회에 영향을 주는 것으로 본다. 그리고 이러한 형성 이론적 논조를 띠고 있는 이론들은 대부분 사회에 대한 문화적 텍스트의 부정적인 측면을 집중적으로 파헤친다. 보다 정확하게 표현하자면, 이른바 대중문화, 그중에서도 특히 대중매체에 의해 생산되었던 대량문화가 사회의 독소로서 비판의 대상이 되었고, 이와 상치되는 위치에 있었던 고급문화가 극단적으로 이상화되어 사회를 구원할 수 있는 힘을 갖는 것으로 추앙받았다. 사실 이들 이론들은 이미 학문적으로 엘리트주의적이고 편파적인 시각이라는 비판을 많이 받아왔다. 현실적으로도 현재와 같이 대중문화의 영향력이 막강한 상황에서 그 설명력을 상실한 지 오래이다. 그러나 실제적으로 오랫동안, 사실상 근래 십수 년을 제외하고는 계속해서 문화 이론을 지배해온 시각이다. 또한 만화라는 문화적 텍스트의 측면에서는, 만화에 대한 유해논쟁과 수많은 규제뿐만 아니라 만화에 관한 일반적인 상식을 구성해 온 가장 중요한 시각이다.

이번 장에서는 대중문화가 사회에 미치는 부정적인 영향을 조망하고 있는 몇 가지 이론과 사례들 그리고 그 바탕에 깔려 있는 문화의 위계를 상정하는 엘리트주의적 시각에 대한 비판들을 소개한다. 더 나아가 문화적 위계를 전제하지 않는다면, 문화적 텍스트가 사회에 미치는 영향력에 초점을 두는 형성 접근적 시각이 꼭 대중문화가 사회에 미치는 부정적인 측면만을 조망할 근거는 없다는 점에 착안하여 만화라는 대중문화 형식의 텍스트가 사회에 미치는 긍정적인 영향력까지도 함께 살펴보고자 한다.

1. 문화의 그레셤의 법칙 : "타락한 대중문화가 훌륭한 고급문화를 구축한다."

최초로 대중문화를 다룬 저서는 『문화와 무정부(*Culture and Anarchy*)』로 1869년 영국에서 발간되었다. 이 책을 설명할 때마다 생각나는 우스갯소리가 있다. "붕어빵에는 붕어가 없다." 갑자기 웬 우스갯소리냐고 하겠지만 사실상 초기 형성 이론가 중 하나였던 매슈 아놀드(Matthew Arnold)가 저술한 이 책에서 대중문화라는 말은 단 한 번도 나오지 않는다. 그럼에도 불구하고 이 저술은 1860년대부터 1950년대까지의 문화 관련 논쟁에서 우위를 지켜온 '문화 문명의 접근법(culture and civilization approach)'이라는 명제를 확립한 것으로 평가받고 있다.[1]

어떻게 그럴 수가 있을까? 다시 『문화와 무정부』라는 이 저서의 제목으로 돌아가보자. 사실은 이 제목 안에 해답이 들어 있다. 아놀드는 문

1 우리나라에서는 2004년 이가형 번역으로 박영사에서, 2006년 윤지관 번역으로 한길사에서 『교양과 무질서』라는 제목으로 의역되어 출판되었다. 그러나 문화와 대중문화의 개념의 변천이라는 측면에서 봤을 때는 『문화와 무정부』라는 직역이 보다 적절하다고 판단된다.

화라는 단어를 아주 제한적으로만 사용했다. 그는 문화라는 것이 '최선의 것이 무엇인지 알 수 있는 능력', '최선 그 자체', '최선의 것에 대한 정신적이고 영혼적인 적용', '최선을 추구하는 것'이라고 생각했다. 다시 말해 '문화'란 "세상에서 말해지고 생각된 것 중에 최고의 것(best that has been thought and said in world)"이었으며 문화적 텍스트는 순수예술만을 의미했다.

그럼 도대체 제목에 "무정부(Anarchy)"라는 말은 왜 들어갔을까? 그에게 대중문화는 '문화'가 아니고 '무정부 상태'일 뿐이었다. 문화의 정의 자체를 '최고의 것'으로 해놓았으니 대중문화를 문화로 인정하지 않았던 것이다. 실제로 그의 글에서 "무정부 상태"는 대중문화와 많은 부분 동의어로 사용되고 있다. 특히 무정부/대중문화는 노동 계급에서 만들어지는 문화의 분열적이고 파괴적인 성격을 표현하는 개념이며, 이는 1867년 영국에서 도시의 남성 노동 계급이 정식으로 정치에 진입하면서 일어난 정치적 불안을 지칭하는 것으로 분석된다.[2]

1800년대 초반 영국 사회에서는 산업화 도시화로 인해, 피지배 계층이라고 할 수 있는 노동자 계급들이 도시에 모여 살게 됐다. 이는 역사상 최초로 자신들의 문화를 형성할 수 있는 공간을 가지게 된 것으로 평가되고 있다. 그리고 당연히 이들 계급의 문화는 지식인, 소수 권력층의 눈에는 거칠고 저속한 것으로 비춰졌으며, 계도를 시켜야 할 대상이었다. 제목의 "무정부"에는 이러한 저속한 문화를 가지고 있는 저급한 집단이 정치적 권력까지 차지한 것에 대한 지식인층의 분노와 근심이 그

2 Storey, John (1993). *An Introductory Guide to Cultural Theory and Popular Culture*, London: Harvester Wheatsheaf.

대로 녹아 있다고나 할까. 이러한 배경에서 '문화 문명의 접근법'에는 계급 적대의 강한 전통이 남아 있다.[3]

1860년대에 나타났던 아놀드의 문화정치학은 1930년대에는 리비스주의(Leavisism) 이론으로 발전한다. 리비스주의 이론은 매스미디어에 의해 생산되는 대량문화에 적대적인 시각을 가지고 있는 이론이다. 리비스주의자들은 "문화는 항상 소수의 유지자들이 지켜왔다"는 논리를 가지고 있었는데, 이 입장에서 보면 20세기의 대량문화는 문화 전반의 평준화와 하향화의 주범이었다. 당연히 이 시기는 문화의 쇠퇴기로 규정되었다. 리비스 본인의 표현을 빌리자면 할리우드 영화는 "자위행위와 거의 동일"하고 라디오는 "비판적인 생각 자체를 말살시킨다". 그녀가 가장 강력하게 비판했던 광고는 문화 질병의 가장 대표적인 증후군으로 "끈질기고도 침투성이 강한 자위행위와도 같은 속임수"였다.[4]

그러나 리비스주의자들의 대량문화의 해악에 대한 적대적인 시각과 집요한 분석은 오히려 대중문화의 연구에 지적인 토양을 제공했다. 한 예로 이들은 대중소설의 해악을 분석하기 위해 '진지한' 작품들만을 대상으로 하여 사용되었던 문학 분석의 방법론을 최초로 대중적인 형식에 적용했다.[5] 또한 이 시기에 해악적인 대량문화와의 대비를 통하여 19세기까지 명확하지 않았던 고급문화의 개념이 명확하게 규정되었다. 당연히 고급문화는 순수예술이었으며 이를 규정짓는 것은 인간에게 이로운

3 Storey, John (1993). 같은 책.

4 Leavis, Q. D. (1932 [1978]). *Fiction and the Reading Public*, London: Chatto and Windus. Storey(1993)에서 재인용.

5 Bennett, Tony (1982). "Popular culture: themes and issues", *Popular Culture* U203, Milton Keynes: Open University Press, pp.5-6.

영향을 주는 숭고함이었다. 리비스주의는 비판의 대상이 노동자 계급의 문화에서 대량문화로 바뀌었을 뿐 대중문화 텍스트가 사회에 미치는 유해한 영향력을 조망한다는 점에서 아놀드주의자들이 가지고 있었던 형성주의적 시각은 변함없이 유지된다.

매스 미디어에 의해 생산되는 대량문화는 해롭고, 순수예술은 가치 있다는 리비스주의자들과 비슷한 주장을 하는 또 하나의 대표적인 학파로 프랑크푸르트학파가 있다.[6] 프랑크푸르트학파는 마르크스의 비판 이론에 헤겔의 변증법과 프로이트의 정신분석 이론을 종합한 독일의 신좌파 연구 집단이다. 그런데, 똑같이 대량문화가 해롭다는 주장을 하고는 있지만 내용은 거의 정 반대다. 비판 이론으로도 불리는 이 학파는 자신들이 가지고 있는 마르크시즘이라는 지적 배경을 기초로 '대량문화가 지배층의 권력을 강화시키고 사회적 권위를 유지하는 역할을 한다'고 주장한다. 대중문화가 문화적 사회적 권위에 위협을 가한다고 염려한 리비스주의자들과는 전혀 다른 관점의 접근이다. 아놀드와 리비스가 대중문화에서 기존의 권위와 질서가 붕괴되는 '무정부'를 보았다면 프랑크푸르트학파의 학자들은 막대한 자본과 권력에 바탕한 문화 산업의 공세에 대한 대중들의 무기력한 '순응'을 보았다고 할 수 있다.

프랑크푸르트학파는 기본적으로 마르크시즘을 기본으로 하는 만큼,

6 프랑크푸르트학파는 '프랑크푸르트대학 사회연구소'와 관련된 독일의 신좌파 연구 집단을 말한다. 이 연구소는 1923년에 창설되었고 1933년 히틀러 정권 수립에 따라 뉴욕의 컬럼비아대학으로 그 자리를 옮겼다가 1949년에 독일로 다시 돌아갔다. '비판 이론'은 이 기관이 행했던 마르크스주의와 심리 분석 양자의 비판적 혼합에 붙여진 이름이다. 이들은 주로 과학기술의 합리성과 문화 산업의 인간소외적 성격을 비판하고자 했으며, 대표적인 학자로는 테오도르 아도르노와 발터 벤야민, 막스 호르크하이머, 레오 뢰벤탈, 허버트 마르쿠제, 위르겐 하버마스 등이 있다.

착취당하고 있는 노동 계급들의 해방을 위한 자본주의의 타파라는 학문적 실천적 목적을 공유하고 있다. 한데 이들 눈에 대량문화는 노동 계급의 비판 의식을 말살시키고 자본주의에 순응하게 만드는 주범이었다. 현재 '문화 산업'이라는 용어는 어느 정도 중립적으로 사용되고 있지만, 원래 이들이 처음 문화 산업이라는 말을 도입할 때는 대량문화의 규격화되고 상투적이며 조작적인 성격을 비판하기 위한 것이었다. 그렇다면 도대체 이들은 문화 산업이 어떻게 노동 계급의 비판 의식을 희석하고 궁극적으로 자본주의를 유지시키는 역할을 한다고 생각했을까?

일단 문화 산업은 대중들의 목표를 자본주의 체계 내에서 얻을 수 있는 것으로 한계 지음으로써 혁명, 진정한 자유와 같은 보다 근본적인 욕구를 미연에 방지한다는 것이 이들의 주장이다. 뢰벤탈의 말을 빌리자면, "혁명적 경향이 조금이라도 고개를 쳐들게 되면 부나 모험, 정열적 사랑, 권력, 선정주의와 같은 거짓 충족을 주는 것에 의해 진정되고 또 제거된다."[7] 또 문화 산업은 자본주의 사회의 여가시간을 차지하고 앉아서, 노동에 지친 대중들에게 다시 노동으로 돌아갈 수 있을 정도의 휴식을 제공, 자본주의 경제 체계를 재생산하는 데 기여한다는 것이다.

그 반면 진실한 예술(true art)은 명료하고 비판적인 사고를 촉진하여 대중들이 자신이 종속됐음을 알게 하고 혁명을 일으키게 하는 진정한 문화인데, 노동자들은 자본주의 체계 하의 노동에 너무 지쳐서 진정한 예술을 추구할 힘을 상실하게 되고, 대량문화, 즉 문화 산업이 제공하는 달콤한 마약에 중독되어가는 악순환이 반복된다고 이들은 주장한다.

7 Löwenthal, Leo (1961). *Literature, Popular Culture and Society*, Palo Alto (CA): Pacific Books, p.11.

이러한 대량문화에 대한 비판적인 시각은 그 이후 현재까지도 이어지고 있다. 대중문화는 규격화되고 동질적이고 가장 낮은 수준의 일반적 표준에도 미치지 못한 것이라는 생각을 바탕으로 하는 수많은 문화비평이 양산되고 있다. 이런 비평을 하는 비평가들을 대량문화이론가(mass culture theorist) 또는 대량사회이론가(mass society theorist)라고 부르는데, 급격한 산업화 도시화로 된 사회의 부정적인 측면을 집중적으로 조망한다는 점이 특징이다. 그 부정적인 예로 많이 거론되는 대표적인 예가 이른바 '고립된 군중'이다. 가족, 지역 사회와 같이 오랜 기간 인간에게 자신의 정체성과 감성적인 기반을 제공하던 일차 집단이 붕괴되면서 고독하고 고립된 군중들이 나타난다는 주장이다. 기존에 자신들을 통제하던 일차집단의 도덕적 가치로부터 분리된 군중들은 범죄라든지, 혹은 부도덕한 일에서 오는 즉흥적 쾌락을 보다 쉽게 추구하게 되며, 산업화로 인한 경제적인 여유는 이들을 한층 더 질 낮은 대량문화로 몰아넣는다는 주장이다.

16세기 영국의 재무관 그레셤은 '악화가 양화를 구축(驅逐)한다(the bad money drives out the good)'는 말을 했다. 이 말은 예를 들어 한 사회에서 같은 1만 원짜리 금화와 1만 원짜리 은화가 함께 쓰이고 있다면, 실제 시장에서는 은화만이 돌아다닐 것이라는 얘기다. 금화는 그 재료 자체의 가치가 은화보다 높기 때문에, 가치 높은 양화(良貨)인 금화는 전부 장농 속에 넣어두고 가치가 낮은 악화(惡貨)인 은화만이 쓰이게 된다는 것이다. 이것이 바로 악화가 양화를 쫓아내는(구축하는) 것으로 보인다는 얘기다. 이 말은 '그레셤의 법칙(Gresham's Law)'이라고 해서 자주 쓰이는데, 지금까지 얘기했던 아놀드의 문화정치학이나 리비스주의, 그리고 프랑크푸르트학파의 논리는 문화의 '그레셤의 법칙'이라고 부른다. 대량문화가 훌륭한 순수예술을 대체하고 쫓아내는 것을 지적한 이들의 이론들에 문화의 '그레셤의 법칙'이라는 명칭은 매우 적절해 보인다. 그리고 근저에는 숭고한 고급문화와 저급한 대량문화라는 문화적 위계 구조와 각각이 사회에 긍정적이거나 부정적인 영향력을 행사한다는 형성주의적 사고가 작동하고 있다.

2. 형성 이론적 사고의 사회 제도적 산물 : 심의와 검열 그리고 그 예측할 수 없는 결과

아이러니하게도 다수가 즐기는 대중문화는 항상 소수 권력 계층의 관심거리였다. 정치 권력을 쥔 자들은 권력이 없는 자들의 문화를 정치적 불안, 문화의 질적 쇠퇴의 징후로 보고 보호와 간섭을 통해 이러한 문화의 확산을 저지하고자 했었다. 그리고 이런 형성 이론적 시각이 사회적으로 제도화되어 모습을 갖춘 형태가 국가에 의한 검열, 심의일 것이다. 이즈음에서 이 책의 관심사인 만화로 돌아가보자. 이번 장의 서두에 제시한 신문기사에서도 알 수 있듯이 만화는 종종 대표적인 저질 문화의 하나로 사회 제도에 의해 규제되어야 하는 대상이었다. 그리고 그 근거는 우리 사회의 자라나는 미래의 새싹인 아동들을 보호하기 위해서였다. 이제부터는 이러한 만화라는 장르를 대상으로 나타났던 검열, 심의와 야기된 결과 등을 분석해보고자 한다.

1) 타이거 마스크, '골고다 크로스'의 진실 : 무엇이 타이거 마스크 링 위의 칼을 고무로 바꿨을까?

1970년대 중반에 한국의 소년 잡지 『소년중앙』에 연재된 〈타이거 마스크의 대결〉이라는 레슬링 만화가 있었다. 이 만화는 이른바 '번안판'에 속하는 것이었다. 일본의 만화를 보고 베껴서 만든 한국판인 것으로, 그림 터치는 한국 작가의 것이지만, 내용이나 대부분의 그림 구도까지 일본의 '원판'과 같은 것이다. 이 만화에서 주인공 타이거 마스크는 '골고다 크로스'라는 복면 레슬러와 시합을 하게 된다. 그런데, 이 '골고다 크로스'라는 레슬러는 특이한 링을 설치해놓는다. 링 가운데 커다란 십자가를 설치해놓았는데, 이 십자가에는 강철 가시가 달려 있다. 십자가에 부딪치면 크게 상처를 입을 수 있도록 한 것이다. 주인공 타이거 마스크는 공격을 하다가도 이 상대편 레슬러가 가시에 찔리게 될 것을 우려해서 자연히 몸이 위축되고 위기에 몰린다. 그러나 여기서 예상치 못한 반전이 일어난다. 어려운 시합 도중 타이거 마스크는 우연히 이 십자가에 부딪치고 마는데, 전혀 상처가 나지 않았다. 놀라 자세히 이 십자가에 붙은 강철 가시를 살펴보니 고무로 된 가짜였다. 적의 비겁한 모습에 분노한 타이거 마스크는 심기일전해 강력한 공격을 퍼붓고 승리를 거둔다는 것이 줄거리다.

그런데, 이런 내용은 일본의 '원판'과는 대단히 다르다. 일본의 원판은 어땠을까? 한국에서는 링 위의 십자가에 돋아난 가시는 원뿔형 가시였다. 장미가시를 연상케 하고 그다지 길지도 않아서 별로 아플 것 같지 않았다. 그러나 일본 원판의 십자가에 돋아난 가시는 말 그대로 날이 선

'칼'의 모습을 하고 있었다.

타이거 마스크가 적이 십자가에 부딪쳐 상처를 입을까봐 처음에 위축된 것은 사실이다. 하지만 일단 타이거 마스크가 십자가에 부딪친 후로는 내용이 전혀 다르다. 타이거 마스크가 십자가에 부딪치자 몸에서 피가 흐르기 시작한다. 십자가에 달린 가시는 한국판처럼 가짜가 아니었던 것이고, 진짜 날선 칼이었다. 타이거 마스크도, 적인 골고다 크로스도 여러 차례 부딪쳐 상처를 입는다. 시합 도중 골고다 크로스는 강하게 십자가에 부딪치고 피를 엄청나게 많이 흘린다. 그렇지만 이 선수는 그런 상처가 아무렇지도 않다는 듯이 강력한 공격을 퍼붓는다. 게다가 상처에서 흘러나온 피가 미끄러워서 주인공 타이거 마스크의 공격은 다소 빗나가는 경우가 많은데, 타이거 마스크는 그의 근성에 탄복해 더욱 위축된다. 그러나 경기를 하던 도중 그가 짐승의 피를 주머니에 넣어서 몸에 바른 사실을 타이거 마스크는 알게 된다. 별로 크게 다치지 않았는데도 큰 상처를 입은 것처럼 속였다는 사실에 타이거 마스크는 분노하고, 그 분노는 강력한 공격으로 이어져 쉽게 경기를 끝낸다.

사실, 이 시리즈는 한국에서 상당 기간 연재됐지만, 일본의 원작을 이렇게까지 수정한 경우는 많지 않다. 게다가 이 시리즈를 포함한 일본의 원판이 한국판으로 번안될 때는 대체로 만화가의 편의가 기준이 된 경우가 많았다. 즉, 원본에서 내용과 큰 관련이 없고 그리기 귀찮은 부분은 과감히 생략된 경우가 많았다. 그러나 이 경우는 예외다. 특히 링 위에 선 십자가의 가시 자체가 고무로 된 가짜였다는 사실은 기발한 창작에 가깝고, 원본을 대단히 많이 수정해야 했다. 도대체 이런 수고를 한 까닭은 무엇이었을까?

이런 경우를 반영 이론으로 설명하기는 쉽지 않다. 일본에서는 소년 만화에서 자연스럽게 표현되던 칼과 피투성이가 된 시합이 한국에서는 표현될 수 없었다고 해서 당시 한국 사회의 분위기가 일본 사회보다 훨씬 덜 폭력적이라거나, 잔인한 표현이 자연스럽게 받아질 수 없는 상황이었다고 보기는 힘들다는 것이다. 오히려 당시 일본과 한국의 사회를 비교해보면 한국 쪽이 훨씬 더 이런 폭력이나 잔인성에 노출되기 쉬운 상황이다. 1945년 이후 전쟁을 겪지 않은 일본에 비해 한국은 1953년까지 전쟁을 겪었고, 당시까지는 남북이 군사적으로 첨예하게 대치하던 상황으로, 항상 전쟁 발발이라는 위기를 느끼고 생활했었고, 실제로도 민간인 희생자가 생기는 경우가 많았다. 분위기로만 따지자면 TV나, 아이들이 보는 만화에서조차 '전우의 시체를 넘고 넘어……' 노래가 나오고 있던 한국 쪽에서 훨씬 더 잔인한 표현이 용납되는 편이 자연스럽지 않았을까?

〈타이거 마스크〉의 사례는 이런 한국 내의 자체 심의를 고려한 것이다. 실제로 한국에서는 1990년대 후반까지 지속된 사전 심의에서 만화에 흉기로서의 '칼날'이 등장하는 것이 허용되지 않았다. 설령 칼날이 등장할 때도, 그때는 잘 보이지 않게 흐릿하게 처리하도록 했다. 하물며 엄청난 수의 칼날이 박혀 있는 십자가가 허용될 리는 없었을 것이고, 그것이 자율이건 타율이건, 결국은 '고무' 가시를 만들어낸 것이다.

형성 이론적 사고가 사회 전체에 일반적인 경우 생겨나는 것이 문화 텍스트에 대한 규제다. 이런 규제의 대표적인 예가 '검열'이나 '심의'라는 이름으로 나타나기도 한다. 이제부터는 한국과 일본 사회에서 일어났던 만화에 대한 검열과 관련된 다섯 가지의 사건들의 분석을 통해 형성적 사고의 제도화된 형태의 검열이라든지 심의가 어떻게 만들어지고 또 그것이 사회적으로 어떠한 반향과 변화를 가져오는지를 살펴보도록 하자.

2) 파렴치 학원과 천국의 신화, 한국과 일본에서 벌어진 다섯 가지 사건

① 파렴치 학원 사건

지금으로부터 38년 전으로 거슬러 올라가보자. 다음의 기사는 1970년 1월 17일 『마이니치신문』의 한 구절이다.

> 오랜 동안 어린이 만화는 아동문화에 기여한다는 긍지가 받쳐온 것이다. (중략) 그 어린이 만화가 1960년대 들어오면서 잔혹성과 섹스라는 터부가 깨어졌다. (중략) 성의 터부는 나가이 고의 등장까지는 깨어지지 않았다. 상식을 뒤엎는 형태로의 테마를 특징으로 하는 그의 만화는 그 안에 나오는 여자 아이의 누드에 의해 폭발적 반향을 어린이들 사이에 일으켜 그에게는 매일 20통 이상 초등학생부터 고등학생의 편지가 오고 있다. 대부분이 '더 파렴치하게', '더 야하게'를 요구하고 있다. (후략)

『마이니치신문』 기사에 따르면 일본의 소년만화는 애초에는 건전했는데, 이 '나가이 고'라는 작가가 크게 망쳐놓은 셈이다.[8] 과연 어쩌다가 이런 일이 생긴 것일까? 이 작가는 사실 한국에는 〈마징가Z〉의 작가로

8 여기에서 다루는 파렴치 학원 논쟁은 소년만화에 한한 것이다. 일본에서는 60년대 말에 이미 성인 만화에 대한 관심이 집중되면서 어느 정도 성적 표현이 가능해진 상태였다.

널리 알려져 있다. 한데, 그는 원래 개그만화를 그리던 작가로, 그의 출세작은 〈파렴치 학원〉이라는 바로 이 만화다. 한 초등학교를 배경으로 기상천외한 선생님, 기상천외한 학생들 이야기를 그린 명랑만화다. 그런데 1968년에 시작한 〈파렴치 학원〉은 연재가 1969-1970년에 넘어가면서 한 사건에 말려들게 된다.

1969년에 일본에서 크게 유행을 한 TV 광고가 있었다. 마릴린 먼로의 영화 "10년 만의 외출"을 패러디한 광고이다. "10년 만의 외출"에서는 지하철 환기구 바람에 스커트가 말려 올라가자, 그 스커트를 붙잡는 포즈가 화제를 모았는데, 일본의 한 정유사가 이에 힌트를 얻어 광고를 만들었다. 스포츠카가 휭 하고 지나가면 그 바람에 여자의 치마가 들춰지면서 여자가 '모-레쓰!(맹렬)'라고 말하는 광고다. 자기네 기름을 쓰면 자동차가 이렇게 잘 나간다는 뜻의 광고다. 그러자, 나가이 고는 이 광고에서 힌트를 얻어 주인공들에게 '모-레쓰 놀이'를 시켰다. 이 '모-레쓰 놀이'라는 것은 별것은 아니고 남학생들이 '모-레쓰' 하면서 여학생들 치마를 들추는 것이다. 한국의 '아이스케키'와 같은 것이다.

그런데, 이 놀이가 사회적으로 큰 문제가 되었다. 전국 교실이 '모-레쓰 놀이'로 들썩거리고, 이 때문에 〈파렴치 학원〉은 '나쁜 만화'로 낙인 찍히게 된다. 일본의 청소년 보호 위원회가 출판사에 항의 방문을 하고, 사회적 이슈가 되면서 해당 만화뿐 아니라 전체적인 만화 규제 사건이 일어났다. 가나가와, 홋카이도, 후쿠오카의 아동복지 심의회가 인육을 먹는 장면이 있는 〈아슈라〉라는 만화를 유해 도서로 지정했다. 후쿠오카에서는 데즈카 오사무의 〈야켓파치노 마리아〉라는 만화에 대해서도 유해 도서 신청을 넣었다. 〈야켓파치노 마리아〉의 경우 표면적으로는 흑인에 대한 비하 표현이라고 되어 있지만, 사실은 이 만화가 '성교육' 만화였기 때문이었을 것이라고 일본에서는 추측한다.

이러한 일련의 사건들은 형성 이론적인 사고의 전형적인 예라고 할 수 있다. 문제는 이런 사고에 의한 접근이 사회적으로 또다시 새로운 파장을 일으킨다는 것이다. 이런 이론에 의한 문제 의식은 텍스트에 대한 규제로 이어지고, 이런 규제 자체가 또 다른 의미에서의 사회에 대한 영향력을 낳게 된다. 이 같은 사례가 가장 극적으로 나타난 것이 바로 이 〈파렴치 학원〉 논쟁의 후반부라고 할 수 있다. 〈파렴치 학원〉 사건이 사회 전체의 관심사로 등장한 후 작가에게는 여러 유-무형의 압력이 가해진다. 그런데, 이런 압력을 받은 작가는 여기에 대해 크게 반발했다. 표현의 강도를 훨씬 높였을 뿐 아니라, 더욱 더 충격적이고 자극적인 장면을 넣어버렸다. 그는 〈파렴치 학원〉 만화의 1부 마지막을 충격적인 파탄으로 마무리 짓는다. 파렴치 학원의 '파렴치'를 보다 못한 교육위원회에서 군대를 파견해 파렴치 학원을 쓸어버리고, 파렴치 학원의 초등학생들은 세계 각국의 파렴치 학원에서 보낸 무기로 전쟁을 벌인다. 당시까지 명랑만화였던 이 만화의 주인공들이 잔혹한 모습으로 죽어나간다. 한 여성 캐릭터는 "나가이 고 만화 등장인물들은 옆에서 폭탄이 터져도 치마만 들춰지고 마는데 뭐"라며 포탄 속을 즐겁게 걸어가다 산산조각이 난다.

교사는 1학년 꼬마들을 모아놓고 '착한 아이들은 말 잘 듣는 아이들이죠? 그럼 모두 돌격하세요'라며 낄낄거리고, 아이들은 웃는 얼굴로 '우리는 모두 착한 아이들이예요'라며 돌격해 산산조각이 난다. 정육점 주인인 주인공의 부모는 전쟁이 났다는 소식에 사람 시체를 돼지고기에 섞어 장사를 하겠다고 밤중에 식칼을 들고 전장을 헤매다가 아들이 장

난처럼 사격 연습 삼아 쏜 총알에 맞아 숨진다. 초등학교 6학년인 아들은 시체가 즐비하게 쌓인 전장을 걸어가며 친구들에게 "뭐 다 돼지고기라고 생각하면 아무렇지도 않다구" 하면서 자기 부모의 시체를 들고 킬킬거리며 "이건 아버지 닮은 돼지고기, 이건 어머니 닮은 돼지고기"라고 말한다. 끝까지 주인공은 자신이 부모를 쏴 죽였다는 사실을 알지 못한다.

기타 만화잡지 연재물도 표현 강도를 크게 높인다. 소년잡지에 포르노를 방불케 하는 만화들, 피가 튀는 폭력물들을 대량으로 양산해냈다. 결국 만화를 규제해보겠다던 시도가 오히려 반발을 이끌어내며 더욱 더 '야한' 만화를 만드는 데 일조를 했다는 것이다. 형성 이론의 사상이 투영된 문화적 텍스트에 대한 '제재'는 대단히 여러 가지 방향으로 이뤄지고, 또 그 결과도 다양하다. 〈파렴치 학원〉의 경우 사회적인 압력이라는 형식의 제재가 있었지만, 결국 이 제재는 제재로서 그다지 성공하지 못했고, 몇 가지 출판 금지 도서만을 남기는 데 그쳤다.

② 1990년 '성인 만화 지정' 사건

그 이후에도 일본에서 이런 '유해 논쟁'이 계속해서 일어났다. 1990년 8월에 일본 도쿄도(都) 생활문화국 부인 계획과에서 '성의 상품화에 대한 연구'라는 보고서를 발표, 만화의 반수 이상이 성적 행위를 묘사하고 있다고 지적했다. 이 연구는 사회적으로 큰 파장을 일으켰다. 이 이후 「아사히신문」이 '안 좋은 만화가 너무 많다'는 사설을 게재했고, 각 지방자치단체에서 만화의 '유해'를 지적하는 움직임이 일어났다. 부인단체에 의한 포르노코믹 추방 움직임이 활발히 일어났고, 연말에는 출판

윤리협회가 '자숙'을 요청했다. 이때 대표적으로 문제가 된 것이 〈위험한 루나선생〉이라는 만화였는데, 이 만화는 가정교사가 학생 성적을 올리기 위해 자기 몸 곳곳에 문제와 해답을 적어놓고 학생에게 가르치는 장면 등이 들어 있는 코미디 만화였다. 〈파렴치 학원〉 이후에 소년만화들의 성 표현은 매우 대담해져서 일부 소년 잡지의 표현 수위는 현재 일본의 성인 대상 잡지를 방불케 하는 것이었다.

결국 이래서 생겨난 것이 '성인물' 도장이다. 1991년 1월부터는 정도가 심한 책들에 '성년코믹'이라는 표시를 붙이게 됐다(대체로 '성인용'이라는 뜻의 '成人向'이라는 표시를 했다). 국회의원들을 중심으로 '어린이들을 위한 포르노 코믹 등 대책의원 간담회'가 곧 결성되고 동경 시내의 서점 3곳이 '외설도서판매목적소지'로 불구속 입건됐다. 이 '성인물' 도장은 말 그대로 18세 미만의 구입 금지를 뜻하는 것으로, 극장에서 미성년자 관람 불가를 선언하는 것과 비슷한 의미다. 만화 자체를 검열한다는 의미가 아닌, 자율적인 규제였다. 게다가 이는 역으로 '도장만 찍으면 어떤 만화든 출판이 가능하다'는 의미로도 받아들여졌고, 이후 일본에는 진짜 포르노 만화가 쏟아지게 됐다.

그렇다고 해서 일본에 완전히 사회적인 제재 장치가 없는 것은 아니다. 일본도 형법상에는 음란물을 처벌하게 돼 있고, 완전한 포르노는 허용되지 않아, 영상물이나 만화에는 모자이크 등을 사용하고 있다. 그럼에도 불구하고 역시 등급 지정 자체가 효과적인 제재 수단도 되지 못했고, 사회적인 영향을 방지하지도 못했던 셈이다.

③ 2002년 '밀실' 사건

만화 등의 문화적 텍스트가 사회에 (좋지 않은) 영향을 미칠 것이라고 믿고 있는 사회에서 사회적 비난과 같은 제재나, 등급 지정-심의와 같은 준법률적 수단이 통하지 않는 경우 나오게 되는 것은 결국 법적인 제재이다. 2002년에 벌어진 〈밀실(蜜室)〉 사건이 바로 그런 예가 된다. 앞서 설명한 대로 일본은 1991년에 만들어진 '성인용' 구분 이후로 포르노 전문 잡지와 만화들이 물밀듯이 창간됐다. 물론, 이런 전문 잡지와 만화들은 격리돼 판매되고 있다. 그렇다고 해도 한국에서 쓰이는 주민증 제시 등의 제도는 훨씬 약한 형태로 적용되기 때문에 그 규제의 강도는 헐겁다.

이 사건은 일본의 한 경찰 출신 국회의원이 쇼분칸(松文館)이라는 곳에서 발행한 〈밀실(蜜室)〉이라는 책을 경찰청에 보낸 데서 시작된 사건이다. 이 국회의원은 "선거구민으로부터 '이런 만화가 나와도 좋으냐'는 질문을 받았다"고 통고했다. 〈밀실〉은 이른바 포르노 만화이다. 대중문화 텍스트에 대해서는, 상당히 오랫동안 잊고 있던 '외설죄'가 적용된 것으로, 만화에 대해서는 그 외설성을 묻는 첫 번째 재판이 됐다. 경찰은 결국 작가와 출판사 사장, 편집국장을 기소했다. 여기에 대해 1, 2심에서는 외설죄가 인정됐고, 1심에서는 징역, 2심에선 벌금형이 선고됐다.

그러나, 유죄 판결이 되었다고 해서, 사회적인 제재가 실질적인 효과를 거두었는지는 의문이다. 사실 〈밀실〉은 '운 나쁘게' 걸렸을 뿐이지, 표현의 강도로 보면, 다른 포르노 만화에 비해 약한 수준이었다. 실제로 이 기준으로 사법 처리가 이뤄진다면 포르노 만화 산업 자체가 사라지게 될 상황이며, 이런 일은 없으리라고 짐작할 수 있었다. 그리고 이 사건 이후에도 일본의 포르노 만화 수위는 전혀 낮아지지 않았다. 유죄판결 결과 〈밀실〉의 헌책 가격이 폭등했다는 점과, 이른바 '판례'가 생겼다는 정도가 이 사건의 효과라고 보인다.

불량漫画 禁足令

倫理委심의없이発刊못해…15万種 모두 폐기

가게도 許可制

서울市警, 浄化対策마련

"続篇없는 単行本으로…

책마다善導内容수록"…

貸本所TV없애

4千種審議거쳐

(그림 17) 1960년대 이전 만화의 '분서갱유'를 예고하는 기사. 만화책마다 소년 선도 내용을 넣어야 한다고 적고 있다.
(1969년 1월 28일 『조선일보』)

④ 1972년 어린이 자살 사건

그럼 한국에서는 어떨까? 한국에서는 1969년에 만화에 대한 대규모 '분서갱유'가 이뤄진다.

1969년 1월 28일 자 『조선일보』를 살펴보자.

(전략) 시경은 아동만화 윤리위원회 발족(68년 9월 9일) 이전에 발간된 무려 15만 종에 달하는 만화책을 오는 3월 말까지 모두 폐기하고 만화가게도 허가제로 바꾸어 현재 시내에 산재해 있는 2000여 개(협회 미등록 포함)의 만화가게를 일정한 시설 기준에 의해 신규 허가하도록 법적 뒷받침을 관계 기관에 건의하기로 했다. (중략) 또 만화책마다 소년 선도 계몽 내용을 의무적으로 수록토록 하여 첫 페이지엔 교통 도덕, 고운 말 쓰기, 간첩 신고 요령 등을 넣도록 했다. (중략) 앞으로 아동만화 발행은 반

드시 윤리위원회의 심의를 거쳐야 하며, 아동들의 호기심과 집착심을 덜어주기 위해 속편이 없는 단행본으로 발간하며 (후략)

적어도 이 기사에 따르면 1960년대 이전에 나온 만화는 모두 사라지고, 엄격한 윤리 기준을 갖춘 만화만이 1970년대부터는 존재하게 된다. 심의라고는 하지만, 정부나 정부 관련 기관이 출판 이전에 내용을 체크하고 수정 지시를 내리는 것은 정확하게는 '검열'에 해당하는 것이다. 이런 방법은 일본이 사용해온 민간 차원의 등급 지정이나 사회적인 압력 등과는 비교도 할 수 없을 정도로 강력한 수단에 속하는 것이었다. 그러나 이런 강력한 수단도 만화가 미치는 영향과 관련된 제반 문제를 해결해준 것은 아니었다. 규제가 이뤄진 후에도 매년 5월이 되면 어린이들이 주체가 된 불량만화 '소각식'이 이뤄졌고, 언론들은 만화의 규제에 대해 기획 기사를 다뤘다.

그런데 1972년 2월에 또 하나의 만화 관련 사건이 일어난다. 1월 말에 한 초등학교 6학년 어린이가 목매 숨졌는데, 당시 『동아일보』 보도에 따르면 이 어린이 가족은 어린이가 죽기 전에 만화가게에서 만화를 보고 온 후 "만화에서는 사람이 죽었다가도 살아나더라. 나도 한 번 죽었다 살아날 수 있는지 시험해보고 싶다"고 이야기했다고 한다. 이 사건 직후에는 역시 대규모 '만화 안 보기 캠페인'이 벌어졌다. 당시 언론들에 따르면 10일간 3만여 권의 '불량만화'를 압수했다고 하며, 대본업자들이 '스스로' 불량만화를 진열하지 않게 됐다고 적혀 있다. 만화 압수는 일단 무등록 출판사가 발행한 것, 만화의 크기가 형편없는 것, 헐어서 어린이들의 시력에 영향을 미치는 것에 대해 행해졌다고 하는데, 이 기준대

漫畵에선 죽었다가도 살아난다

흉내내던 國民校生 목매어숨져

평소에도 가게나가 탐독 家族들말

三十一일 오후五시十五분경 서울성동區하왕십리洞三四三의一二호 鄭[illegible]씨(三九·상업)의 장남 鄭[illegible]군(一二·신당국교六년)이 안방 높이一·五m되는 나무선반에 나일론끈으로 목매어 죽어있는것을 鄭군의 누나 [illegible](一五)이 발견, 경찰에 신고했다.

가족들에 의하면 鄭군은 평소 만화를 탐독하고 만화의 주인공흉내를 잘내는 장난이심했는데 이날도 만화가게에서 만화를 보고온후 누나 [illegible]양에게『만화에서는 사람이 죽었다가도 살아나더라. 나도 한번 죽었다 살아날수 있는지 시험해보고싶다』고 말했다는것이다. 경찰은 [illegible]양이 부엌에서 저녁밥을 짓고있을때 鄭군이 혼자 방안에 남아 목매달아 죽는자살흉내를 내다가 아주 숨져 버린것으로 보고있다.

(그림 18) 아이가 만화를 보고 다시 살아날 수 있다고 믿어 자살했다고 적고 있는 기사. 사건 직후에 대규모 '만화 안 보기 캠페인'이 벌어졌다. (1972년 2월 1일 『동아일보』)

로라면 어린이 자살과는 별 인과관계가 없는 단순히 제대로 된 출판물이 아닌 것에 대해 단속한 셈이다. 이 사건에서 등장하는 '죽었다 살아나는' 이야기는 비단 만화에만 있는 것도 아니다.

이외의 내용 단속에 대해서는 문교부와 기존 심의 기관에 넘겼다는 것을 보면 기존 체제가 그대로 이어졌던 것 같은데, 이는 실제로는 대책이 나오기 힘들었다는 반증이다. 문화적 텍스트가 사회에 미치는 영향을 인정한다고 하더라도, 실질적으로 그 미치는 기전을 알기는 힘들며, 대책을 세우기도 힘들다. 한 문화적 텍스트를 특정해서 영향을 입증하기도 어려운데, 하물며 불특정한 만화에 대해서 '불량'으로 규정하고 단속하기는 더 힘들었을 것이다. 물론 이후부터 만화는 지속적으로 사회 문제처럼 취급됐다.

⑤ 청소년 보호법과 〈천국의 신화〉 사건

〈파렴치 학원〉 사건이 일본에서 일어난 뒤 약 20년 후인 1997년. 한국에서도 대단히 비슷한 사건이 일어났다. 1997년은 '청소년 보호법'이 생겨나던 해다. 청소년 보호법(청보법)은 이전에 존속하던 '검열(사전 심의)'을 등급제로 완화한 것으로 사실상 문화 텍스트의 생산자 입장에서는 대단한 진보에 속한다. 이는 앞서 살펴본 1990년 사건 때 일본에서 생겨난 '성인용' 책 제도를 그대로 도입한 것이지만, 당시 한국은 아예 사전 검열을 취하고 있었으므로 방향 자체로 보면 오히려 제재 완화에 속한 것이나 다름없었다. 그런데도 이 법은 당시 생산자인 만화가들로부터 격렬한 반대를 받았다. 만화가들은 삭발, 시위 등 대대적인 청보법 반대 운동을 펼쳐나갔다. 만화 잡지에는 청보법과 이에 의해 설치된 청소년 보호 위원회(청보위)를 노골적으로 비난하는 풍자만화가 실리기도 했는데, 이는 현실 참여가 지극히 제한돼 있던 당시 만화로서는 대단히 예외적인 것이었다.

도대체 제재가 완화된다는데 왜 이런 일이 생겼을까? 우선 기본적으로는 '오해'가 있었다. 오랫동안 심의라는 정부 간섭을 받아온 창작자들이 청보법의 일부 조항의 악용 소지에만 주목, 더욱 심의의 내용이 강화될 것이라고 짐작한데다, 당시 사용하고 있던 '청소년 유해 매체'라는 표현이 마치 금제품에 대한 표현으로 느껴져 단속 대상으로 여겨질 수 있다는 우려였다. 실제로 일본의 '성인용'은 거의 포르노에 속하는 것이라, 미성년자에 대한 문화 허용의 범위가 일본에 비해 훨씬 좁은 한국의 경우 유해 매체로 지정되면 유통 자체가 힘들 우려가 있었고, 유해 매체 지정 자체가 자의적이 될 가능성이 있다는 것이었다.

그런데, 그보다 더욱 더 현실적으로 운동이 불붙었던 큰 이유는 그때 마침 벌어지고 있던 대규모 '단속'(당시 만화가들은 '탄압'이라고 표현했다)이었다. 이 단속의 애초의 타깃은 불법 복제 일본 만화였다. 당시에는 책 대여점이 충분히 보급되기 이전이었는데, 대본소를 통해서만 볼 수 있던 한국 만화와 달리, 일본 만화의 주요 유통 채널은 문방구와 책방이었다. 물론 일부 한국 만화 단행본도 문방구를 통해 살 수 있었지만 아주 적은 수였다. 문제는 문방구나 서점을 통해 유통되기 시작했던 만화의 상당수가 일본의 불법 복제 만화였다는 것이다. 당시까지만 해도 청보법이 제대로 시행되기 이전이다. 이런 불법 복제 만화는 일본에 대한 저작권 문제뿐 아니라, 심의 기관의 통제를 벗어나고 있었다는 점이 크게 문제가 됐다.

이 단속은 점점 애초의 목적에서 벗어나서 막 출판되기 시작하던 서점용 한국 만화에까지 타격을 입히게 된다. 그 상징적인 사건이 이현세의 〈천국의 신화〉 사건이었다. 〈천국의 신화〉는 대단히 기대를 모은 만화였다. 이현세는 80년대 〈공포의 외인구단〉 이후 자타가 공인하는 한국을 대표하는 스타 만화가였고, 그가 심혈을 기울여, 오랜 기간의 준비를 거친 이후에 한국의 상고사를 다룬 야심작을 내겠다며 시작한 것이 〈천국의 신화〉였다. 100권으로 계획된 만화였는데, 불과 6권 째를 내고 있던 상황이었다.

검찰은 단속 과정에서 이 〈천국의 신화〉가 음란과 폭력을 다룬 포르노라고 규정하고 작가 이현세를 기소했다. 검찰은 알몸의 남녀들이 집단 성관계를 갖는 장면, 구렁이와 여성이 교미하는 장면, 사람이 인육을 먹는 장면 등은 의심할 여지가 없는 음란, 폭력이라고 발표했다. 검찰은

(그림 19) 검찰이 문제를 삼은 〈천국의 신화〉 중 수간 장면.

이런 장면들을 근거로 이 작품을 '신화를 가장한 상업 목적의 포르노'라고 규정했다. 사실, 이 부분은 말 그대로 인간에게 아직 지성이 없는 신화 속의 시대를 다룬 것으로 이현세는 원시 시대의 자연스러운 생존 본능을 그렸다고 주장했다. 게다가 이현세는 청보법이 제대로 실행되기 이전임에도 불구하고 '성인용'이라고 못박은 채 출간을 했다.

이 사건은 이전과는 조금 다른 방향으로 움직였다. 1980년대까지는 불량만화에 대해서 일방적으로 호의적이지 못했던 사회 여론도 이 경우는 좀 달랐다. 일단 1980년대를 거치며 만화가 하나의 어른 문화로 공인을 받기 시작한데다, 〈천국의 신화〉 자체가 포르노라고 말하기에는 다소 무리가 있다는 판단이 많았기 때문이다. 결국 이 사건은 재판으로 이어졌는데, 대법원까지 가서 무죄 판결을 받았다. 이현세의 기소는 '청보법'과는 관련이 없는 것이었지만, 시기적인 동일성으로 이후에도 만화계에서는 청보법을 상당히 오랜 기간 동안 표현의 자유를 가로막는 악법으로 취급하게 되었다. 이 사건의 여파로 새로운 유통망으로 자리 잡기 시작하던 문방구와 서점의 만화책 판매는 일시에 식어버렸다. 애초에 문구와 책으로 수익을 벌어들이던 자영업체이므로 굳이 위험을 무릅쓰면서까지 만화를 팔 필요는 없었던 것이다. 이 서점 유통 채널은 그 후에도 결국 제대로 회복되지 못했다.

같은 만화에 대한 음란 논쟁이 벌어졌고, 한국과 일본에서 대단히 여러 가지 대응책이 나왔지만 결과적으로 텍스트의 사회에 대한 영향력을 인정한다고 해도, 그것을 규제라는 방법으로 컨트롤하는 것은 실질적으로 어려운 일이다.

3) 규제의 맹점 : 그 예측할 수 없는 결과

2003년에 화제가 된 만화 중에 〈베르세르크〉라는 만화의 일부분이 있다. 이 만화는 가상의 판타지 세계를 배경으로 한 만화인데, 신적인 존재들과 싸우는 주인공을 그리고 있다. 그런데, 한국어판으로 출간된 이 만화 앞부분에서는 주인공의 어린 시절을 묘사하는 부분에서, 독자 입장에서는 납득이 되지 않는 대사가 등장한다. 주인공은 소년 시절에 용병 양아버지를 따라서 전장을 돌아다닌다. 그러던 어느 날 한밤중에 들어온 다른 용병이 주인공의 방에 들어온다. 벌거벗고 있는 이 용병은 '등짝을 보자'라고 말하면서 주인공 소년을 뒤에서 찍어 누른다.

도대체 갑자기 왜 앞뒤 맥락도 없이 '등짝을 보자'라는 말이 나왔는지 독자 입장에서는 다소 황당한 경우인데, 일본어판 원본을 보면 의문이 쉽게 풀린다. 원본의 대사는 "감비노(주인공의 양아버지 이름이다)가 너를 팔았어"라고 돼 있다. 양부가 여성이 없는 전장에서 다른 용병에게 돈을 받고 주인공을 남창으로서 성노리개 역할을 하게 했다는 의미다. 그림 자체는 남성간의 동성애 행위를 묘사하고 있는 그림인데, '등짝을 보자'라는 대사로써 이런 모든 상황을 얼버무린 것이다.

당시 청소년보호법 시행령에 따르면 "수간을 묘사하거나 혼음, 근친상간, 동성애, 가학-피학성 음란증 등 변태 성행위, 매춘 행위와 기타 사회 통념상 허용되지 아니한 성관계를 조장하는 것"을 청소년 유해 매체물 심의 기준으로 두고 있었다. 물론 청소년 유해 매체물이라는 의미는 출판 금지물이라는 의미는 아니다. 하지만 법규 안에 명문으로서 '동성애'와 '매춘 행위'에 전부 저촉되는 이 부분을 넣어두기에는 다소 위험했던 것이 사실이다. 과연 이런 규정은 타당한 것이었을까? 불과 1년이 지난 2004년에 정부는 이 시행령에서 '동성애' 부분을 제외한다. 2000년대 들어와서는 일부 연예인들의 동성애 고백으로부터 동성애에 대한 사회적 논의가 활발해졌고, 이들이 '통념상 허용되지 않은 성관계'를 맺는 사람이라고 단정할 수 없는 상황이 됐다. 이 규정은 결국 동성애자에 대한 인권 침해의 우려가 있다는 이유로 국가인권위원회의 규정 삭제 권고를 받았다.

형성 이론을 둘러싼 논쟁은 종종 문화적 텍스트가 사회에 굉장한 영향을 미치는가 그렇지 않은가 하는 상당히 극단적인 질문으로 환원된다. 이 질문에 대한 대답은 문화적 텍스트의 소비와 해석에 있어서의 독자의 역량에 대한 논의와 연계되어 생각될 문제이기도 하지만 이에 대한 논의는 이 장의 끝머리로 일단 미뤄두자. 어쨌든 이번 장에서는 문화적 텍스트가 사회에 부정적인 영향을 지대하게 미친다는 많은 이론과 이론가들을 형성적 접근으로 묶어 소개해왔다.

형성 접근적인 이론과 연구들이 갖는 가장 큰 약점은 이를 뒷받침할 만한 실증적인 자료가 매우 부족하다는 것이다. 많은 저자들은 문화적 텍스트가 사회에 미치는 영향을 다루면서 인과관계에 대한 어떠한 자료도 제시하지 않은 채 그저 영향을 준다고 주장한다. 사실상 복잡한 사회구조 안에 위치하고 있는 인간들이 받는 문화적 텍스트의 영향력을 실증적으로 측정한다는 것은 매우 어려운 일이다. 그렇다면 실제적인 증거가 없다고 문화적 텍스트가 사회에 영향을 미치지 않는다고 결론 내릴 수 있는 것일까?

다시 만화의 예로 돌아가보자. 일본 만화가 일진회에 참여하고 있는 고등학생들의 폭력적 행동에 어떤 영향을 끼쳤는지, 또 사람이 죽었다 살아나는 일본 만화의 내용이 자살한 초등학생에게 직접적인 방식으로 어떤 영향을 주었는지에 대해서는 논쟁의 여지가 있다. 만화를 보는 행위 이외의 많은 요소들이 끔찍한 행동에 영향을 줄 수 있다. 그러나 '일진회'라든지 '짱'이라든지 하는 용어나 죽었다 살아날 수 있다는 발상 등은 만화에서 나온 것은 확실하다. 비록 말 그대로 그 영화가 그들의 행위를 "야기한" 것은 아니지만 말이다. 간단히 말하면 문화적 텍스트가 사회에 아무런 영향도 주지 않는다는 것을 상상하기는 어렵다. 결국 우리는 문화적 텍스트로 가득 찬 사회, 순수예술(fine art)과 대중예술(popular art) 모두 문화의 중요한 구성 요소를 형성하는 사회에 살고 있다. 아무리 우리가 그 영향력을 정교하게 측정할 수 없다고 해도 그 영향력 자체를 부인할 수도 없다는 것이다.

다만 대중문화 텍스트의 사회에 대한 영향을 인정한다고 해도, 어떤 특별한 텍스트를 문제로 삼을 때는 그 문제의 '선악'을 따지는 것 자체가 쉬운 일이 아니다. 게다가 사회는 끊임없이 변동하고 있고, 그 사회가 추구하는 가치가 어떤 것인지 사회 구성원의 합의를 이끌어내는 것도 쉽지 않다. 현재 사회적으로 가장 품위 있는 취미라고 할 수 있는 '독서'는 대표적인 형성 이론가 리비스에 의해 약물 중독으로 비판받았었다. 책을 읽는 것 자체가 비판받을 대상이었던 셈인데, 독서가 비판받던 그 자리는 현재 컴퓨터 게임과 인터넷 서핑이 물려받고 있다.

시대의 변화와 함께하는 이러한 '선악'의 변화는 엘리트주의라는 형성 이론에 대한 또 하나의 비판과 맞물려 있다. 문화적 텍스트들에 대한 선악의 판단은 주로 지식인에 의해 이루어지게 되고, 사회에 대한 해악을 끼치는 문화적 텍스트라는 오명은 결국 지식인 자신들이 아닌 타인, 다시 말해 대중들이 즐기는 문화에 붙여져왔다. 다시 말해 지식인들은 대중문화가 사회를 손상시킨다고 말하면서, 대중문화에 의해 야기된 사회 문제를 직시할 수 있는 자신들의 우수한 능력을 강조하고 이에 기반하여 자신들의 지위를 주장한다.[9]

만화라는 장르뿐만 아니라 모든 문화적 텍스트들에 대한 심의와 규제의 역사들을 살펴보다보면 형성주의적 시각의 바탕에 깔려 있는 엘리트주의가 작용하고 있음을 부인할 수 없다. 심의와 규제는 자연스럽게 만화 속, 보다 포괄적으로 표현하자면 다양한 문화적 텍스트 내에서 나타

9 Ross, Andrew (1989). *No Respect: Intellectuals and Popular Culture*, London: Routledge.

나는 사회 변동의 영향을 억제하는 기제로도 작용할 수 있다. 영향을 이해하는 것과 그것을 바탕으로 정책이라든지 사회적인 제재를 이끌어내는 것은 구분되어야 하지 않을까.

3. 생산적 자극으로서의 만화

문화적 텍스트가 사회에 미치는 영향을 거부할 수 없다면 과연 대중문화들은 늘 대다수의 형성이론가들의 비판처럼 사회에서 부정적인 역할만을 담당하는가에 대해 생각해봐야 한다. 대량문화 이론가들의 주장대로라면 서구 사회에서 1920년대 재즈 음악은 술에 쩔은 사회적 낙오자들을 양산했고, 1960년대에 슈퍼맨은 아이들을 지붕에서 뛰어내리게 했으며, 1980년대 랩 음악은 법과 질서의 권위를 훼손시켰으며, 1990년대 선정주의 예술(sensationalist art)은 가족 가치를 훼손시켰다. 과연 대중문화들은 사회에 있어 부정적인 역할만 한 것일까. 이런 방식으로 찾아본다면 사실상 문화적 텍스트가 형성하는 긍정적인 면들 역시 무궁무진하다. 예를 들면 그린아트(green art)는 재활용을 촉진하고, 암 환자들에 대한 영화는 그들에 대한 동정을 일으키고 의학연구기관에 기부를 장려할 수 있다.[10] 또 "외과의사 봉달희"나 "하얀 거탑", "뉴하트"로 이어지는 인기 드라마들은 지금같이 힘든 전공을 기피하여 외과의사가 되겠다는 의대생이 턱없이 부족한 상황에서 외과의에 대한 관심을 높여줄

10 Alexander, Victoria D. (2003). Sociology of the Arts: Exploring Fine and Popular Forms, Blackwell, p.42.

수도 있다. 실제로 영화 "인디애나 존스"로 인해 인류학을 전공하고자 하는 대학생들의 수를 급격히 증가시킨 예가 존재한다. 만화 역시 예외가 아니다.

1) 일본의 로봇 산업을 이끈 아톰과 아시모

일본의 로봇 산업을 대표하는 상징처럼 되어 있는 것은 두 발로 걸어 다니는 '2족 보행 로봇', 혼다의 '아시모'이다. 로봇이라는 것은 원래 공장 등에서 일을 하기 위해 만들어진 것이다. 사실상 두 다리로 걷는 것이 필요치는 않고, 오히려 두 다리로 걷게 하기 위해서는 필요 이상의 고도의 기술력이 필요하다. 이는 역으로 수요에 따른 것이라기보다는 기술의 상징이라든지, 이를 만들기 위한 관련 기술 연구의 성과를 노리는 측면이 크다. 한국에서도 '휴보' 등의 2족 보행 로봇 연구가 진행되고 있다.

이런 '아시모'의 제작에는 잘 알려진 뒷이야기가 있다. 1980년대 중반 혼다에 입사한 개발 책임자가 받은 지시는 "아톰을 만들어달라"는 것이었다고 한다. 당시까지의 로봇은 산업용으로 만들어진 것들이라 인간을 연상하기는 힘들었다. 그러나 '아톰'이라는 잘 알려져 있는 모델이 있기에 개발의 목표가 확실히 정해질 수 있었다. 로봇이라고 해도, 일본에서는 '철인 28호'처럼 원격 조종을 하는 스타일이 있을 수 있고, '마징가' 처럼 사람이 타서 운전할 수 있는 스타일도 있을 수 있다. 하지만 인간의 친구로서 스스로 움직이고, 스스로 생각하는 로봇을 만든다는 데 궁극적인 목표를 두고 개발을 진행하게 된 것은 아톰의 영향이 컸다고 볼 수 있다. 그들의 연구실에 〈철완 아톰〉 전질이 꽂혀 있었던 것은 물론이다.

일본의 로봇 산업은 결국 '아톰'이라는 목표를 두고 움직였다고 해도 과언이 아니다. 일본 언론에 등장하는 로봇 관련 연구자들은 거의 예외 없이 과학의 길로 들어선 계기를 '아톰'으로 회상하고 있다. 아톰의 생일은 원작에 2003년으로 나오고, 그 후 이런저런 캐릭터 상품을 통해 2003년 4월 7일로 고정됐는데, 일본에서는 2003년까지 아톰을 만들 수 있을지에 대한 관심이 고조되기도 했다. 당연히 출생 당일까지 로봇을 만들지는 못했지만, 2003년엔 전국에 아톰 바람이 불었고, 언제가 되면 아톰과 같은 능력을 가진 로봇을 만들 수 있을지를 검토했었다. 2007년에 한국에서 〈로보트 태권 브이〉가 재상영됐을 때도 이와 비슷한 현실성 검토 등의 이벤트가 있었지만, 관련자들이 개최하는 이벤트와 전국적으로 일어난 자발적 연구 붐을 수평 비교하기는 힘들 것이다.

물론, 이것이 과연 '좋은 효과'로만 얘기할 수 있을지는 의문이다. 공공의 선이라는 것이 반드시 어느 한쪽의 급속한 발전을 의미하는 것이라고 받아들일 수는 없고, 결국 그 자원을 얼마나 효과적으로 배분했는지가 문제가 될 것이다. 그럼에도 불구하고 이런 대중문화의 텍스트가 가지는 '치어리더'적 역할은 부인할 수 없다.

2) 일본 바둑계의 히카고 세대

일본 바둑계에는 '히카고 세대'라는 말이 있다. '히카고(ヒカ碁)'란 일본에서 많이 쓰는 줄임말 조어(造語)로, 〈히카루의 바둑〉이라는 제목의 만화를 뜻한다. 그리고 '히카고 세대'라는 말은 이 만화를 보고 바둑을 두게 된 세대를 말한다고 한다. 〈히카루의 바둑〉은 원래 1998년부터

2003년까지 일본의 『주간소년 점프』에 연재됐던 만화인데, 한 소년이 우연히 발견한 '피 묻은 바둑판'에서 오래 전에 죽은 기사(棋士)의 유령을 만나게 되고, 그를 통해 바둑에 눈떠가는 과정을 그렸다.

이 만화는 한국에서도 〈고스트 바둑왕〉이라는 제목으로 번역돼 큰 인기를 끌었다. 앞서 반영 이론에서 설명했지만, 이 만화는 스토리 작가가 한국을 들러 취재를 했으며 조훈현 9단과 똑같이 생긴 캐릭터가 등장하기도 한다. 그의 적극적인 추천에 힘입어 한국에도 애니메이션이 소개됐는데, 이 과정에서 방송사의 자체 심의 규정에 따라 바둑기사의 유령 모습을 희뿌옇게 처리, 시청자의 반발이 나오기도 했다. 이유는 방송심의 규정에 '왜색' 화면이 나와서는 안 됐기 때문이다. 일본 전통 의상을 입고 나오는 바둑의 유령이 왜색이라는 이유였는데, 이 사실은 「중앙일보」에 소개됐고, 이 기사가 다시 일본에 번역 소개되면서 한국의 반일감정을 보여주는 사례로 단골 인용되기도 하는, 사연 많은 만화이기도 하다.

일본에서 바둑이란 별로 대중적이지 못한 취미의 하나다. 한국의 경우 1992년에 바둑을 둘 줄 아는 사람이 무려 전 국민의 36%에 달했고, 많은 사람들이 바둑에 관심을 가진 상황이었지만, 일본의 경우는 1984년에 1,280만 명에 달하던 바둑 인구가 1998년에는 390만 정도로 줄어들었다. 인구 비례로 하면 3%를 조금 넘는 수준으로 줄어든 것이다. 그러나 〈히카루의 바둑〉은 이 방향을 완전히 바꿔놓았다. 〈히카루의 바둑〉은 스포츠나 권법 등 육체적 대결이 많이 등장하는 소년만화에서는 상당히 특이한 소재였지만, 주인공 소년과 바둑의 혼령이 각각의 라이벌을 찾고, 또 이들이 바둑에서의 지고의 경지라고 할 수 있는 '신의 한 수'를 위해 구도적으로 나가는 모습이 대단히 인상적으로 다가오며 큰 화제를 모았다.

〈히카루의 바둑〉은 이어 2001년 가을에 애니메이션화가 된 이후에는 더욱 대중적인 인기를 모았는데, 이에 영향을 받은 어린이들이 대거 바둑을 두게 되면서 바둑 인구의 감소세가 증가세로 바뀌었다. 1999년부터 반등하기 시작한 바둑 인구는 2004년에는 450만으로 다시 늘어나게 됐다. 말하자면 '히카고 효과'가 나타난 셈이다. 『마이니치신문』에 따르면 일본 기원이 주최하는 '소년소녀 바둑대회'에는 2001년까지 매년 2000명 정도가 참가했는데, 만화영화가 방송되고 난 후인 2002년에는 약 5000명, 2003년에는 6500명 정도가 몰렸다. 이런 상황은 일본 바둑계로서는 대단히 고무적인 일이었다. 비단 바둑뿐 아니라 축구만화 〈캡틴 쓰바사〉가 대인기였을 때 이를 보고 자라난 세대가 세계 청소년 대회에서 돌풍을 일으키고, 농구만화 〈슬램덩크〉가 유행했을 때는 농구 지망생들이 많이 몰려 전력이 크게 향상됐었다.

그럼 이런 '히카고 효과'는 어느 정도 지속됐을까? 〈히카루의 바둑〉은 2003년에 주인공이 한국의 청년 기사에 패하는 장면에서 돌연 마지막 회를 맞게 되고, 역시 2003년에 일단 종결된 TV 애니메이션은 2004년에 특집편만이 한 편 방영된 채 속편이 나오지 않았다. 그러자 일본의 바둑 인구는 거짓말처럼 제자리로 돌아갔다. 일본의 「레저 백서」와 언론들에 따르면 2004년에 450만이었던 바둑 인구는 불과 1년 만에 350만으로 뚝 떨어졌다. 〈히카루의 바둑〉 이전으로 완전히 돌아간 셈이다. 대중문화인 만화의 경우 그 텍스트의 영향력이 시간적으로 확실한 한계가 있다는 점도 보여주는 사례다.

4. 독자는 단순한 문화적 꼭두각시인가?

탄환 이론(bullet theory), 피하주사 이론(hypodermic needle theory), 주입 이론(injection theory)…… 당황스러울 정도로 공격적인 이름들을 가진 이론들이다. 이 이론들은 모두 형성적 시각을 기초로, 문화적 텍스트, 좀 더 명확하게 하자면 매스미디어에 의해 생산되는 문화적 텍스트들의 강력하면서도 부정적인 영향력을 설명한다. 권총에서 뿜어 나온 탄환이 순식간에 표적에 명중하는 것처럼, 피부 바로 밑에 주입되어 순식간에 약기운을 온 몸에 퍼뜨리는 주사처럼 문화적 텍스트가 관중들에게 직접적으로 영향을 미친다는 것이다.

그런데, 여기쯤에서 우리는 탄환 또는 주사를 맞는 존재들에 대해서 생각해봐야 할 것이다. 이들은 그냥 탄환에 희생되거나 주사에 중독되어 버리는 것일까? 사실상 대부분의 형성 이론은 문화적 산물이 사회에 미치는 영향에 대해 이야기할 때, 문화적 텍스트들이 독자에 의해 또 관객에 의해 소비된다는 사실에 대한 언급을 하지 않는다. 독자나 관객은 아무런 저항 없이 탄환을 맞고 죽어버리거나 모두들 같은 주사약에 취해버리는, 수동적이다 못해 아주 모자란 문화적 꼭두각시(cultural dopes)인 것처럼 취급된다. 이러한 경향은 문화적 텍스트를 매스미디어에 의해 생산된 "매스 컬쳐(mass culture)" 에 한정시킬 때 더욱 강하게 나타난다.

일반적으로 한국에서 "매스 컬쳐(mass culture)" 와 "파퓰러 컬쳐(popular culture)" 는 모두 "대중문화" 로 번역된다. 그러나 이 두 단어는 상당히 다른 개념이다. 굳이 말하자면 "매스 컬쳐(mass culture)" 는 대량문화로, "파퓰러 컬쳐(popular culture)" 는 대중문화로 번역하는 것이 적절하다. 이 두 개념의 가장 큰 차이는 대량문화라는 개념에 깔려 있는 이를 즐기는 집단에 대한 경멸적인 어감이 있는지, 없는지이다. '대중문화'라는 표현을 쓸 때는 다수 사람들이 향유하는 문화라는 중립적인, 혹은 더 나아가서 이를 소비하고 수용하는 역동적인 측면에 초점을 맞추는 보다 긍정적인 개념이다.

'대량'으로 번역되는 매스(mass)라는 존재는 고립 분산되어 있어 주체성을 갖지 못해 늘 다수의 의견에 의해 질질 끌려 다니는 모자라고 비합리적인 열등한 집단이다. 사실상 문화 생산 과정에 초점을 맞춘다면, 일정한 분업 체계를 갖추고 대규모 자본을 전제로 하는 문화 산업이 매스미디어라는 강력한 도구를 통해 강력한 경제적, 문화적 힘을 발휘하고 있다는 점에는 의문의 여지가 없다.

그러나 탄환 이론이나 피하주사 이론 등의 극단적인 형성 이론이 상정하는 수동적 문화 수용자의 모습에는 행위자로서의 인간은 없다. 단순한 반응체만 있을 뿐이다. 또한 대량문화가 소비되는 환경과 맥락에 대한 이해도 결여된 분석틀이라고 할 수 있다. 이러다 보니, 사실 이런 이론들은 더 이상 진지하게 받아들여지지 않는다. 굳이 얘기하자면 사회학 이론을 비판하기 위한 연습용 샌드백 정도로 쓰일 뿐이다. 최근의 이론적 경향은 대량문화의 능동적 수용자에 관심을 갖고 문화 상품에 대한 그들의 해석, 수용 과정, 다른 소비자들과의 상호 작용 등에 분석의 초점을 맞추는 추세다. 대량문화의 대중에 대한 영향력은 무시할 수 없지만 그 한계 또한 분명하다는 것이다. 인간은 주어진 문화 텍스트를 그대로 받아들여 반응하는 수동적인 존재가 아니기 때문이다.

그렇다면 문화적 텍스트를 받아들이는 대중은 어떤 특징을 가지고 있을까? 먼저 "대중에 대한 영향"이라는 점에 주목하자. 대중문화의 폐해에 대해 우려하는 시각은 대중을 균질적인 집단으로 보는 경향이 있다. 폭력적인 만화가 전체 어린이 독자의 폭력 성향을 키울 것이라는 식이다. 그러나 자극과 영향의 인과관계 고리는 그렇게 간단하지 않다. 어떤 어린이는 폭력적 내용을 가진 만화의 영향력에 쉽게 노출되는가 하면 어떤 어린이는 같은 만화를 보고 오히려 폭력에 대한 혐오감을 강화할 수도 있다. 예를 들면 부모가 적극적으로 독서 지도를 하는 어린이와 그렇지 않은 어린이는 같은 내용의 만화를 읽어도 받는 영향의 내용과 성격이 다를 수 있다.

역인과관계도 생각해볼 수 있다. 즉, 이미 폭력적 성향을 띤 사람들이 다른 사람들보다 폭력만화를 읽을 가능성이 크다. 역인과관계가 적용된다면 만화 내용이 폭력적 행동의 원인이 되는 것이 아니라, 특정 만화를 읽지 않아도 폭력을 행사할 가능성이 이미 높은 독자가 우연히 그 만화를 읽어서 마치 만화가 행동에 영향을 미친 것처럼 보이게 된다. 이럴 경우 어린이 독자들에게 더 중요한 것은 텍스트의 내용보다도 독서 교육이라고 할 수 있다. 이 장의 서두에서 예로 든 『조선일보』 기사에서, 경찰에 적발된 폭력 학생들이 "일본 만화에 등장하는 이런 '멋진 폭력배'처럼 살고 싶었다"고 이야기하고 있지만, 뒤집어보면, 폭력 학생들이 그런 일본 만화를 좋아한다고 볼 수도 있다는 것이다.

대중은 균질적인 집단이 아니고 다양한 사회 경제적 관계, 문화적 환경 속에 살고 있는 실체들이다. 어떤 사람들은 텍스트의 영향을 더 받고 (혹은 영향을 받는 것처럼 보이고) 어떤 사람들은 영향을 덜 받거나 받지 않는다. 그리고 설사 영향을 받더라도 그 텍스트의 효과만을 분석적으로 보여주는 것 역시 쉽지 않다. 형성적 시각에서 불량만화의 유해성을 우려하는 사람들은 "만화를 읽은 한 초등학생의 자살"과 같이 주로 일회적인 사건을 예로 들 수밖에 없는 근본적인 이유이기도 하다.

행위자로서의 문화 소비자들에 대해 좀 더 자세히 이야기해보자면, 우리가 사회에 대한 문화적 텍스트의 영향력을 부정할 수 없듯이 인간, 문화적 소비자들의 역량 역시 인정해야 한다. 이들은 스스로 결정을 내리고 허구와 진실을 구분하며 문화적 대상을 해석할 수 있는 능력을 가진 존재들이다. 또한 이들에게 소비란 하나의 능동적이고 창조적인 생산 과정이며, 이는 쾌락, 정체성, 그리고 의미의 생산과 관련되어 있다. 그리고 뒷장에서 다루어질 문화의 다이아몬드에서의 수용과 소비 부분의 연구들은 이러한 적극적인 관객이자 소비자를 상정한다.

만약 대중이 단순한 수동적 문화 소비자로 조작이 가능한 존재일 뿐이라면 거대한 자본이 지원하는 문화적 텍스트들은 성공을 거두어야 한다. 그러나 실제로 시중에 나온 "모든 음반들 가운데 겨우 10% 정도만이 돈을 벌며"[11] 막대한 자원을 투자했음에도 흥행에 실패한 영화는 수도 없이 많다. 2003년 개봉된 장동건 주연의 "2009 로스트 메모리즈"는 당시 한국 영화로서는 막대한 제작비라 할 수 있는 80억 원이 투입되었지만, 그야말로 기억 속에 묻혀버린 영화가 되었다. 이창동 감독의 "초록물고기"는 한석규라는 '흥행 보증수표'가 열연하고 국내외 각종 영화제의 상을 휩쓸었는데도 관객 수보다는 트로피 수에 만족해야 했다. 반면, 평론가들이 이구동성으로 혹평을 한 "디워"는 800만 이상의 관객이

11 Frith, Simon (1983). *Music for Pleasure : Essays in the Sociology of Pop*, New York: Routhedge.

관람한 2007년도 최대 흥행작 중 하나가 되었다. 마케팅조차 변변히 할 수 없을 정도의 초저예산 영화 “집으로”는 400만 이상의 관객을 모으는 힘을 발휘했다. 그러나, 할머니와 손자 간의 감동적인 관계를 그린 “집으로”는 흥행에 성공했지만, 할머니를 모시고 사는 가정이 급증했다는 통계는 보지 못했을 것이다.

관객은, 혹은 대중문화 소비자는 문화 생산자나 평론가들이 예측한 대로 반응하지 않는다. 뿐만 아니라 그들은 문화적 텍스트를 능동적으로 읽고 해석하기도 한다. 때로는 문화 생산자의 의도와는 다른 해석을 하고 즐기기도 한다. 예를 들면 2000년대 중반에 로보트 태권 브이가 작은 붐을 일으켰다. 어린이를 대상으로 방학에 맞추어 개봉했던 70년대 만화영화가 2000년대에 다시 등장했을 때, 작품은 예전과 같지만 관객은 다른 방식으로 해석하고 소비한다. 물론 주 관객은 어렸을 때 이 영화를 보았던 소위 7080세대와 그들의 자녀가 중심이다. 70년대 주 관객층이 이 영화를 보고 “꿈과 희망”을 키웠다면, 2000년대의 관객에게는 “향수”가 영화로부터 느낀 주된 정서일 것이고, 이 영화를 통해 다른 관객들과 “같은 세대로서의 경험”을 공유하고 자신의 세대 정체성을 확인하게 된다. 이는 아마도 제작자의 원래 의도했던 메시지와는 전혀 다른 해석일 것이다. 잊혀져가던 만화영화를 다시 복원하게 한 것도 능동적인 문화 소비자의 힘이고, 이 영화에 새로운 상징성을 부여한 것도 역시 관객이다.

일본 대중문화 수입이 자유화되기 전의 한국 내 일본 만화 독자들 중 만화를 만화 본래 기능과는 다른 방식으로 소비했던 특수한 집단이 있다. 그래픽디자인 학도, 미술학도 등이 그들이다. 그들은 일본 만화의 열혈 독자임과 동시에 만화의 그래픽 측면, 글꼴의 특징, 면의 분할 등에 대해 이야기하는, 이른바 전문성을 가진 독자이기도 했다. 이들은 만화를 자신들의 효용에 따라 소비하며, 그런 소비의 방식을 일종의 지위 상징(status marker)처럼 과시하기도 하는 능동적인 소비자라고 볼 수 있다. 또 다른 능동적 소비자들은 만화 마니아들이다. 이들은 문화 텍스트의 능동적 소비자들 중 가장 정점에 있는 사람들이라고 해도 지나치지 않다. 그들은 열정을 가지고 있을 뿐만 아니라 텍스트는 물론 역사적, 사회적 배경에 대한 전문적 지식도 가지고 있다. 마니아들 중에는 고학력, 전문직 종사자들도 많은데, 이들은 엘리트주의적이라는 비판을 받기도 하지만 이들의 텍스트의 해석, 작품평 등은 다른 독자들에게도 큰 영향을 미쳐서 만화 독자 전체의 소비 성향에 어느 정도의 능동성 또는 적극성을 더해주기도 한다.

2007년에 한국에서 가장 큰 인기를 끈 만화 중 하나는 일본 만화인 〈신의 물방울〉이다. 이 만화의 영향으로 와인 소비가 대폭 증가했다는 기사도 인터넷이나 신문에서 심심치 않게 보인다. 전형적인 형성 이론적 시각이다. 하지만 그동안의 와인 소비 동향을 보면 〈신의 물방울〉이 인기를 끌기 이전에도 이미 폭발적으로 와인 소비가 증가하고 있었다. 2000년 이후로 매년 전년도 대비 20-50%씩 증가했고, 이는 세계에서 가장 빠른 속도로 와인 소비가 확산되고 있는 것이라 한다.[12] 즉, 〈신의 물방울〉 열기와 상관없이 와인 소비는 이미 증가 추세에 있었다는 이야기다. 2007년의 와인 수입액은 전년도 대비 50% 이상 증가할 것으로 보이

12 『이코노미 플러스』 2007년 9월호.

나, 〈신의 물방울〉 이전인 2003년에도 전년도 대비 50% 이상 신장한 것을 보면 만화가 와인 소비에 미친 순영향이 어느 정도인지 객관적으로 가늠하기 힘들다. 또한 형성 이론적 시각이 적용된다면 〈신의 물방울〉이 주로 소개하고 있는 프랑스 와인의 수입 비중이 다른 나라 와인보다 크게 증가할 법도 한데, 수입국별 비중을 보면 프랑스 와인은 2007년에 전년 대비 0.7% 포인트 증가에 그쳐 오히려 이탈리아 와인의 증가폭(2.2% 포인트)에 미치지 못하고 있다.

사실 〈신의 물방울〉은 쉽게 읽을 수 있는 만화는 아니다. 와인에 대한 전문적인 텍스트를 뺀 드라마는 누구라도 즐길 수 있지만, 와인에 관한 스토리는 어느 정도 와인 지식을 가지고 읽을 때 일종의 대리 충족도 느낄 수 있는 그런 종류의 만화다. 따라서 와인에 관심이 있는 사람들이, 또는 비즈니스맨 등 와인에 관심을 가질 필요가 있는 사람들이 이 만화에 선택적으로, 능동적으로 접근했을 가능성이 더 크다고 볼 수 있다. 이미 반영 이론 장에서 언급한 것처럼, 와인 소비가 폭증할 때 이 만화가 받아들여진 것은 (적어도 이 만화의 경우) 아무래도 소비자의 능동적 선택의 측면이 형성의 측면보다 강하다는 증거로 보인다. 요약하자면 대중문화와 그 생산자, 좁게는 만화와 만화 작가가 문화 수용자와 독자들에게 미치는 영향을 무시할 수는 없지만, 독자들도 어느 정도는 능동적이고 선택적으로 소비한다고 볼 수 있겠다.

제3장

문화의 다이아몬드

지금까지는 문화적 텍스트가 사회를 반영하는 거울이라거나 아니면 긍정적/부정적 영향으로 사회를 형성한다는 식으로 문화적 텍스트와 사회의 관계를 직접적인 연결로 보려고 했던 시각들을 소개했다. 살펴보았듯이 두 시각들은 오랜 시간 동안 학계와 일반적인 상식을 지배해왔다. 그랬기에 많은 매력적인 분석을 생산해왔고 아직도 무시 못할 힘을 가지고 있는 것도 사실이다. 그러나 학문적인 논의에 있어서는—특히 사회학에서는 90년대 초반 문화사회학이라는 학문 분야가 활성화되면서 문화적 텍스트에 대한 보다 다양한 시각과 보다 다양한 방법론을 통한 체계적인 연구가 진행되고 있다. 이번 장에서는 이러한 최근의 시각과 연구경향을 간결하게 보여주고 있는 '문화의 다이아몬드(Cultural Diamond)'라는 틀을 소개하고 그 틀을 이용하여 다양한 만화의 텍스트들을 분석해보고자 한다.

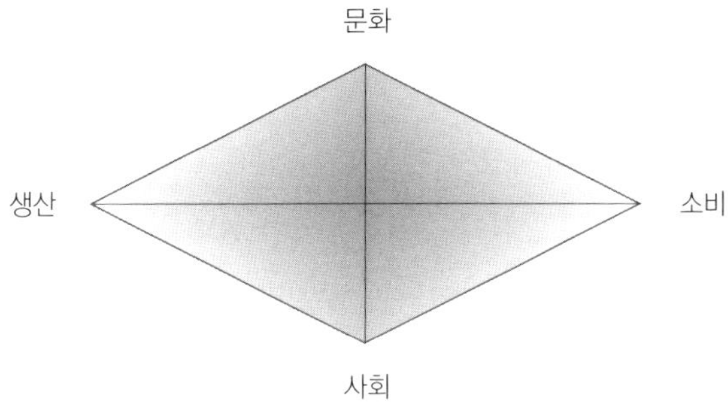

(그림 20) 그리스올드의 문화의 다이아몬드[1]

먼저 문화의 다이아몬드를 설명해보도록 하자. 이 다이아몬드는 웬디 그리스올드(Wendy Griswold)(1994, 1986)라는 학자가 고안한 것으로 문화적 텍스트를 사용할 때 고려해야 하는 많은 관계를 담고 있다. 문화의 다이아몬드가 제시되어 있는 그림 20을 살펴보면 다음과 같다.

다이아몬드라기보다는 단순한 연같이 생긴 그림에 실망하지는 않았는지 모르겠다. 그러나 문화적 텍스트와 사회의 관계를 파악하는 데 있어서 이 단순한 그림이 갖는 유용성을 알게 된다면, 다이아몬드라는 호칭이 왜 붙었는지, 얼마나 훌륭한 메타포인지를 이해하게 될 것이다. 그림, 다시 말해 다이아몬드의 각각의 꼭지점들은 1) 문화 생산물 2) 문화 생산자 3) 문화 소비자 4) 사회를 의미한다. 네 개의 꼭지점들은 여섯 개

1 Griswold, Wendy (1994). *Cultures and Societies in a Changing World*, London: Pine Forge Press.
Griswold, Wendy (1986). *Renaissance Revivals: City Comedy and Revenge Tragedy in the London Theatre, 1576-1980*, Chicago: University of Chicago Press.

의 선으로 서로 연결되어 있다.

그리스올드는 어떤 문화적 텍스트를 완전하게 이해하기 위해서는 "다이아몬드의 네 개의 꼭지점과 여섯 개의 연결고리들(1994: 15)"에 대한 이해가 필요하다고 주장한다. 조금 상세히 살펴보자면, 문화적 텍스트는 직접적으로 사회에 닿아 있지는 않지만 이를 만들어내는 생산자들 그리고 이를 사용하는 소비자들이라는 사회 체계에 배태되어 있는 개인들로 이루어진 대중에는 연결되어 있다. 소비자들이 어떻게 문화적 텍스트를 사용하고, 이를 해석하여 의미화시킴으로써 그 의미가 사회에 스며드는 과정에는 그들의 태도와 가치, 사회적 위치나 연결망이 영향을 미치게 된다. "규범, 가치, 법, 조직, 사회 구조를 모두 포함하는 사회"는 생산자, 분배 체계, 소비자에게 영향을 주고 이를 통해 문화적 텍스트가 형성된다.

그리스올드의 문화의 다이아몬드의 중심에 분배 체계(distribution system)를 위치 지우기도 한다.[2] 분배 체계는 원래의 그리스올드 모형에서는 생산 쪽에 포함되어 있었다. 문화는 커뮤니케이션이며, 문화적 텍스트는 만든 사람으로부터 소비하는 사람에게 전달되어야 한다는 것을 고려한다면 분배 체계라는 또 하나의 꼭지점의 분리는 다이아몬드의 설명력을 높이는 데 기여한다. 다양한 형태의 문화적 텍스트들은 분배 체계로 들어오면서 생산자와는 분리되어 사람들, 조직 혹은 연결망에 의해 유통된다. 분배 체계의 유형에 따라 어떤 종류의 문화적 텍스트는 광범위하게 분배되기도 하고 그렇지 않기도 하는 등의 차이가 생기게 되며,

2 Alexander, Victoria D. (2003). *Sociology of the Arts: Exploring Fine and Popular Forms*, Blackwell, pp.61–63.

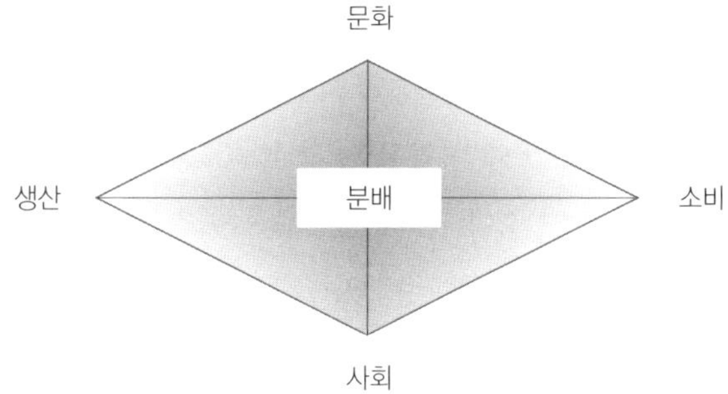

(그림 21) 분배 체계가 포함된 문화의 다이아몬드[3]

이처럼 분배 체계의 유형에 따라 문화적 텍스트가 사회 안에서 분배되는 양상이 달라지는 것을 분배 체계의 여과 효과(filtering effects)라 한다.

분배 체계가 포함되든 되지 않든 간에 문화의 다이아몬드는 문화적 텍스트와 사회 간에 존재하고 있는 관계들을 파악하는 데 매우 유용한 도구이다. 그렇지만 실제로 하나의 연구에서 모든 꼭지점과 선들, 다시 말해 문화적 텍스트를 둘러싸고 있는 다양한 측면들을 연구한다는 것은 쉽지 않은 일이다. 현재까지는 각 꼭지점 또는 하나의 선에 대한 연구들이 집적되고 있는 단계이며 현재 각 꼭지점들은 문화사회학의 가장 중요한 분야들로 자리 잡고 있다.

3 Alexander, Victoria D. (2003). 같은 책, p.62.

1. 문화적 텍스트의 생산과 만화

수많은 사건 사고들 중에 어떤 것이 뉴스로 결정되는 걸까? 또 그 수많은 뉴스들 중에 어떤 것이 헤드라인으로 정해지는 것일까 하는 부분에 대해 한 번이라도 생각해본 적이 있는지? 생각해본 적이 없다면 갑자기 궁금해지지는 않았는지? 이제부터 그 궁금증들을 풀어보도록 하자.

앞서 살펴봤듯이 문화에 대한 생산 측면에서의 접근은 문화의 다이아몬드의 왼편, 즉 문화적 텍스트의 창작과 생산, 그리고 분배와 관련된다. 이 접근 방식의 가장 핵심적인 주장은 문화적 텍스트는 이를 창조하고 분배하는 사람들과 시스템에 의해 걸러지고 영향을 받는다는 것이다. 그렇지만 생산 측면에서 높게 평가되고 있는 대부분의 연구들, 특히 초창기 연구들은 문화적 텍스트가 창조되고 분배되고 평가되고 학습되고 유지되는 전 체계 내에서 어떻게 형성되는가를 포괄적이면서도 상세하게 분석한다. 조금은 어렵게 느껴지는 이 설명들을 가장 쉽게 이해하는 방법은, 이 시각을 처음으로 받아들였다고 할 수 있는 대표적인 연구들과 그들이 비판하고자 했던 주장들을 살펴보는 것이다.

앞머리에 던진 질문 역시 1970년대 중반쯤에 생산의 시각에서 수행된 초창기 연구 문제이다. 그리고 생산의 시각을 가진 연구자들의 주장에 따르면, 적어도 미국에서 '뉴스'는 각각의 사건을 객관적으로 보여주는 것도 아니고, 그렇다고 미디어 소유자의 신념을 충실하게 반영한 것도 아니다. 생산의 측면에 초점 맞춘 연구들은 그 당시, 아니 어쩌면 지금까지도 우리가 가지고 있는 상식에 반하는 상당히 충격적인 분석 결과를 제시했다. 사실상 '뉴스'는 신문, 시사 정기 간행물, TV의 보도국에서의 보도와 편집과 관련된 일상적인 구조와 기능적인 측면에 의해 비의도적으로 형성되는 부분이 많다는 것이다. 그리고 조직의 일상 업무가 무엇을 "뉴스"로 규정지을 것인가를 결정하는 방식을 밝혀내기 위해 뉴스 편집실 안에서의 사회적 역학 관계를 추적했다.

또 문화적 텍스트의 생산이라는 측면을 연구하는 데 있어 초석을 마련했다고 평가되는 하워드 베커의 저서인 『예술 세계(*Art Worlds*)』[4] 역시 그 당시 상식을 뒤집었다. 그럼 이런 궁금증이 든다. 도대체 그가 그려낸 '예술 세계'가 어땠기에 이런 평가를 받을까? 그의 예술 세계에서는 핵심 인력이라 불리는 중요한 직책을 수행하는 사람들과 보조 인력이라 불리는 덜 중요한 직책을 수행하는 사람들이 함께 힘을 합쳐 공동 작업을 한다. 공동 작업을 하는 과정에서 그 세계에서 전통적으로 내려오는 지식이나, 통용되는 관습, 사용할 수 있는 기술 등에 의해 큰 영향을 받는다. 이렇게 생산물을 만들어내면 많은 소비자들이 이를 구경하기도 하고 구매하기도 한다. 우리가 일상생활을 하고 있는 현실 세계와 너무 많이 비슷해서 식상하기까지 한데 이게 왜 상식을 뒤집었다고 하는지 이해가 안 될 수 있다. 하지만 예술 세계가 현실 세계와 너무도 비슷하다는 그 점이 바로 베커의 주장이 상식을 뒤집는 정도를 지나 급진적이라고 평가되는 이유이다.

사실상 인류 문명사에서 예술 작품은 "존재와 사회 그리고 시간을 초월하는 천재의 창조물"이고 "성스러운 직관"의 형태로 완성되는 "낭만적이고 신비한 개념" 그 자체였다.[5] 상식선에서 그려보는, 아니 인문학

4 Becker, Howard S. (1982). *Art Worlds*. Berkeley: University of California Press.

에 기반을 한 인류의 문명사의 측면에서 믿고 있던 예술 세계는 사회에서 동떨어져 '미친 듯이' 자신의 세계를 구현해내는 천재들만 살고 있어야 했다. 그리고 그들의 세계는 평범한 일반인이 범접할 수 없는 숭고한 영역이어야 했다. 사회학자였던 동시에 재즈 뮤지션이자 사진가였던 베커는 자신의 저서인 『예술 세계』를 통해 고고하게 천상에 존재하고 있던 예술 세계를 일상으로 끌어내리면서 문화생산학파는 물론 예술사회학의 기반을 제공했던 것이다.

사회학자로서 매우 특이한 경력을 가졌음에도 불구하고, 베커가 예술을 보는 관점은 사회학적인 시각이 아주 깊이 자리 매김 되어 있는, 너무도 사회학적인 것이었다. 베커는 예술을 사회학적으로 이해하기 위해서는 집합적인 행위로 보아야 한다고 주장한다. 여기에서의 행위는 결과가 아닌 과정에 초점을 맞춘 것으로, 이러한 관점은 예술의 창작에서부터 관객들이 감상하는 모든 과정에 영향을 미치는 사회적인 요소들을 강조한다. 그럼 예술 작품이 탄생하기까지 수행되어야 하는 모든 활동을 생각해보자. 우선 누군가 만들어질 예술 작품의 형식과 종류를 결정하는 생각을 짜내야 한다. 그리고 예술 작품에 대한 개략적인 틀을 착안하고, 작품을 만들어내야 한다. 이 작업을 수행하기 위해서는 다양한 물적 자원과 장비, 시간이 필요하고 때로는 다른 예술가나 기술자, 보조 스태프를 고용해야 한다. 이렇게 아이디어를 결과물로 만들어내기까지의 전 과정이 "생산"이다. 물론 여기에 그때까지 내려오는 예술에 대한 전통적인 관념이라든지 그 당시에 사용 가능한 재료라든지 많은 관습과

5 Wolff, Janet (1993). *Aesthetics and the Sociology on Art*, Michigan: University of Michigan Press, p.9.

제약 그리고 이데올로기들이 영향을 미친다는 것 역시 베커의 주장의 핵심 중 하나이다.

또 하나의 초창기의 연구 주제를 들어보자. 마네, 모네, 르누아르…… 아무리 미술에 문외한이더라도 열거한 인상파 화가들의 이름이나 그림에 대해서는 친숙함을 느낄 것이고 한마디쯤은 아는 척도 할 수 있을 것이다. 그렇다면 인상주의는 천재적 화가와 그들의 위대한 작품으로 인해 이렇게 미술사조에 길이 남을 수 있었을까? 생산의 관점이 성립되기 전에는 인상주의의 대두가 천재적 화가들의 작품 활동의 결과라는 설명이 큰 의문 없이 받아들여질 수 있었다. 예술에 있어서의 어떤 사조의 변화는 주로 극소수의 창조적인 천재의 등장과 결합되어 설명되었기 때문이다. 그러나 해리슨 화이트와 신시아 화이트는 사회 내부의 혁명적 변화, 혹은 천재적 개인의 등장과 관련짓는 이론들로는 19세기 프랑스에서의 인상파 미술의 등장을 설명할 수 없다고 주장하며, 생산 측면에 초점을 맞추어 매우 다르면서 동시에 매우 정교하고 설득력 있는 분석을 내놓았다. 그들은 『캔버스와 경력: 프랑스 미술 세계의 제도적 변화』[6]라는 제목의 책에서, 프랑스 혁명기의 경제적 혼란과 이데올로기적 변화에서도 살아남았던 구시대의 왕립 아카데미 미술 생산 체계가 인상파와 같은 비관습적인 화가들을 후원한 파리의 미술 딜러들과 비평가들에 의해 창조된 미술 시장의 등장으로 인해 붕괴되었음을 밝혀낸다. 인상파가 화단의 전면에 나설 수 있었던 것은 오랜 기간 프랑스의 예술계를 지배해 오던 기존의 예술원 체계가 내재적인 구조적 모순으로 붕괴되고, 인상

6 White, Harrison C. and Cynthia A. White (1965[1993]). *Canvases and Careers: Institutional Change in the French Painting World*, Chicago: University of Chicago Press.

(그림 22) 프랑스의 대표적인 인상파 화가 클로드 모네(Claude Monet, 1840~1926)의 〈수련〉 연작 중 몇 작품이다. 〈인상, 해돋이〉라는 그의 작품에서 인상파라는 이름이 생겼다. 모네는 1890년부터 1926년 타계할 때까지 30여 년을 수련 시리즈를 그리는 데 보냈다. 기본적으로 인상파 화가들은 물체의 고유색을 부정하고, 매 순간 빛에 의해 변하는 색채를 포착해서 그려내고자 했었기 때문에 같은 장소에서도 여러 장의 그림을 다른 색채로 그려냈다. 해리슨 화이트와 신시아 화이트의 저서 제목의 '캔버스'로 대변되는 살롱에 걸리는 대작들과 비교해봤을 때 엄청난 양의 그림을 그릴 수 있었다는 것이 이해가 될 것이다.

(그림 23) 이 작품은 프랑스의 전형적인 아카데미 화가로 19세기 인상파의 대두 등 미술계에 혁명과 같은 변화가 일어나고 있었음에도 아랑곳하지 않고 고전적인 화풍을 엄격하게 준수한 장 레옹 제롬(Jean-Léon Gérôme, 1824-1904)의 작품, 〈로마에서의 노예 경매〉이다.

파 화가들이 파리의 거래상과 비평가에 의해 형성되고 발전된 예술 시장 덕택이었다는 것을 발견했다. 이 연구는 생산 분야의 연구에 있어 하나의 고전이라 할 수 있을 뿐만 아니라, 생산 분야에서 사용되는 많은 사례를 포함하고 있어 다음과 같이 보다 상세하게 설명하고자 한다.

『캔버스와 경력: 프랑스 미술 세계의 제도적 변화』

해리슨 화이트와 신시아 화이트는 그들의 중요한 저서인 『캔버스와 경력(*Canvases and Careers*)』에서 19세기 말 프랑스 예술 세계가 예술원 중심에서 딜러-비평가 중심으로 전환한 것에 대해 설명하고 있다. 그들은 약 200년에 걸친 예술원 체계의 몰락에 대해 이야기하면서 몰락의 이유는 무엇이고, 왜 그 시기에 일어났는가에 대해 질문을 제기한다.

예술사학자들이 전통적으로 해왔던 설명은 예술원 체계 스스로가 퇴보해갔다는 것이다. 예술원 체계와 그 특유의 스타일이 몰락하면서 인상파가 대두했으며, 인상파가 예술원 체계가 가지지 못했던 신선함을 가지고 있었다는 데서 그 이유를 찾고 있다. 이러한 전환을 설명하는 또 하나의 방식은, 사조 혹은 시대의 흐름(zeitgeist)에 주목한다. 19세기 후반의 프랑스는 귀족 중심의 상층 계급에 기반한 매우 고정된 사회로부터 중간 계층 중심의 보다 유연한 사회로의 변화를 겪고 있었다. 인상파는 이러한 사회의 새로운 형태를 반영하고 있었으며, 따라서 구질서를 반영하는 예술원 스타일보다 더 인기를 얻을 수 있었다는 것이다.

예술원 중심에서 딜러-비평가 중심으로의 전환에 대한 해리슨 화이트와 신시아 화이트의 설명은 예술 자체의 형식이나 시대 정신에 근거한 설명보다 훨씬 정교하고 설득력이 있다. 그들은 문화의 다이아몬드의 네 측면을 모두 포괄하면서 이 전환을 설명했으며, 그 중에서 특히 문화의 생산적 측면을 강조하고 있다.

예술원 체계(The academic system)

예술원(The Académie des Peinture et Sculpture)은 1648년 파리에 설립되었으며, 중세 길드 체계를 대신해 세워진 기관이었다. 예술원은 젊은 화가와 조각가를 교육시키는 것과 고급예술에 있어 최고의 표준을 구현한다는 두 가지 목적을 가지고 있었다. 예술원은 타의 추종을 불허하는 경지에 이른 예술가들의 총체로 추앙받았으며, 무엇이 예술에서 훌륭한 것인가를 결정했다. 또한 도제 생활과 훈련, 작품 판매가 가능한 전시 장소의 제공, 포상, 예술원 위원 선출을 포함한, 예술가에게 주어지는 거의 모든 보상을 통제할 수 있었으며, 이를 이용하여 그들의 위치와 자신들이 세워놓은 예술에서의 미의 개념을 강화할 수 있었다. 예술원에는 약 40명의 위원이 있었고 예술원 위원으로 선출된다는 것은 예술가 개인의 경력에 있어서 최고의 영예였다.

예술원 시스템의 중심에는 살롱(Salon)이라 불리는 전시회가 있었는데, 살롱은 일 년에 한 번씩 개최되었다. 예술원 회원들은 전시할 작품과 수상작의 선정은 물론 전시 장소를 포함한 매우 세세한 것까지 결정했다. 엄청난 군중들이 살롱에 모여들었고 살롱은 심미적인 측면뿐 아니라 사회적으로 매우 중요한 장소였다. 수집가들과 구매자들은 서로 교제하고 작품을 구매하기 위해 살롱으로 몰려들었다. 대부분의 작품들은 국립 미술관이나 지방 미술관에 팔렸으며, 소수의 작품만 개인이 소장할 수 있었다. 예술원의 보상은 예술가 개인이나 명성, 포트폴리오가 아닌 하나의 작품에 기초해서 결정됐다. 예술가들은 전시회에서 상을 탈 수 있을 만한 역작(masterpiece)을 만들어내는 것에 집중했다. 평균적으로 22년 동안 작업을 한 예술가는 그의 전 생애에서 단지 11작품 정도를 살롱에 전시할 수 있었다니 한 작품당 2년 정도의 상당히 긴 시간의 투자가 필요한 작업이었음을 알 수 있다.

그런데 왜 예술원 체계는 몰락했을까? 해리슨 화이트와 신시아 화이트에 따르면 예술원의 가장 큰 문제는 아이러니컬하게도 바로 예술원 자체가 너무도 성공적이었다는 점이다. 예술원 체계는 약 200명의 예술가를 후원하고 보상하기 위해 만들어졌다. 예술원은 에꼴(École) 체계를 통해 뛰어난 예술가들을 파리로 데려왔고 고급 예술을 확립했다. 그러나 점점 더 많은 예술가들이 파리로 몰려들었을 때 예술원은 이에 걸맞은 확장에 실패했으며 따라서 이들이 제공할 수 있는 보상은 그 가능성이 너무나도 희박하게 돼버렸다. 전시회와 예술원에서 성공하지 못한 대부분의 예술가들은 꽤 재능이 있었음에도 불구하고 예술원의 보상과 지원 체계로 진입할 수 없었다. 또 가능성이 적어질수록 정치적인 측면이 많이 고려되었으며, 예술원에서 성공하지 못한 예술가들은 다른 길을 찾기 시작했다.

딜러-비평가 체계(The dealer-critic system)

파리에서 활동하는 예술가들의 수는 점점 늘어갔고, 예술원에서 인정받지 못한 작품들의 판매 경로로서 딜러들의 존재는 매우 중요해지기 시작했다. 1850년 이전에는 미술과 관련된 분야만을 다루는 대규모의 판매업이 존재하지 않았으나 예술원이 중간계층의 고급예술에 대한 관심 형성에 성공함에 따라서 이러한 유형의 판매업이 19세기 후반에 등장하게 되었다. 딜러들은 예술원 체계와 관계없이 예술 작품을 직접 판매했다.

딜러들은 자신들이 팔려는 작품이 훌륭하다는 것을 공식적으로 증명할 방법이 없었다. 다시 말해, 일단 살롱에 걸린 작품들과 같이 예술원의 전문가들에 의한 인정이라는 너무도 확실한 증명이 없는 그림을 판매하는 딜러들의 경우 일반 사람들이 그것이 좋은 작품이라는 확신을 가지고 그 작품을 사도록 하는 방법을 찾아야 했다. 계획의 첫 단계는 잠재적인 구매자들의 그림을 보는 눈을 훈련시키는 것으로, 바로 비평가들이 담당해야 하는 역할이었다. 비평가들은 구매자들이 믿을 수 있는 이해 중립적인 집단으로 자리 매김 되었으며, 딜러-비평가 체계의 매우 중요한 구성 요소였다. 그들은 어떤 것이 심미적인가 하는 개념을 발전시키고 그것을 책이나 기사로 펴내는 작업을 통해 자신들에게 부여된 역할을 수행했다.

딜러들은 예술가들이 중간 계층 수준의 수입을 유지하면서 자신들의 작업을 위한 물품을 구매하는 것을 가능하게 함으로써 예술원 체계가 남긴 공백을 메우는 것에 기여했다. 그들은 예술가들에게 보조금과 정신적 후원을 공급했으며 그 대가로 이윤을 남길 수 있을 만한 작품을 얻었다. 비평가의 도움을 받아서, 딜러들은 미술 작품에 대한 시각을 발전시켰다. 그들의 메시지는 "이 작가는 언젠가 유명해질 것이며 그의 작품이 반드시 가치를 인정받게 될 것이다"라는 것이었고, "발견되지 않은 천재"에 대한 그들의 이데올로기는 인상파 시대뿐만 아니라 지금까지도 미술 시장에서 통용되고 있다.

예술 작품에 있어서의 함의 (Implication for works of art)

딜러-비평가 시스템이 미술 작품의 내용에 미친 영향과 방식을 이해하기 위해서는, 예술원 체계와는 다르게 딜러들만이 필요로 했던 것이 무엇인가를 고찰할 필요가 있다.

첫째로, 딜러들은 소수의 예술가에 의해 주도되는 특정한 화풍이 필요했다. 예술원 체계가 많은 예술가들 중 한 명의 작품을 택하는 것과는 상당히 대조적인 부분이다. 딜러의 이러한 요구는 미술의 창작 작업이 상대적으로 빨리 수행되어야 한다는 점을 의미했다. 예술원의 한 작품당 평균 2년이라는 기간은 너무 길었다. 둘째로, 그림을 그리는 데 있어서 자신들의 경쟁자와는 구분되는 차별화를 요구했다. 차별화에 대한 해답은 바로 예술가 개인의 스타일을 반영한 그림을 찾는 것이었고 이는 엄격한 규율과 법칙에 따른 예술원의 평가 기준과는 대비되는 것이다. 또한 예술가가 어떤 화풍 안에서 나름의 독특한 스타일을 가진다는 것은 딜러가 예술가와 그의 작품을 통해 일반 사람들에게 특정한 심미적 기준을 심어줄 수 있다는 점을 의미한다. 세 번째로, 예술원의 그림에는 접근하기 힘들지만 구매력이 있는 중간 계층에게 매력적이어야 했다. 중간 계층이 선호할 만한 장식적인 그림들이 딜러-비평가 시스템에 잘 맞아떨어지는 것이었다. 또한 일반적인 취향을 고려했을 때, 고도로 상징적인 예술원의 그림보다는 풍속화나 풍경화 같은 그림이 중간 계층의 취향에 더 적합했다. 마지막으로 이들은 거실에 어울릴 만한 작은 그림을 요구했고, 이젤 사이즈의 그림을 발전시켰다. 예술원의 전시회에 걸리는, 큰 그림들은 미술관이나 성 등에 어울리는 것일 뿐, 중간 계층의 거실에는 어울리지 않았기 때문이다.

이 모든 요구 조건은 인상파의 그림과 매우 잘 맞아떨어졌다. 인상파 화가들은 작은 캔버스에 매우 생생한 색을 사용했으며 일상에서 볼 수 있는 풍경을 즐겨 그렸다. 그들은 빠른 속도로 많은 작품을 만들어냈고 동일한 주제를 다룬 연속적인 작품들을 그렸다. 또한 자신들의 개인적인 색깔을 작품에 녹여냈기 때문에 딜러들이 구매자들에게 같은 예술가의 다른 작품들을 사도록 하는 것을 가능하게 했다. 해리슨 화이트와 신시아 화이트의 책 제목은 예술원과 딜러-비평가 체계의 이러한 차이점들을 잘 요약하고 있다. 예술원 시대에 캔버스는 일생의 역작을 의미하는 것으로, 바로 성공의 열쇠였다. 그러나 딜러-비평가 시대의 성공의 열쇠는 커리어, 즉 예술가 고유의 스타일과 그의 전 작품에 달려 있었다.

비록 인상파의 등장에 대한 이들의 논의가 프랑스 예술원과 딜러-비평가 체계에 집중되어 있으나 그들은 인상파의 등장에 대한 다른 여러 요인의 중요성 또한 인식하고 있다. 이러한 전환은 사회적인 측면에서 볼 때 중간 계층의 발달을 포함하고 있고 구매층의 증가, 즉 관객의 증가 역시 고려하고 있다. 관객이 늘어감에 따라 구성에도 변화가 생기는데 이와 같은 구성의 변화는 관객이 선호하는 작품의 스타일을 반영하고 있다. 튜브에 든 유화물감의 사용과 기성 캔버스의 사용은 외부에서의 작업을 더 손쉽게 만들었다. 또한 예술가의 취향이 대작 대신에 풍경이나 일상을 다룬 보다 작은 그림을 창작하는 것을 선호하게 되는 점과 예술가들이 스튜디오 내에서의 정밀하게 계산된 빛이나 각도 등에 관해 점점 덜 신경을 쓰는 반면, 야외에서 보다 덜 계산된 그림을 선호하게 되는 것도 인상파의 등장과 발전에 중요한 요인이 될 수 있다. 마지막으로, 사진 기술의 발명은 어떤 것을 "재현" 한다는 점에 있어서 그리는 것 외에는 방법이 없던 이전과는 다른 혁신을 이루어냄으로써 예술 작품의 형식에서부터 관객과 전체 사회에 이르기까지 문화의 다이아몬드의 전 영역에 영향을 끼쳤다는 점을 볼 수 있다.

* Alexander(2003: 83-88)의 주요 내용을 발췌 번역한 것임.

1) 문화의 생산

1950년대 미국 문화를 형성하는 데 있어 매스미디어의 역할을 논한 밀스(C. Wright Mills)의 "문화적 기구(The Cultural Apparatus)"를 시작으로 하여, 여러 선구자들은 자신들의 의도와는 별개로 현재 생산학파로 규정되는 연구들을 진행했다. 자신들의 의도와는 별개라는 것을 굳이 강조한 이유는 문화생산학파라는 용어 자체가 1976년과 1978년에 출판된 『문화의 생산(*The Production of Culture*)』이라는 책제목에서 따온 것이기 때문이다. 이 책은 문화적 텍스트와 관련된 많은 요소들이 현실에 바탕을 두고 있는 생산 과정에서 형성되는 것임을 밝힌 많은 연구들을 하나의 일관된 울타리로 묶어냄으로써 생산학파의 등장을 알렸다.[7] 이 당시 문화생산학파는 당시 지배적이었던 생각, 즉 문화와 사회 구조는 서로를 반영한다고 하는 주장에 도전했으며, 그것만으로도 그 충분한 학문적 유용성을 가지고 있었다.

이미 앞 장에서 반영 이론과 형성 이론이라는 틀 안에서 다루기는 했지만 그 당시에 학계에서 지배적이었다는 생각들을 조금 더 학문적인 용어들로 설명해보자. 단일한 기능적 사회 체계와 그 연장선에서의 문화와의 공생 관계는, 사회 구조와 문화 구조를 구분하는 대부분의 마르크스주의자들로부터 파슨스 같은 기능주의자들에 이르기까지, 현대 사회 이론가들에게 널리 받아들여졌다. 문화와 사회 구조 간의 관계를 바라봄에 있어서 각 입장간의 차이점은 다음과 같이 정리할 수 있다. 마르

7 DiMaggio, Paul (2000). "The Production of scientific change", *Poetics* 28, pp.107-36.

크스주의자들은 생산 수단을 통제하는 사람들이 문화를 그들 계급의 이해에 맞도록 형성한다고 주장했으며, 기능주의자들은 하나의 추상적인 가치 체계가 사회 구조의 형태를 결정짓는다고 생각했다. 그러나 문화는 지배 계급의 이해를 반영한다는 마르크스주의적 입장이나 사회 구조는 해당사회의 추상적 가치 체계를 반영한다는 기능주의적 관점은 공통적으로 반영적 관점을 견지하고 있다.

문화의 생산 측면에 초점을 맞추는 연구들은 반영 이론이 가지는 문제점에 대해 인식하면서 문화를 보는 또 다른 시각으로서 제시되었다. 생산학파는 문화와 사회 구조를 계속하여 변화하는 다양한 패치워크로부터 나타나는 요소로 보았다. 문화의 내적인 가치보다는 미술 작품이나 과학적 연구 보고서, 대중문화, 종교적 실천, 법적 판단, 저널리즘과 같이 명시적으로 나타나는 측면과 우리가 현재 문화 산업, 혹은 창조 산업이라고 부르는 영역에 집중했다. 이를 통해 일반적으로 문화가 전사회적이고 불변하는 것이 아니라 상황적이고 급격한 변화의 가능성을 지닌 것임을 밝혀낸다. 그리고 생산학파는 그 형성과 발전에 있어 조직사회학, 직업사회학, 네트워크나 커뮤니티 연구 등에서 분석 도구를 비롯한 많은 부분에서 통찰력을 얻었다.

종합하자면, 문화생산학파는 문화의 상징적 요소들이 창조, 분배, 평가, 학습, 유지되는 체계 내에서 형성되는 방식에 초점을 맞춘다. 그리고 문화와 사회 구조를 서로 간 지속적으로 상호 작용하는 하나의 역동적 과정으로 인식하여 문화가 생산되는 '사회적 과정'에 초점을 맞춘 생산학파의 시각은 우리가 이 사회에 존재하는 다양한 문화적 텍스트를 바라볼 때 보다 열린 지평을 제공해준다. 이러한 점은 이 책의 주제인 '만화'라는 문화적 텍스트의 경우에도 예외가 아니다.

2) 생산의 측면에서 바라보는 만화

① 기술과 문화적 텍스트 – 인터넷이 돌려준 '하늘의 깊이'

베커는 예술 작품이 예술 세계에 존재하는 제약과 가능의 패턴에 의해 영향을 받는다고 주장했다. 기술적 변화나 발전은 작품의 창작 과정과 표현 방식을 크게 변화시킬 수 있고, 그 사례는 수없이 많다. 몇 가지 예를 들어보자. 튜브에 든 유화 물감의 발명은 도제를 두어 안료를 가루로 만들고 색을 배합하게 하던 과정을 생략시킴으로써 화가가 조수의 도움 없이도 화가 혼자 빠르게 작업을 수행할 수 있게 했다. 특수효과와 애니메이션 기법의 발달은 SF영화의 시각적 효과를 더 실감나게 할 수 있었다. 베토벤을 천재로 만든 것은 피아노포르테였다는 말도 있다. 피아노포르테가 발명되기 전에 있었던 하프시코드로는 무겁고 감정의 폭이 깊은 베토벤의 작품들을 충분히 표현하기 어려웠다. 피아노포르테의 발명으로 폭넓은 감정의 표현이 가능해졌고 베토벤의 작품들이 빛날 수 있었다는 것이다. 컴퓨터의 대중적인 보급과 인터넷의 발전이 만화에 미친 영향은 이러한 기술과 문화적 텍스트의 상관 관계에 대한 가장 최근의 예 중 하나이다.

강풀의 〈바보〉는 2004-2005년에 인터넷상에서 연재된 만화다. 이 만화는 연탄가스로 발달 과정에 다소 장애가 생긴 이른바 '바보' 청년과, 그 청년이 어렸을 때 좋아했던 피아니스트와의 순수한 감정을 다룬 만화로, 인터넷에서 연재되어 신드롬을 일으켰다. 이 만화를 보다 보면 특이한 것을 발견하게 된다. 그것은 '하늘'이다. 이 만화를 인터넷으로 감상하면 여러 곳에서 아득한 파란 하늘 화면이 나타난다. 마우스로 스크롤을 하면 마우스가 똑똑 소리를 내면서 움직이는 동안 좀 더 하늘 화면이 나타나고, 그 다음에 그 하늘 아래 주인공들이 나타난다. 그렇기에 이 만화의 하늘은 읽는 사람을 빨아들이기라도 하듯, 너무나도 깊게 보인다. 이런 깊은 하늘을 찾아준 것이 인터넷과 컴퓨터라는 가장 '디지털한' 매체라는 사실은 상당히 모순적이기는 하지만 말이다.

사실, 만화를 전자 매체를 통해 대중에게 전달하는 방법은 여러 가지가 있었다. 예를 들어 별도의 하드웨어가 필요한 E-Book처럼 리더를 이용하는 방법도 있었고, 기존 출판 만화를 스캔해서 CD로 팔거나 파일 형태로 다운받을 수 있게 하는 방법도 있었다. 그러나 이것은 기본적으로 오프라인의 만화를 그대로 전자화한 것에 지나지 않았다.

한국의 인터넷 만화가들이 발견한 사이버 공간의 가능성은 만화 그 자체의 표현 양식을 바꿔놓았다. 온라인이 아닌 오프라인 상에서의 애니메이션(영화)의 경우 똑같은 크기의 화면을 시간적으로 분할해 구성하고 연출을 한다(물론 화면을 분할할 수도 있지만, 기본적으로는 시간으로 분할한다). 그렇기 때문에 만화로서는 불가능한 시간의 완급을 조절할 수 있다. 반면 만화는 화면을 공간 안에서 분할한다. 그러나 그 분할의 기능은 한 번에 볼 수 있는 두 페이지 분량의 화면에 한하고, 시간의 완급은 컷을 이용하는 수밖에는 없다.

그러나 인터넷으로 만화를 볼 때는 그 방법이 달라진다. 인터넷이란 기본적으로 컴퓨터 화면 안에 있다. 하지만, 만화와는 달리 컴퓨터 화면은 위 아래로 스크롤이 이론적으로 무한하게 뻗어갈 수 있다. 그렇기 때문에 위 아래로 아주 긴 컷을 만들 수 있게 됐다. 또 이런 스크롤의 존재는 시간적인 분할을 가능하게도 해준다. 스크롤이 똑똑 소리를 내며 움직이는 순간은 비록 짧지만 어느 정도의 시간 경과를 얘기해 줄 수 있다. 그렇기 때문에 한국의 인터넷 만화가들이 찾아낸 하늘은 넓다기보다는 깊고, 빨려 들어가는 아득한, 시간 감각을 느끼게 해주는 하늘이다.

인터넷이라는 환경은 단순히 만화 텍스트 자체의 형식이라든지 문법만을 바꿔놓은 것은 아니다. 인터넷은 지금까지 통용돼 오던 문화 텍스트의 생산-분배 방식을 모두 바꿔놓았다. 한국은 1990년대 말부터 정부 주도의 급속한 IT 혁명에 따라 고속 인터넷이 급속히 보급됐다. 이 과정에서 문화 텍스트의 생산자와 소비자가 직접 연결될 수 있게 됐다. 물론 인터넷 자체에도 포털 사이트의 만화코너 편집 등 '게이트키퍼' 기능이 완전히 없다고는 볼 수 없다. 그러나 한정된 지면이나 한정된 방송 시간이라는 자원을 효과적으로 관리해서 최대의 수익을 내야 하는 출판사나 방송국이라는 편집자가 없다는 것은 다양한 실험을 가능하게 했고, 만화라는 장르 자체의 한계를 넓히는 결과를 낳았다.

② 분배 체계와 문화적 텍스트 – 대여점 체제가 만든 5년간 700권 집필의 신화

생산 분야의 연구에서 문화적 텍스트의 생산에 있어 분배 체제나 유통 시스템의 중요성이 점차적으로 강조되는 추세다. 생산 분야의 창시자라 할 수 있는 베커는 분배 체계가 간접적으로 예술 작품의 내용에 영향을 준다고 보았다. 그리고 그 예로 예술가가 분배 체계의 수요를 염두에 두고 그들의 작품을 창조하는 행위를 들고 있다. 분배 체계나 유통 시스템이 문화적 텍스트에 미치는 영향력은 사실 예술계보다는 문화 산업 쪽에서 훨씬 클 수밖에 없다. 폴 허쉬(Paul Hirsh)는 산업이란 여러 연결된 조직들이 각각 환경으로부터 자원을 얻어내, 여러 형식으로 변환시킨 후에 그 결과물을 다음의 조직이나 시장에 보내는 것이라고 한다.[8] 결국 산업은 체계이고 이는 분배와 밀접하게 연관되어 있다. 문화적 텍스트는 분배 체계를 통해서 여과되어지고, 소비자들이 입수 가능한 작품의 범위는 분배 체계의 구조에 의해 영향을 받는다. 예를 들어, 미국의 반스 앤 노블 같은 대형 체인 서점은 소규모의 서점의 수입을 줄이는 결과를 가져와, 많은 서점들이 문을 닫게 되었다. 소수의 독자들을 겨냥하는 특수한 범주의 출판물들을 독자들이 접할 기회가 상대적으로 줄어들게 되었다. 결과적으로 이러한 대형 체인 서점이 독자들이 볼 수 있는 출판물의 전반적인 범위를 줄였다고 할 수 있다.

대표적인 문화 산업의 산물이라 할 수 있는 만화 분야에 있어서 분배 체계의 영향력은 매우 커서, 만화 자체의 내용이나 창작에 키를 쥐고 있는 중요 요소이다. 부천만화정보센터가 발행한 2006년도 만화산업 통계연감에 따르면 2002년부터 2006년까지 우리나라에서 가장 많은 단행본 만화를 그린 다작 작가는 김성모이다. 그는 5년 동안에 무려 714권의 단행본을 그렸고, 2003년 한 해 동안에만 259권의 단행본을 그렸다. 2003년의 경우 그는 하루에 0.7권의 단행본을 그렸다. 사흘에 두 권 정도 단행본이 나온 셈이다. 대체 인간이 하루에 135쪽이나 되는 만화를 그리는 것이 가능한 일일까?

미술과 같은 세칭 '고급문화'에서는 예술 작품 자체가 만들어지고 감

8 Hirsch, Paul M. (1972). "Processing fads and fashions: An organization-set analysis of cultural industry systems," *American Journal of Sociology* 77, pp.639-59.

상자에게 전달되는 과정까지를 하나로 묶어, 이 안에 분업의 체계가 존재한다는 사실을 논하는 것 자체만으로도 많은 논란이 있었다. 그러나 특히 만화나 애니메이션과 같은 대중문화 쪽으로 오면, 이런 분업의 체계는 아주 당연하게 받아들여지고 있다. 애니메이션의 스태프 롤에는 감독, 작화 감독, 캐릭터 디자이너와 같은 사람 외에도 프로듀서, 홍보 등 관련인들의 이름이 죽 올라가고, 최근의 만화에도 역시 제작 과정에 참가한 어시스턴트들, 일부에서는 잡지 편집자들의 이름도 등장한다.

김성모의 경우 한때 만화 제작 어시스턴트를 150명 가까이 뒀다. 이 때문에 '만화 공장'이라는 비판을 듣기도 했는데, 이런 대규모 집단 창작 시스템이 다작의 능력을 만들어줬다. 여기서 또 다른 의문이 생긴다. 이런 다작 시스템은 과연 가능하고 바람직한 것인가? 쉽게 말해 1년에 259권의 만화를 팔 수 있을 것인가? 또 출판사에서는 이런 다작을 용납할 것인가?

〈표 3〉 2002년-2006년 만화 단행본 다작 출판 작가 현황

(단위: 종수)

작가명	2002년	2003년	2004년	2005년	2006년	합계
김성모	97	259	153	120	85	714
박봉성 프로덕션	98	141	183	154	124	700
박인권 프로	82	38	42	43	131	336
박현	90	94	53	46	17	300
신형빈	60	76	82	40	40	298
이현세 기획실	142	71	29	26	15	283
한유랑	45	43	35	46	78	247

출처: 부천만화정보센터 2006 만화 산업 통계연감

김성모의 가장 대표적인 인기 작품 중 〈대털〉이라는 만화가 있다. 이 만화는 대형 절도범을 주인공으로 한 만화로 그의 절도행각, 그리고 그를 이용해 돈을 버는 폭력 조직끼리의 싸움 등을 그린 만화다. 이 만화는 앞부분만이 『일간스포츠』에 연재됐고, 그 뒤는 단행본으로만 출간됐는데, 2002년 7월부터 발매가 시작돼 2005년 7월까지 1부, 2부, 3부(컬렉터) 총 74권이 발매됐다. 더군다나 1부 13권까지는 『일간스포츠』 연재 관련으로 발행 템포가 늦었지만, 2부에서부터는 단 2년에 61권이 출간됐다. 평균 2주일에 한 권씩 단행본이 나온 셈이다.

소비자의 입장에서 생각해보자. 이 74권의 가격은 총 37만4천5백 원이다. 독자가 그의 〈대털〉을 사보기 위해서는 나중 2년 동안에는 총 30만 원, 1년에 15만 원을 투자해야 했다. 출판사 입장에서는 어느 정도의 판매량이 충족되어야 만화책을 찍어 이윤을 남길 수 있을 텐데, 무려 40만 원짜리 시리즈를 구입할 만화 독자가 한국에 몇 명이나 될까?

일본에서 가장 많은 권수를 자랑하는 〈여기는 가쓰시카 구 가메아리 공원 앞 파출소〉의 경우 2007년 2월 현재 153권이 발매돼 있다. 이 책을 모두 사는 데 드는 돈은 약 92만 원[9] 정도이다. 그러나 이 책의 경우는 첫 출판이 1977년으로 단행본을 사는 데 드는 비용은 30년에 걸쳐 분할할 수 있었다. 계산을 해보면, 1년에 소비자가 감상을 하기 위해 지출해야 하는 돈은 〈대털〉이 약 12만 원, 〈여기는 가쓰시카 구 가메아리 공원 앞 파출소〉가 3만 원인 셈이다. 일본의 1인당 국민소득이 한국의 약 2배가 넘는다는 점을 감안하면 이 액수 차이는 더 커진다. 경제적으로 이런 장

9 1엔=15원으로 계산.

사가 어떻게 가능할까?

한국의 작가가 다작을 할 수 있게 만들어주는 것은 '대여점'이라는 유통 체제 덕분이다. IMF 쇼크 이후 크게 불어난 대여점은 독자 입장에서는 권당 100-400원의 저렴한 가격으로 책의 콘텐츠를 즐길 수 있는 길을 만들었다. 콘텐츠의 가격이 싸다 보니, 엄청난 속도의 대량 소비가 이뤄졌다. 만화책 10권을 빌려 보아도 책 한 권 가격이 되지 않았기 때문이다. 이런 상황에서 유통의 말단을 담당하는 대여점 입장에서는 한 권 나오는 데 3-4개월이 걸리는 작품보다는 다작으로 많은 매출을 만들어주는 작가가 더 반가운 상황이 됐다. 게다가 이 대여점은 만화의 질이 어느 수준을 넘어가면 최소한의 수요를 보장하는 시스템이다. 손익분기점(BEP)을 넘길 수 있는 최소한의 매출을 대여점에서 보장해줄 수 있는 상황에서는 대여점도 못 들여놓겠다고 말할 정도로 열악한 상태의 만화만 아니라면 무조건 많이 찍어낼수록 이익이다.

사실 주간 소년잡지가 처음 등장한 1990년대 초반만 하더라도 단행본으로 출간되는 책은 연재물에 비해서도 극히 적었지만, 2000년대 들어서는 잡지나 신문 연재가 되지 않더라도 단행본만으로 출간되는 만화가 늘어났다. 결국 김성모의 다작은 이런 유통 시스템을 최대한으로 이용한 대여점 체제 최적의 선택이었던 셈이다. 그의 작품들이 여러 유행어를 만들면서 그런 대량 생산 만화 가운데서도 큰 화제를 모은, 나름대로의 경쟁력이 충분했다는 점을 감안하고도 말이다.

물론 이런 변화는 단순히 대여점 시스템이 들어올 때만 만들어진 것은 아니다. 예를 들어 1988년부터 시작된 주간 소년만화 잡지 시스템은 그 전의 대본소 시스템을 무너뜨렸다. 이때까지만 하더라도 한국의 만화는 대체적으로 단일 구성의 틀을 따르는 경우가 많았고, 디테일이 크게 존재하지 않았다. 대본소 시스템의 만화들은 정해진 목표를 따라 스토리만을 우직하게 밀고 가는 경우가 대부분이었다. 그러나 일본 만화의 시스템이기도 한 잡지 연재 시스템은 이런 만화의 작법을 크게 바꿔 놓았다.

잡지 시스템에서는 인기 있는 만화가 그 잡지의 판매량을 좌우한다. 쉽게 말해 게이트 키퍼인 출판사 입장에서는 인기 만화는 언제까지나 종료되지 않고 계속되어야 좋은 것이다. 이런 시장 구조는 결국 만화에 '디테일'을 필요로 하고, 이미 구성상 끝나야 옳은 인기작이 엿가락처럼 늘어나는 결과를 가져오기도 한다. 예를 들어 1990년대를 대표하는 일본 만화 〈드래곤 볼〉의 경우 스토리를 늘리려다 보니 주인공이 사실은 외계인의 자손이었다는 설정이 생겨났고, 역시 1990년대의 대표작 중 하나인 〈유유 백서〉 역시 주인공이 사실은 마계의 피를 이어받았다는 설정이 중간에 생겨났다.

또 매주 연재되는 잡지에서는 다음 주의 판매를 위해, 연속적인 자극이 필요해진다. 자연히 한정된 지면에 많은 내용을 담아 긴박하게 이야기를 전개하게 되고, 긴장을 유지하기 위해 전투 장면 등이 길어진다. 이야기를 이어나가려다 보면 한 적을 물리친 후 더 센 적이 나타나고, 그 적을 물리치기 위해 주인공이 강해지면 더 강한 적이 나타나는 등 '파워 인플레이션'이 나타난다. 이런 현상들은 잡지 시스템 수입과 더불어 우리나라에도 공통적으로 이식됐다. 대부분의 학원물이 학원 폭력물화되면서 이런 '파워 인플레이션'을 기반으로 깔고 있고, 인기 연재물의 장기화도 나타났다.

책이 독자에 이르는 유통 시스템은 만화의 콘텐츠에도 직접 영향을 미친다. 창작 시스템과, 팔리는 만화의 스타일, 게이트키핑 시스템까지도 유통 시스템에 좌우된다. 대여점 시스템이 오래 존속하면서 잡지 시스템이 서서히 무너졌다. 이는 시장 전체의 내리막으로 이어졌다.

③ 편집자라는 게이트키퍼 – 긴다이치 소년이 풀어내는 트릭은 누가 생각해내는 것일까

피터슨은 문화 생산 접근 방식이 가장 크게 기여해온 여섯 가지 영역을 (1) 비교 시장 구조(Comparative Market Structure), (2) 시간에 따른 시장 구조의 변화(Market Structure Over Time), (3) 보상 체계(Reward System), (4) 게이트키핑과 결정의 연쇄(Gatekeeping and Decision Chain), (5) 예술가의 경력(Careers of Creative Workers), (6) 창조성 촉진의 구조적 조건(Structural Conditions Facilitating Creativity)으로 구분하고 있다.[10]

그 중 하나인 게이트키핑과 결정의 연쇄에 관한 연구는 생산자에 대한 인정이나 재해석, 거부의 방법이 어떻게 문화적 텍스트에 영향을 미치는지에 주목한다. 사실상 아무리 뛰어난 재주를 가진 사람이라도 중요한 위치를 차지하는 사람들이나 조직에 의해 인정받지 못하면 그 의미를 갖지 못한다. 이때 게이트키핑(gatekeeping)이란 어떠한 문화의 영역으로 개인이나 그 작품을 받아들이는 것에 대해 판단하는 작업을 이

10 Peterson, Richard A. (1994). "Cultural studies through the production perspective: progress and prospects" in Crane, Diana (ed.), (1994). *The Sociology of Culture – Emerging Theoretical Perspective*, Blackwell Publisher.

야기하며,[11] 결정의 연쇄란 작품들이 처음 아이디어 단계에서 완성 단계로 변해가는 과정에서 각 단계 단계에서의 판단하는 작업을 말한다.[12]

이 분야의 대표적 연구자인 허쉬는 조직사회학으로부터 아이디어를 얻어 문화사회학에 접목시켰다. 그의 관심은 문화적인 산물을 만드는 기업의 네트워크 작동 방식에 있었는데, 그의 관찰에 따르면 기업은 공급자, 즉 생산자와 최종 소비자 사이에 위치하여 있으며 공급된 것 중 일부만이 공공에게 제공된다. 즉, 이때의 기업은 일종의 필터 역할을 하는 것이다. 도서의 예를 들어보면, 출판사에 넘어온 원고는 일차적으로 편집자에 의해 걸러진다. 편집자에 의해 선택된 원고는 홍보와 관련하여 어떤 책을 광고하고 리뷰를 실을 것인가의 판단에 따라 또 한 번 걸러지게 된다. 또한 도서관이나 서점의 구매자는 어느 책을 구매하여 비치할 것인가를 결정함으로써 이러한 필터링 작업에 참여하게 되는 것이다. 이렇듯 각 단계의 필터링 작업은 특정한 방식으로 게이트키퍼에게 영향을 받게 된다. 작품을 걸러내는 체계에 따라 관객에게 도달되고 그렇지 않은 것이 결정되는 것이다.[13]

이를 볼 수 있는 연구로는 그린펠드(Greenfeld)의 연구[14]를 들 수 있

11 Powell, Walter W. (1988). "Cultural production as routine: Some thoughts on 'America's bookstore,'" in Philippe Desan, Priscilla Parkhurst Ferguson, and Wendy Griswold (eds.), *Literature and Social Practice*, Chicago: University of Chicago Press, pp.177-81.

12 Yan J, Peterson RA. (1982). "The production image: The fate of creativity in country music songwriting", *Annual Review of Communication* 10, pp.11-32.

13 Hirsch, Paul M. (1972). "Processing fads and fashions: An organization-set analysis of cultural industry Systems," *American Journal of Sociology* 77, pp.639-59.

14 Greenfeld Liah (1989). *Different Worlds: A Sociological Study of Taste, Choice and Success in Art*, New York: Cambridge Univ. Press.

다. 그는 이스라엘의 비쥬얼 아트를 생산해내는 데 있어 사용되는 2가지의 시스템을 분석함으로써, 시스템에 따라 서로 연계가 되는 게이트키핑이 다르다는 것을 밝혀내었다. 즉, 추상 미술에 관련된 게이트키퍼로서는 박물관 큐레이터나 비평가들이 있으며, 이들은 서로에게 도움을 주고받으며 어떤 미술 작품이 이스라엘과 세계적 미술 혁신에 기여할 수 있는지 여부를 판단, 선택한다. 반면에 표현 미술에 관련되는 게이트키퍼들로는 개인 갤러리에 작품을 전시하는 딜러들이 있는데, 이들은 아방가르드 등의 예술 이론보다는 촉망받는 신진 예술가를 발굴하는 데 더 많은 관심을 기울인다. 왜냐하면 자신이 새로운 예술가를 찾는 데 유능하다는 명성을 쌓음으로써, 미술품 구매자들이 자신들이 추천한 예술가를 선택하도록 영향력을 미칠 수 있기 때문이다.

특정 작품이나 창작자를 인정해줄 것이냐 그렇지 않느냐를 결정하는 게이트키핑은 후속 작품이나 창작자에 영향을 준다. 그러나 결정의 연쇄의 경우는 각각의 생산 단계의 결정이 특정한 하나의 작품에 영향을 줌으로써 그 작품 자체가 변화하게 된다. 즉, 의사결정의 단계마다 그 단계에 관여하게 되는 의사결정자의 영향력에 의해 음악이나 TV 프로그램 등 문화적 산물이 처음의 기획과 달라지게 된다는 것이다.[15] 이러한 예는 생산자에서 소비자에게 이르기까지의 과정이 상대적으로 긴 대중문화산업에서 보다 쉽게 찾아볼 수 있다. 광범위한 여성 팬들을 확보하고 있었던 1980년대 컨트리 음악의 경우의 예를 들어보자. 상식적으로 생각하면, 작사가나 작곡가는 물론 레코드 제작자까지 모두 다 최종 소

15 Cantor, Muriel G. and Cantor, Joel. (1992). *Prime-time Television: Content and Control*, Newbury Park, CA: Sage.

비자라고 할 수 있는 여성들이 좋아할 음악을 만들고자 노력해야 할 것 같다. 그러나 사실상 그 당시 컨트리 음악 레코드 제작자가 더 많은 고민을 한 것은, 모두가 남성인 디스크자키가 좋아하여 선택 할 노래를 어떻게 만들까였으며, 작사가나 작곡자 역시 레코드 제작자가 어떤 음악을 좋아하느냐였다.[16] 아무리 여성이 컨트리 음악을 많이 좋아한다고 해도 남성 디스크자키가 선곡을 하지 않는 한 들을 수가 없으며, 제작자가 좋아하지 않는 한 음반 발매가 어렵다는 것을 생각해본다면, 이러한 연쇄적인 변화 과정이 매우 합리적인 선택 과정이다. 그렇지만 극단적으로 생각해보자면, 최종 소비자라고 할 수 있는 여성 애호가들이 좋아할 수 있는 컨트리 음악 신곡이더라도 각각의 생산 단계를 거치면서 오히려 최종 소비자의 취향에서 멀어지는 결과를 초래할 수도 있다.

이러한 게이트키핑이라는 개념을 〈긴다이치 소년의 사건부〉라는 만화에 적용시켜보자.

이 만화는 우리나라에 〈소년탐정 김전일〉이라는 제목으로 연재된 미스테리 만화다. 일본에서는 『주간소년 매거진』이라는 잡지에 연재됐는데, 단행본 두세 권 정도로 구성된 매 에피소드마다 연속 살인사건이 발생하면, 주인공인 소년이 복잡하게 연결된 트릭을 풀어내면서 결국 사건을 해결하는 내용이다.

사실 이전에도 추리만화는 있었지만, 이 정도까지 치밀한 트릭이 등장하는 만화는 드물었다. 게다가, 마지막 순간에 드러나는 살인범들의 사연과 인간 드라마는 폭발적인 인기를 모으며, 순식간에 만화 시장의

16 Ryan J, and Peterson RA. (1982). "The production image: The fate of creativity in country music songwriting", *Annual Review of Communication* 10, pp.11-32.

구도를 바꿔놓았다. 당시까지 일본의 주간 소년지 시장은 〈드래곤 볼〉, 〈슬램 덩크〉, 〈유유백서〉라는 3대 히트작을 가진 『주간소년 점프』였는데, 이 세 가지 대 히트작이 모두 종료되고, 〈긴다이치 소년의 사건부〉가 기세를 올리면서 비록 단기간이기는 하지만 두 잡지의 순위가 뒤바뀌는 일이 벌어지기도 했다.

도대체 이 작가는 어떻게 이렇게까지 치밀한 트릭을 생각해낼 수 있었을까?

이런 트릭은 스토리 작가가 혼자 생각해낸 것이 아니었다. 당시 『주간소년 매거진』은 이 만화에 무려 5명의 편집진을 투입했다. 5명의 편집자에게는 매주 '사건에 적용할 트릭을 생각해 오라'는 숙제가 떨어졌다. 물론 원작자가 스스로 생각해 오는 트릭도 있었지만, 편집진이 생각해 온 트릭도 많았다는 얘기다.

작품에 적극적으로 개입하는 특수한 '게이트키퍼'인 '편집자'는 일본 만화 산업, 그리고 그를 벤치마킹한 한국 만화의 잡지 시스템에서 상당히 독특한 존재다. 초밥만화로 잘 알려진 〈쇼타의 초밥〉(한국에서는 〈미스터 초밥왕〉이라는 제목으로 연재됐다)의 경우도 마찬가지다. 매주 연재되는 페이스에 맞춰 다양한 초밥이 나왔는데, 실제로 초밥의 취재는 만화가가 아닌, 3명의 편집자가 상당 부분을 맡았다. 이 만화는 "한국편"을 그릴 때도 편집자가 작가를 좇아 한국에 왔다. 초밥 재료로서 '개불'을 취재한 것도 매거진의 편집자였고, 한국 풍경을 그리기 위해 자갈치 시장 사진을 찍어간 것도 편집자였다.

연재만화에는 평균 2-3명의 편집자가 붙는다. 편집자는 취재한 자료를 가지고 다시 작가와 브레인스토밍 회의를 해서 만화의 최종 방향을 정하게 된다. 편집자의 역할은 거기에서 끝나는 게 아니다. 작가가 일단 대충 초고를 그려 오면 초고를 놓고, '이 부분은 크게 하면 좋겠다', '이 부분은 늘어지는 것 같으니 잘라버리자'며 꼼꼼히 지시를 내린다. 물론 원고를 늦게 가져오면 독촉을 하는 것도 편집자의 몫이다. 일일이 만화 내용과 디테일한 표현에까지도 간섭할 뿐만 아니라, 신인을 선발해서 새로 연재를 하게 하는 것도, 인기 없는 작품을 잘라버리는 것도 모두 편집자의 권한이다. 일본에서는 잡지에 연재되지 않은 만화를 출판해주는 경우는 거의 없다. 아무리 인기작가라도 편집자가 잡지에 만화를 실어주지 않으면 작품을 발표하기 힘들어진다.

한마디로 편집자가 만화가의 생사여탈권을 쥐고 있는 셈이다. 일본의 만화 시장을 좌지우지하는 것은 '편집자'라고 해도 과언이 아닐 정도다. 일본 만화가 대체로 한국-홍콩-대만-중국을 비롯한 아시아권 만화의 흐름까지 좌지우지한다는 것을 감안하면 실질적인 만화계의 최고 권력자가 되는 셈이다. 이처럼 독특한 편집자 제도는 역사적 상황에서 생겨난 것이다. 일본에서는 『소년 매거진』과 『소년 선데이』가 같은 해 창간돼 불꽃 튀는 경쟁을 벌였는데, 초창기부터 많은 유명 작가를 확보한 '선데이'에 비해, '매거진' 측은 상대적으로 유명 작가 확보가 늦었다. 이 때문에 선데이는 비교적 작가들의 재량에 맡기는 쪽이었고, 매거진은 작가 재량보다는 편집자의 간섭이 강했다는 것이다.

물론, 이런 '무소불위의 편집자'는 많은 부작용을 낳고도 있다. 잡지 발행 페이스에 맞추지 못해 신경쇠약에 걸려 결국 자살하거나, 후반부를 엉망진창으로 만들어놓는 만화가가 나오기도 했다. 특히 독자의 반응에 맞춰 내용을 뜯어고치고, 끊임없이 새로운 자극을 요구하는 일본 만화의 특성은 과연 만화가 '예술'로서의 가치를 가지고 있느냐 하는 의문을 끊임없이 제기하게 하기도 했다. 즉 '게이트키퍼'가 생산 단계에서 과연 어디까지 참여할 수 있는가라는 문제를 제기한다.

2000년 당시 『소년 매거진』의 편집장을 하던 노우치 마사히로는 한국 『조선일보』와의 인터뷰에서 이에 대해 "물론 예술이라는 관점에서 볼 때는 순도가 낮아지는 점은 어쩔 수 없지만, 수많은 대중에게 읽히는 잡지에 독불장군처럼 혼자만의 세계에 빠지는 작품을 낼 것은 아니라고 생각한다"고 얘기한다. 또한 그는 "대중문화인 만화는 독자에게 읽혀야 비로소 완성되는 것이며, 편집자라고 하면 만화의 첫 번째 독자인 셈인데, 그 첫 번째 독자를 만족시키지 못하는 작품을 다른 독자가 납득하기 힘들다"라고 설명한다.

그는 편집자의 임무로서 단순히 독자의 요구에 맞추는 것 외에도 역으로 독자가 좋아할 것 같은 것도 편집진에서 통제하는 경우도 있다며, 구체적으로 말하면 성적 표현이라든지, 윤리적인 측면의 문제도 고려하고 있다고 말해, '게이트키퍼'로서의 역할을 충실히 하고 있다고 얘기하고 있다. 물론, 이와 같은 '게이트키퍼'는 인터넷 시대에서는 그 모습을 바꾸게 된다. 포탈의 만화 선택 등이 이와 같은 임무를 대신하게 될 것이지만, 그 형태는 매우 느슨하게 되어가고 있다.

④ 시장 구조와 문화적 텍스트 - DVD판에서 사라진 스팀, 애장판과 작가 자신의 포르노 동인지

2004년도에 일본에서 방영된 심야 만화영화 중에 〈Girls 브라보〉라는 애니메이션이 있다. 말 그대로 마이너한 애니메이션이다. 그런데, 이 애니메이션은 원래 상당히 '야한' 애니메이션이다. 내용 자체는 이세계(異世界)를 오가는 러브 코미디에 해당하는데, 이세계로 통하는 문이 욕실의 물로 돼 있어서 주인공들은 오고갈 때마다 목욕 중이던 사람의 벌거벗은 몸을 본의 아니게 보게 되는 설정이다. 그런데, 아무리 심야라고 하더라도 지상파 방송에서 이런 누드를 방영하기는 어려웠는데, 여기서 별스러운 자체 규제가 생긴다. 제작진이 목욕탕에서 나오는 수증기로 주인공들의 나신을 모두 가려놓은 것이다.

당시 애니메이션 팬들은 이런 황당한 편법에 대해 '안개(수증기) 애니메이션' 혹은 '스팀 걸즈'라고 부르며 황당해 했다. '스팀 걸즈'는 당시 극장 상영되던 〈스팀 보이〉라는 애니메이션에서 따온 것이다. 여기까지라면 별로 이상할 것도 없는 일반적인 '규제' 이야기가 된다. 그러나 얘기는 여기서부터 달라진다. 일본의 애니메이션은 대부분 방영 후에 DVD가 나오게 된다. 그런데 이 애니메이션은 DVD가 발매될 때의 선전 문구로 "DVD에서 수증기가 말끔히"라는 카피를 썼다. 후에 게임도 나왔는데 이때는 "버튼 연타로 수증기가 말끔히"였다. TV 방영 애니메이션은 아예 DVD의 구매 의욕을 높여주는 미끼로 사용된 셈이다.

2007년 말에 TV에서 방송됐던 〈아이들의 시간〉이라는 애니메이션 역시 이와 비슷한 예이다. 이 애니메이션은 초등학교 3학년 여학생이 남자 교사를 유혹하는 내용이 포함돼 있는데, 방송 당시에는 초등학생들의 음담패설이 모두 삭제되고, 문제가 될 만한 장면에서 한참 동안 아이캐치[17]가 나가는 등 내용을 파악하기 힘들 정도였다. 이 애니메이션은

17 방송의 중간 광고 전후 등에 들어가는 일러스트레이션 등을 일컫는다.

DVD가 나올 때 삭제된 대사와 장면들을 복구했는데, 역시 상대적으로 높은 예약 판매량을 기록했다. 또 이 애니메이션의 방영 당시 시청률은 매회 1% 이상 정도였다. 시청률로서는 무시해도 좋은 수준 같지만, 심야 방송치고는 나쁘지 않은 시청률이다. 다만 일단 우리의 상식으로서는 애니메이션이 심야에 방송되는 것 자체가 의외이긴 하지만 말이다.

사실, 이런 심야 애니메이션에 불을 당긴 것은 애니메이션의 3차 혁명을 가져왔다는 〈신세기 에반겔리온〉이라고 하지만, 실제로 일본에서 폭발적으로 이런 심야 애니메이션이 늘어난 것은 대체로 2003-2004년부터이다. 『고베신문』(2007년 1월 20일 자)에 따르면 이런 심야 애니메이션의 증가는 DVD의 일반 보급률이 높아졌기 때문이라고 한다. 이 신문은 "민영방송국의 애니메이션 프로그램 스폰서로 DVD를 만드는 기업이 붙게 됐기 때문"이라며 "스폰서는 프로그램을 DVD화해서 마니아들에게 판매, TV와의 상승 효과로 판매 증대를 노리고 있다고 한다"라고 말했다. 이 기사는 또 프로그램의 스폰서를 맡고 있는 기업 관계자의 코멘트를 넣어 "심야의 시청자는 한정적이지만 관련 상품의 관심이 높고, 구매력이 있는 사람이 많기 때문에 광고 효과가 많다"고 덧붙였다. 피규어(인형) 등의 관련 상품을 사는 마니아도 많아 거대한 마켓이 형성된다는 것이다.

물론 이런 분배 체계를 고려한 문화 콘텐츠의 생산 활동은 오히려 골든타임(일본의 경우 오후 7시에서 10시 사이의 시간)에서의 애니메이션 방송량을 줄어들게 하고 있고, 다소 왜곡된 취향의 '오타쿠 지향' 만화를 쏟아지게 한다는 측면을 가지고 있다. 이는 나중에 설명하게 되는 '인비지블 잉크' 전략과 융합되면서 만화 팬들의 계급 구조를 만드는 원인이 되기도 한다.

이런 식의 시장 구조를 고려한 생산 활동은 '애장판'이나 '완전판' 형태의 만화에서 나타나기도 한다. 이중 특이한 예로는 〈바스타드〉라는 만화가 있다. 이 만화는 한국에도 오랫동안 해적판 형태로 나온 유명한 만화 중의 하나이다. 이 만화는 원래 1987년부터 일본 슈에이사의 만화잡지 『주간소년 점프』에 연재되던 전형적인 판타지 만화다. 그런데, 이 만화는 중간에 스토리가 걷잡을 수 없게 전개됐을 뿐 아니라, 작가의 작업 스피드가 연재를 좇아가지 못해 연재와 연재 중단을 반복하게 됐고, 결과적으로 만 20년이 넘도록 결말을 보지 못하고 있다. 그런데, 이 만화는 만화 연재가 지지부진하고 있음에도 불구하고, 그 와중에 '완전판'이라는 이름의 또 다른 판형의 만화를 내기 시작한다. 그럼 이 '완전판'은 뭐가 다를까?

원래 〈바스타드〉라는 만화는 연재 당시에도 과격한 표현으로 문제가 됐었다. 특히 주인공이 성폭행을 서슴지 않는다는 설정이어서 연재 시의 장면이 출판 시에 수정되고 만화가는 수정된 장면 옆에 불평을 적어놓는 등의 잡음이 있었다.

그런데 2000년에 권당 무려 2800엔(원래 처음 출판된 단행본의 가격은 370엔 정도이다)이라는 고가로 판매된 이 책은 첫 단행본과도, 연재분과도 대단히 달랐다. 일단 1권은 아예 배경을 처음부터 컴퓨터 그래픽으로 다시 그렸고, 2권에서는 인물들도 처음부터 다시 그렸다. 그뿐이 아니었다. 일본의 경우 소년지 연재물은 한자에 모두 독음이 달리는데, '완전판'에는 빠져 있다. 쉽게 말해 성인용으로 다시 그린 것이다. 원래부터 그림이 꼼꼼하기로 이름났던 작가였는데, 그림의 질이 크게 향상

되고, 소년지라는 제약에 갇혀 표현하지 못했던 내용을 집어넣으면서, 똑같은 소스의 콘텐츠를 재판매할 수 있는 길을 연 것이다.

이 〈바스타드〉의 변형은 그에 그치지 않았는데, 작가는 2권의 중반에 주인공이 여성을 성폭행하는 장면에서 커다랗게 '검열'이라고 적어놓은 뒤에, 이 부분에 해당하는 내용을 후에 올 컬러 24페이지의 '동인지'로 별도 출간한다. 작가는 책 뒤에 "만들다 보니 너무 야하게 돼서 싣지 못했다"고 적어놓았다. 결국은 일반 출판물로는 적합하지 못한 수위이기 때문에 법외의 (포르노급) 동인지를 만들었다는 얘기다.

다만, 완전판이건 동인지이건 기존의 책을 가지고 있는 독자들에게 자신이 감상하지 못한 같은 작품의 다른 세계가 있다는 것은 대단히 꺼림칙한 상황이다. 결국은 배분의 방식을 둘러싸고 특별한 방식의 문화 콘텐츠가 창조된다는 것을 이 예가 보여준다. 이런 형식의 애장판이나, 혹은 피규어를 동봉한 '초회 한정판' 등은 마니아 독자들을 가정한, 최근 광범위하게 쓰이는 콘텐츠의 포장 양식이며 유통 양식이다.

3) 생산학파가 만화를 만났을 때 – 강점과 약점

생산 측면의 접근 방식은 독자가 읽는 만화가 독자의 손에 쥐어지기까지의 눈에 보이지 않는 과정들을 밝힘으로써 만화의 생산에 대한 입체적인 이해를 가능하게 했다. 이 과정에는 핵심 인력, 보조 인력, 분배 네트워크 등이 관여되며 각 단계마다 게이트키퍼들이 있어 텍스트를 거르는 작업을 한다. 또한 만화계의 전통은 물론 새롭게 이용 가능한 기술과 자원 등이 만화의 창작과 표현에 영향을 미치고 있다는 점을 보여준다.

생산학파의 관점에서 만화를 분석할 때 갖게 되는 긍정적 요소들을 요약하면 다음과 같다. 첫째, 만화가 창작되는 단계에서부터 출판되고 분배되는 과정에 개입되는 구체적 기관과 행위자들을 추적하다 보면 인과적 연결 고리와 과정이 분명히 드러나게 된다. 이는 눈에 보이는 것보다 훨씬 많은 요인들이 만화의 생산에 작용한다는 점을 보여줌으로써 만화의 생산에서 소비에 이르기까지의 과정을 총체적으로 이해하는 것을 가능하게 한다. 둘째, 만화를 텍스트 그 자체를 해석하거나 반영론적 입장에서 사회를 반영하는 의미를 분석할 때 만날 수 있는 환원론적 오류로부터 비교적 자유로워질 수 있다. 셋째, 만화 창작 및 생산 과정에 개입되는 여러 가지 요소들이 만화 텍스트의 형성에 끼치는 영향력을 설득력 있게 보여준다. 나아가 경제사회학, 조직사회학, 산업사회학 등의 사회학 하위 분과에 독특하고 흥미있는 사례들을 제공해줄 뿐만 아니라 이들 분과의 방법론과 이론들을 만화 생산의 설명에 접목시킴으로써 사회학 전반에 풍부한 통찰력을 제공해줄 수 있다.

생산적 접근법은 위와 같은 장점들이 있지만 비판적 시각에도 귀를 기울일 필요가 있다. 첫째로, 생산 관점은 작가의 창조 작업 외부에 있는 요소들을 강조함으로써 만화 예술이 가진 독특한 특성들에 대한 고려가 부족하다는 점이다. 둘째로, 생산 관점은 사회적 의미가 집약된 상징으로서의 만화 작품 창작에 있어서 소비자와 팬의 역할을 과소평가한다는 점이다. 바로 이러한 비판들을 넘어서기 위해서라도 다양한 요소들의 다양한 관계를 총체적으로 고려하는 다이아몬드 접근법이 필요한 것이다.

2. 문화적 텍스트의 수용

2000년대 중반에 한-중-일 아시아 3국의 가장 첨예한 정치 문제는 고이즈미 준이치로 일본 총리의 야스쿠니 신사 참배였다. 그는 총리가 될 때 야스쿠니 신사 참배를 약속했는데, 이 신사에는 일본의 A급 전범이 합사되어 있었고, 그가 한 번 신사를 참배할 때마다 한국, 중국과의 관계는 크게 삐그덕거렸다. 일본 측에서는 여러 가지 경로로 이 행위가 한국과 중국을 도발하려는 것이 아니고, 일본 내부적인 사정이라는 점을 밝혀 왔지만, 그러한 일본 측의 설명에도 불구하고 계속된 총리의 신사참배는 사실 두 나라가 납득하기는 힘든 것이었다. 이 문제가 크게 불거지자 2003년에 말끔한 연미복 차림으로 참배를 했던 그는 2004년 정월 초에 신사참배를 하면서는 일본의 전통 의상인 '하오리 하카마'를 입었다.

그런데 이 '하오리 하카마'가 더 큰 문제가 됐다. 다음날 아침 『조선일보』는 하오리 하카마를 입은 고이즈미 총리의 사진을 큼지막하게 실으면서 제목을 '군국의 추억'으로 적었다. 고이즈미 총리가 당시 '하오리 하카마'로 전달하려고 했던 메시지는 '총리로서의 공식적인 방문이 아니다'는 뜻이었다. 일본에서는 정초에 신사에 참배를 가는 풍습이 있고, 이 풍습을 따르는 것뿐이라는 의미를 가진 일종의 '신호'라고 할 수 있었다. 실제로 당시 일본의 신문사에서 일본 기자들의 반응을 들을 기회가 있었는데, 모든 사람이 '비공식적인 방문이라는 뜻에서 입은 것 같다'고 해석을 했다.

그러나 한국에서는 달랐다. 한국에서의 한복, 즉 민족 의상이라는 것은 스스로가 민족주의자라고 강조하는 의상으로 간주되는 경향이 강하다. 혹은 아주 강력한 의지를 나타낼 때 입는 옷이다. 게다가 하오리 하카마는 말 그대로 일본 사무라이 영화에서 자주 나오는 '과거'의 '사무라이'의 상징이다. 이 하오리 하카마는 한국에서는 일본 총리가 마치 사무라이 같은 심정으로, 군국을 회고하는 뜻에서 (한국과 중국에 대항하는) 굳은 결의로 입었다는 취지로 해석됐다. 이런 내용은 여러 가지 경로로 고이즈미 총리에게 전달됐고, 그는 그 다음 해인 2005년에는 평복을 입고 참배했다. 그러나 비판은 계속되었고 퇴임을 앞둔 2006년에는 아예 작심을 한 듯 다시 '연미복'으로 되돌아갔다.

왜 고이즈미의 하오리 하카마는 한국과 일본에서 이렇게 다른 반응을 가져온 것일까? 이처럼 한국과 일본 양국에서의 극단적으로 다른 반응을 설명하는 것이 문화의 수용에 관한 이론이다. 문화의 다이아몬드 모형에서 오른쪽 부분을 이루고 있는 문화의 수용은 대중이 어떻게 문화적 텍스트를 소비하고 사용하면서 그 의미를 만들어내는지에 관심을 갖는다. 이 이론에 따르자면 문화적 텍스트가 만들어내는 의미와 그 의미가 사용되는 방식들을 결정하는 것은 이를 만드는 생산자가 아니라 이를 받아들이고 사용하는 관객, 즉 수용자이다. 문화적 텍스트를 이해하는 데 있어서 가장 중심이 되는 것은 이를 소비하는 수용자이며, 따라서 형성 이론에서 수동적이고 단순한 문화적 꼭두각시(cultural dopes)였던 이들은 스스로 결정을 내릴 수 있고 문화적 텍스트를 해석할 수 있는 성숙한 '적극적 관객(active audience)'으로 바뀐다. 이렇게 의미를 창조해내는 수용자의 중요성을 강조하는 다양한 이론들은 미국에서 발전한 문학 비평(literary criticism)과 영국의 문화 연구(cultural studies)라는 두 개의 주요한 전통에 토대를 두고 있다.[18] 이번 장에서는 각각의 전통에서 가장 많이 사용되는 개념인 "해석적 공동체"와 "담론의 해독"을 가지고 일본의 반전만화영화가 한국에서는 매우 비판적으로 읽혀지는 현상을 설명해보고자 한다.

1) 해석적 공동체 – 만화영화 〈코드기어스~반역의 룰르슈〉에 대한 한국과 일본에서의 매우 다른 해석

수용 이론의 중요한 지적 뿌리의 하나인 문학 비평에 있어서 텍스트의 의미에 대한 논쟁을 살펴보면 수용 이론을 조금 더 쉽게 이해할 수 있다.[19] 20세기 주류 문학 비평 모델에서, 텍스트는 오직 하나의 의미를 가지고 있다. 따라서 문학 비평의 전통적인 작업은 텍스트로부터 저자가 의도했던, 숨어 있는 하나의 의미를 찾아내는 것이었다. 그러나 마슈레이는 이러한 관점을 거부하며, 이를 해석적 오류(interpretative fallacy)라고 일축한다. 그에게 있어서 텍스트는 의미를 감추고 있는 수수께끼가 아니라 다양한 의미로 이루어진 복합적인 구조이다.[20] 포스트모던 이론의 영향 하에서, 문학 분석은 숨겨진 진정한 의미가 텍스트에 포함되어 있다는 생각에 의문을 표하며, 오히려 텍스트로부터 독자들이 의미를

18 Press, Andrea L. (1991). *Women Watching Television: Gender, Class, and Generation in the American Television Experience*, Philadelphia: University of Pennsylvania Press.

19 Jauss, Hans Robert (1982). *Toward an Aesthetic of Reception*, Minneapolis: University of Minnesota Press.

20 Storey, John (1993). *An Introductory Guide to Cultural Theory and Popular Culture*, London: Harvester Wheatsheaf, p.42.

창조한다는 것을 제시하기 시작했다. 테리 이글턴이 제시한 바와 같이, "텍스트의 의미는 마치 빠지기를 조용히 기다리는 잇몸 속의 사랑니와 같이 텍스트 내에 존재하는 것이 아니다."[21] 대신, 독자들이 능동적으로 창조하는 것이다. 이러한 관점 하에서 수용 이론은, 문학 분석의 핵심적 질문을 '텍스트가 진짜 의미하고 있는 것이 무엇인가'에서 '어떤 환경 하에서 어떤 의미와 해석을 독자들이 창조해내는가'로 바꾸었다.

그렇다고 문화적 텍스트를 접하게 되는 모든 사람들이 각기 다른 자신만의 읽는 방식이 있다는 것은 아니다. 수용 이론은 독자들이 "기대의 영역(horizon of expectation)"과 함께 텍스트를 접한다고 가정함으로써 보다 사회학적으로 풍부한 연구거리를 던져준다. 기대의 영역이란 독자들의 인구학적 프로필(민족, 계급, 성별, 인종, 나이 등), 사회적 연결망, 개인적 특성 등을 포함하고 있는 배경적 특징이다. 독자들은 자신들의 기대의 영역에 기대어 텍스트를 읽고 각기 다른 의미와 읽기 전략을 끌어낸다. 결국 텍스트로부터 읽게 되는 의미는 독자들의 기대의 영역으로부터 영향을 받으며, 비슷한 기대의 영역을 공유하고 있는 사람들은 문화나 예술을 인식하는 방식이나 습관 등을 공유하는 집단으로 묶을 수 있다. 이런 집단을 문화사회학적 용어로 "해석적 공동체(interpretive communities)"[22]라 하며, 사회학자들은 이 집단들을 연구함으로써 특정한 부류의 사람들이 텍스트에서 어떤 의미를 창조해내는지 살펴볼 수

21 Eagleton, Terry (1983). *Literary Theory: An Introduction*. Minneapolis: University of Minnesota Press, p.89.

22 Fish, Stanley (1980). *Is there a Text in this Class? The Authority of Interpretive Communities*, Cambridge: Harvard University Press.

있다. 수용에 대한 많은 연구는 해석적 공동체(e.g. 하위문화 또는 그와 동일한 집단), 또는 서로 다른 사회적 집단의 다른 읽기 행위에 대해 초점을 맞추고 있다.

이쯤 되면 앞서 제시했던 고이즈미의 사례에서의 한국과 일본 양국의 반응의 차이는 문화적 텍스트를 읽어내는 독자들의 기대의 영역의 차이, 속해 있는 해석적 공동체의 차이에서 오는 것이며 가장 중요하게 작용하는 인구학적 변수는 국적 또는 민족에 기인함을 예상해볼 수 있다. 이와 비슷한 예를 만화에서 찾아보자면 2006년 말부터 2007년 초에 걸쳐 큰 화제를 모은 만화영화 작품인 〈코드기어스~반역의 룰르슈〉에 대한 한국과 일본의 반응을 들 수 있다. 1990년대 말부터 한국에서는 고속 인터넷 시대가 개막되면서, 일부 마니아들을 중심으로 일본에서 방송되는 애니메이션을 거의 시차 없이 볼 수 있게 됐다. 물론 동등 계층간 통신망(peer-to-peer network, 이하 관례에 따라 P2P로 지칭함)을 이용한 이런 방법은 불법이지만, 현실적으로는 인터넷으로 일본의 P2P유저들과 직접 파일 교환을 하면서 일본 현지 방영물을 3-4시간도 걸리지 않아 볼 수 있는 환경이 됐다. 또 2000년대 중반부터는 인터넷을 통한 실시간 TV시청 역시 가능한 상황이 됐다.

이러다 보니 한국과 일본의 네티즌들은 서로 상대국 네티즌의 반응을 모니터링하면서 그 내용을 자국으로 '퍼 나르는' 일도 생겼다. 화제작의 경우 정보를 거의 균등하게 얻을 수 있게 됐고, 동일한 화제가 일순에 한일 양국에서 도마 위에 오르는 경우도 심심치 않게 보게 되었다. 그런데, 이 〈코드기어스〉라는 만화영화는 대단히 독특한 상황을 만들어냈다. 〈코드기어스〉는 원래 좀 유별난 설정을 가진 애니메이션이다.

이 애니메이션은 일본이 '브리타니아'라는 가상의 제국에 정복돼 식민지가 된 상황을 설정해놓고 있다. 일본은 일본이라는 국명을 잃어버리고 '일레븐'이라는 이름으로 불리고 있고, 일부에서 독립운동이 벌어지고 있다. 주인공 룰르슈는 원래 일본을 정복한 브리타니아 제국의 왕자로, 권력에서 밀려나와 일본에서 복수의 칼을 갈고 있던 도중, '기어스'라는 초능력을 얻게 되어, 일본 내의 반정부 세력을 규합, 브리타니아 제국 전복을 노린다는 내용이다. 여기에 주인공 룰르슈와 대비되는 인물로 '스자쿠'라는 인물이 나오는데, 그는 전 일본 총리의 아들로 식민지 지배에 맞서 저항하기보다는 식민지 내의 군인이 되어 내부로부터의 개혁을 꿈꾼다.

이 내용이 일본에서 방송되자 한국과 일본에서 동시에 격렬한 마니아들의 반응이 일어났다.

일본에서 일어난 비판은 "좌파 프로듀서가 반미 애니메이션을 만들었다"는 것이었다. 이 만화영화의 기획 담당 프로듀서는 한 잡지와의 인터뷰에서 자신이 대학에서 일본의 한반도 지배를 연구했음을 밝힌 후에 "브리타니아 제국이 일본에 대해서 한 것은 한 편으로 일본이 한반도에 대해서 한 것과 공통되는 부분이 있다고 생각합니다. 야스쿠니 문제나 개헌 논의가 적지 않게 다뤄지는 지금, 젊은이들이 보고 동시에 일본이 해온 일을 상상하는 것이 좋은 일이 아닐까 합니다"라고 밝혔었다. 이 프로듀서는 이전에도 반전을 주제로 한 만화영화를 기획해왔는데다가, 한 인터뷰에서는 조총련과 친밀하다고 발언했다. 일본 내에서는 오랫동안 좌파 정치 세력이 전후 일본의 체제를 미국의 식민지 상황이라고 표현해왔고, 한반도의 정통성을 북한에 두고 있었다. 2000년대 들어서 북한이 1970년대에 일본인을 납치해 스파이 교육에 투입했다는 사실이 밝혀진 이후로 좌파가 사회 내에서 집중적인 공격을 받게 됐는데, 이 비판 역시 '친북'이라는 점에 주안을 맞춘 것이었다.

그런데 이 문화적 텍스트가 한국으로 넘어오면 전혀 분위기가 달라진다. 한국의 네티즌들은 이 만화가 일본의 '극우만화'라고 주장했다. 일단 제2차 세계대전의 가해자로 식민지를 경영했던 일본이 오히려 자신들이 식민지가 됐다는 설정을 한 것은 그 자체로 오만하다는 주장이었다. 여러 가지 나름대로의 해석이 나왔다. 브리타니아 제국의 철권통치에 비교해서 일본의 식민지 통치가 훌륭했다는 점을 보여 주기 위한 것이라는 주장도 나왔고, 식민지 시대를 그리워하는 일본이 자신이 식민지가 된 상황을 빗대어 강한 일본 건설의 깃발을 들고 있다는 주장도 나왔다. 비슷하게는 일본인들에게 무장하지 않으면 식민지화될 수도 있다는 위기의식을 불어넣어 일본의 재무장을 주장하는 만화라는 얘기도 나왔다. 이 만화가 일본인도 피해자인 것 같은 착각에 빠지도록 한다는 주장도 나왔다.

프로듀서가 인터뷰에서 밝힌 기획 의도가 완전히 반대임에도 불구하고 이런 주장이 나오는 이유는 물론 한국 내의 사회 분위기와 상식을 반영하는 것이다. 거의 매년 일본의 '우경화' 주장이 미디어를 타는 상황에서, 일본 내에서 식민지를 다룬 만화가 조금이라도 선의를 가지고 있다는 것은 쉽게 받아들이기 힘든 것이었다. 이 만화는 게다가 앞서 소개한 주인공 중의 한 명이 체제에 저항하기보다는 체제 내에서의 변혁을 부르짖으며 법률을 따르고 있다. 이런 상황은 예를 들어 '친일파'에 대한 변명으로 해석될 수 있는 것이었기 때문에, 역시 큰 논란을 일으켰다.

한국 네티즌들의 반응은 한국과 일본 네티즌이 공동으로 참여하는 번역 사이트를 통해서 일본으로 전해졌고 일본 내에서는 다시 어처구니없다는 반응이 나왔다. "일본에서는 극좌만화, 한국에서는 극우만화라는 비판을 받는다"는 것이었다.

이와 비슷하게 국가 또는 민족적 배경에 따라 수용 상의 차이점을 본 연구로는 드라마 '달라스(Dallas)'의 수용에 관한 연구가 있다.[23] '달라스'는 텍사스의 석유 백만장자인 유잉(J. R. Ewing)과 그의 가족들의 이야기를 다룬 프로그램으로 1980년대 초반 미국에서 방영되어 선풍적인 인기를 끌었을 뿐만 아니라 총 90여 개국으로 수출되는 등 국제적인 성공을 거둔 드라마이다. 또한 이러한 국경을 넘어서는 인기는 미국의 문화 제국주의에 대해 각성하는 움직임을 야기하면서 많은 학문적인 주목을 받았다. 리브와 카츠는 이스라엘 내의 러시아 이민자, 이스라엘 내의 모로코 이민자, 이스라엘 내의 키부츠 거주자, 이스라엘 내의 아랍인, 달라스가 만들어진 미국, 그리고 달라스가 인기가 없어 6개월 만에 방송이 중단된 일본 이렇게 여섯 개의 집단에게 대상자를 선정하여 달라스를 보여준 뒤에 면접을 실시했다.

그 결과 같은 드라마를 보았음에도 불구하고 각각의 국적이나 민족적인 배경에 따라 매우 다른 방식으로 의미를 해석하고 있음이 발견되었다. 예를 들어, 러시아계 유대인은 달라스가 자본주의적 가치를 찬양한다고 비판했다. 그러나 아랍인은 달라스는 미국 물질주의가 어떻게 가족의 해체와 전통의 상실을 초래하는지를 나타내주는 것으로 오히려 부

23 Liebes, Tamar and Elihu Katz (1993). *The Export of Meaning*, Oxford: Oxford University Press.

가 행복을 가져다주지 않는다는 교훈이 담겨 있다는 전혀 상반된 해석을 제시했다. 그리고 모로코계 유대인은 달라스를 일차적으로 가족 관계에 관한 프로그램으로 보았으며, 친족 관계를 이끄는 것이 얼마나 어려운 일인지를 보여준다고 생각했다. 이러한 국가 또는 민족적인 배경 외에도 사회 계급적 배경, 성별, 연령, 인종 등에 따른 차이점에 대한 많은 연구가 진행되었다.

2) 담론의 해독 – 반전 만화영화 〈반딧불의 묘〉에 대한 대립적 읽기

문화 연구(cultural studies)라는 용어는 광범위한 학문적인 영역에서 문화가 이해되고 분석되는 다양한 방식들을 통틀어 지칭하는 경우가 많다. 그럴 경우 문화에 대한 모든 측면에서의 연구는 다 문화 연구인 셈이다.[24] 그러나 학문적으로 문화 연구는 영국의 버밍엄 대학의 현대문화연구소를 중심으로 형성된 특정 학파인 문화주의(culturalism) 전통 하에서 이루어진 연구들을 의미하는 경우가 많다. 문화주의의 대두 배경이나 의미는 이미 첫 번 장에서 문화 개념의 변화를 설명하면서 함께 제시되었기 때문에 생략해도 될 듯하다. 문화주의자들은 엘리트적인 시각을 버리고 일상적인 것과 평범한 것, 즉 우리의 삶에 강력하고도 확실한 영향력을 행사하는 일상생활의 여러 측면에 관심을 가졌으며, 이를 문화 개념의 주요 측면으로 끌어들였다. 같은 맥락에서 그 전에는 연구 분야에서 완전히 소외되어 있었던 대중매체를 비롯하여 스포츠, 춤에 이르

24 앤드류 에드거, 피터 쉐드윅 (2003). 『문화 이론 사전』, 박명진 외 옮김, 한나래, p.164.

는 폭넓은 대중문화를 학술적이고 지적인 차원의 연구 주제로 발전시켰다. 특히 이번 장에서 다루고 있는 문화의 수용에 관한 연구에 기반을 제공한다고 평가되는 문화주의의 가장 중요한 특징은 문화의 수동적 소비보다 능동적 생산, 즉 '인간의 작용'을 강조하는 관점을 채택했다는 점이다. 문화주의자들의 능동적 생산이란 이전 장에서 살펴봤던 문화적 텍스트를 창조하고 생산하는 측면에 대한 관심이 아니라 인간들이 문화를 소비함에 있어 적극적 존재로 자신들의 의미를 창출하는 것이다.

스튜어트 홀(Stuart Hall)의 "텔레비전 담론의 코드화와 해독(Encoding and Decoding in the Television Discourse)"[25]은 문화주의 내에서 그가 가지고 있는 대표성만큼이나 문화주의의 특징을 잘 보여준다. 그는 텔레비전이 전달하는 메시지에 관심을 가지고, 기호학적 시각을 바탕으로 문화적 텍스트의 코드화(encoding)와 해독(decoding)에 대해 연구했다. 코드화니 해독이니 하는 용어를 쓰면 복잡해 보이지만, 그가 예를 들었던 텔레비전 뉴스 또는 시사 프로그램이라는 문화적 텍스트를 가지고 설명해 보면 좀 더 쉽게 이해할 수 있을 것이다. 어떤 사건이 프로그램으로 만들어진다고 가정해보자. 이 사건이 텔레비전 프로그램화되려면 만드는 사람들이 있어야 한다. 그들은 당연히 전문가 집단이고 의식적으로든 무의식적으로든 사용할 수 있는 기술적인 인프라 체계라든지, 자신들의 직업 이데올로기, 만드는 데 있어서 필요한 여러 관계, 시청자들에 대한 여러 정의와 가정들에 의해 영향을 받으며 프로그램을 만들어내야 한다. 당연히 생산자들은 여러 가지 요인들의 그물망 안에서 사

25 Hall, Stuart (1980). *Culture, Media, Languages*, London: Hutchinson.

실로 존재하던 사건들을 어떻게 만들지를, 즉 어떤 방식으로 코드화할 지를 결정하게 된다. 이때, 텍스트의 창조자가 의도한 의미를 선호된 의미(the preferred meaning)라고 한다.

결국 시청자는 실제 사건을 직접 대면하는 것이 아니라, 그 사건에 대한 생산자의 해석을 만나게 된다. 따라서 시청자들은 이들이 만들어놓은 프로그램의 의미를 파악, 해독해야 한다. 문제는 모든 시청자들이 이 선호된 의미를 그대로 받아들이는 것이 아니라는 점이다. 가장 큰 이유는 시청자들이 프로그램을 보는 환경이나 많은 것들이 전문가들이 작업하는 상황과 다르기 때문이다. 어쨌든 사람들은 텍스트를 자신의 입장에서 각자의 방식으로 해독함으로써 상이한 의미들을 얻을 수 있다. 스튜어트 홀은 해독을 함에 있어 다음과 같은 세 가지 종류의 입장을 제시한다. 첫 번째로 지배적-헤게모니적 입장(dominant-hegemonic position)은 수용자 즉 시청자가 선호된 의미를 잘 해독하는 경우, 즉 생산자들이 코드화하기를 원했던 의미를 받아들이는 것이다. 두 번째 대립적 입장(oppositional position)은 수용자가 텍스트의 생산자가 의도했던 의미를 이해하면서도, 다른 대안적 의미를 받아들이는 경우를 의미한다. 세 번째 교섭적 입장(negotiated position)은 한 수용자가 앞의 두 가지 입장을 자신의 상황에 따라 다르게 적용시키는 경우다. 당연히 해석상에 많은 모순이 있지만, 많은 수용자들이 이러한 입장을 갖는다.[26]

대립적 입장의 수용을 극적으로 보여준 예가 우리나라에서의 〈반딧불의 묘〉라는 애니메이션에 대한 해석이다. 〈반딧불의 묘〉는 일본 지부

26 Hall, Stuart. (1980), "Encoding and decoding", in Stuart Hall et al. (eds.), 같은 책.

리 스튜디오의 다카하다 이사오 감독의 애니메이션이다. 이 애니메이션은 원래 반전 애니메이션이다. 유복한 집안의 두 남매가 전쟁 통에 부모를 잃고 친척집에서 밥만 축내는 신세로 냉대 받는 이야기, 친척집을 나와 방공호에서 살아가지만 먹을 것이 없어 굶주리고 결국 동생이 먼저 세상을 떠나는 이야기, 그리고 오빠도 전쟁이 끝난 직후 숨지는 이야기를 차분한 시각으로 그려낸다.

사실, 이런 이야기는 일본에서는 말 그대로 '상식'에 속하는 것이다. 일본의 경우 제2차 세계대전을 일부 군부의 음모로 전 국민이 말려들어가 크게 고생을 한 것으로 보는 시각이 지배적이다. 그래서 일본은 목숨을 잃은 희생자들에 대해서도, 군부가 일으킨 전쟁 때문에 죄 없이 목숨을 잃은 것으로 생각한다. 당시의 일부 군부 지도층과 그에 따라 희생된 일반인들을 분리해서 생각하는 것이다. 특히 이 애니메이션처럼 전쟁에 대한 결정권을 가지지 못한 상태에서 그야말로 영문도 모르고 희생된 아이들에 대해서는 이론이 발생하기 힘든 것이다. 이외에도 일본의 반전 애니메이션-만화는 모두 비슷한 구성이다. 전쟁 속에서 아무것도 모른 채 피해를 입고 죽어가는 어린이들을 보여주며 전쟁 자체의 비극을 얘기하려 한다. 그 전쟁이 옳건 그르건 하여간 전쟁은 비극이라는 것이다.

〈반딧불의 묘〉는 애니메이션 자체만으로도 충분히 감동적이며, 그 비참한 두 남매의 죽음은 반전의 메시지를 훌륭하게 전달하고 있기도 하다. 그러니 1988년 제작의 이 만화는 한국에서는 애초부터 대단히 비난을 받게 된다. 이 만화는 만들어진 직후부터 이런 저런 대학 동아리에서 상영됐는데, 그때마다 '군국주의'라는 비난을 받았다. 2차 대전의 군국주의를 비판하고 반전을 얘기하기 위해서 만들어진 애니메이션이 오히려 군국주의 비난을 받는 것은 한국의 수용자들이 작가의 시선과는 다른 쪽에 착안했기 때문이다.

한국의 애니메이션 팬들은 이 만화가 근본적으로 일본이라는 나라가 마치 전쟁의 가해자가 아니라 피해자처럼 묘사돼 있다고 주장했다. 한국의 애니메이션 팬들은 일단 일본인들이 당시의 일본이라는 나라와 일본의 일반인들을 구분해서 생각하는 것을 납득해주지 않았다.

더군다나, 이는 일본의 일반인들이 전쟁 책임이 스스로에게 있다고 생각하기보다는 그 책임을 이미 사라진 전범들에게만 뒤집어씌운 채 면죄부를 받았다고 생각하게 만드는 효과가 있다는 것이 중론이었다. 이 같은 시각은 역시 단순히 한국만의 것은 아니었는데, 수전 네피어의 〈아니메〉에서도 역시 이 문제를 제기하고 있다. 이 책에서는 "일본은 역사에 매료된 나라임에도 자신들의 가장 중요한 역사적 사건에 대해서는 애매한 입장을 취한다. 2차 대전 가운데 1941-45의 시기만을 선택적으로 기억하고 중국에서의 장기전이나 한국의 지배를 무시하는 경향이 그 예. 침략자로서보다는 원폭 희생자임을 내세운다. 〈맨발의 겐〉 〈반딧불의 묘〉가 그렇다" 고 적고 있다.

결국 이 만화영화는 누구나 다 인정하는 잘 된 만화영화임에도 불구하고, 한국에서는 개봉관에서 정식 상영되지 못했다. 특별 상영의 형식으로만 몇 번 소개된 후에, 애니메이션 전문 TV에서 상영되게 된다. 기본적으로 만화를 비롯한 문화 텍스트의 작가가 자신의 의도대로 영향을 미칠 수 있는 것은 아니다. 대체로 대중문화에 대한 형성적인 효과를 우려하는 사회적인 경향은 '비판적 읽기'를 교육시키고 있기도 하기 때문에 차라리 이런 텍스트에 대한 전체적인 반응이 그 사회의 거울이기도 하다. 수용자는 사회와 반응하고 있고, 또 자신이 적극적인 해석을 시도한다.

이렇게 같은 텍스트라도 각각의 집단에 따라 해석이 달라질 수 있고 또한 교육에 의해 해석이 달라질 수 있다는 것을 인디언들의 서부영화를 읽는 방식을 통해 보여주는 재미있는 연구가 있다. 치피와 인디언 부족의 일원으로 보호 구역에서 성장한 쉬블리(JoEllen Shively)[27]는 서부영화와 소설이 보호구역 내의 인디언 사이에서 인기가 좋다는 것에 의문을 가졌다. 서부극에서 인디언은 주로 악당으로 표현되는데 왜 좋아하는 것일까? 인디언 시청자들은 영화 속의 인디언과 자신을 동일시하지 않는 것일까? 쉬블리는 보호구역[28]에 살고 있는 20명의 남성 인디언과 20명의 미국 백인 남성들에게 존 웨인이 주연한 서부영화인 '추적자(The Searchers)'[29]를 보여주었다. 두 집단 간의 연령과 교육 수준, 그리고 직업상의 큰 차이는 없도록 했다.

쉬블리는 응답자들의 각기 다른 사회문화적 배경이 문화적 텍스트에 대한 이해에 영향을 미칠 것이라고 예상했다. 그러나 모든 응답자들은 영화를 좋아했고 자신의 인종적 배경과 관계없이 착한 주인공과 본인들을 동일시했다. 그렇지만 영화의 어떤 부분이 '진짜'이고, 또한 어떤 부

27 Shively, JoEllen (1992). "Cowboys and indians: Perceptions of western films among American indians and anglos," *American Sociological Review* 57 (6), pp.725–34.

28 미국의 많은 인디언 보호구역 내에는 인디언이 소유한 토지와 백인이 소유한 토지가 모두 존재한다. 쉬블리가 연구를 진행했던 마을은 동일한 비율의 인디언과 백인으로 구성되어 있었다.

29 '추적자(The Searchers)'는 존 웨인이 주연한 영화로 그 당시 흥행에 매우 성공했다. 쉬블리가 요약한 줄거리는 다음과 같다. 인디언을 혐오하는 에단 에드워드(존 웨인)와 마틴 폴리(제프 헌터)가, 코맨치 족 추장인 스카(헨리 브랜든)에게 납치된 조카딸 데비 에드워드를 수색하는 5년간의 여정을 담은 영화이다. 마침내 스카는 죽고, 스카와 결혼했던 데비는 백인의 문명사회로 돌아오게 된다.

분이 '허구'인지, 또한 영웅의 자질에 대해서는 인디언과 백인 사이에 큰 차이점이 드러났다. 인디언은 일반적으로 아름다운 배경과 조직에 매이지 않는 자유로움 때문에 서부영화를 좋아했다. 반면 백인의 경우, 영화는 그들 과거에 대한 역사적 사실을 묘사하고 있는 것으로 받아들이고 있었다. 또한 영웅의 자질에 대해서도 인디언은 '강인함'과 '용감함'을 백인들은 '성실/정직성'과 '지성'을 가장 높게 평가했다.

그러나 예비조사로 시행되었던 인디언 대학생들에 대한 연구는 매우 다른 경향을 보여주고 있었으며 "지각의 정치학(the politics of perception)"에 대한 중요한 논쟁거리를 제공했다. 대학생들에게 있어서 민족성은 중요한 요소였다. 학생들은 일반적으로 서부영화를 좋아했지만 인디언이 영웅으로 묘사되는 경우에 한정되었다. 그들은 '추적자'의 인디언들에게 불리한 줄거리에 분개했으며 영화 속의 인디언들에 대한 고정관념이나 부정확한 묘사들을 비판했다. 쉬블리는 교육이 영화 속의 반인디언적 편견에 대한 인식을 높여주며, 이러한 영화를 인종적인 관점에서 다시 볼 수 있게 하는 '수정된 시각'을 제공한다고 결론지었다.

3) 적극적 관객, 그 허와 실

문화적 텍스트가 수용되는 방식에 주목하는 많은 연구들은 대체로 '적극적 관객 접근법(an active audience approach)'을 취하고 있다. 대표적 학자 중의 한 명이라고 할 수 있는 피스크는 수용자들이 거의 전적으로 독자적인 방식으로 의미를 창조할 수 있다고 주장한다. 그는 대중문화는 무능한 엘리트들이 사회를 경제적 · 지적으로 지배하기 위한 의도로 생산된 문화인데, 왜 사람들은 자신들을 지배하려는 의도를 가진 대중문화를 소비하는지에 대해 의문을 제기한다.[30] 사람들이 문화적 꼭두각시(cultural dope)라서일까? 존 피스크(John Fiske)는 이러한 문화적 꼭두각시라는 개념을 전면으로 반박하고, 의미를 창조할 수 있는 능력인 기호학적 힘(semiotic power)을 제시하며 자신의 주장을 펼쳐나간다. 사람들은 그들 자신의 의미를 창조해냄으로써 이러한 메시지에 저항한다는 것이다. 그들은 지배적 엘리트들로부터 매체에 투입된 단 하나의 의미를 받아들이지 않는다. 의미는 텍스트와 그것의 수용의 상호 작용의 "순환"으로부터 나온다. 텍스트의 의미는 그것을 소비하는 사람들의 이해 관계에 따라 받아들여지기도 하고 전복되기도 한다. 하위 계급이 지배적 메시지로부터 대립적인 의미를 만들어내는 것은, 기호학적 저항(semiotic resistance)이다. 의미의 창조는 끊임없이 지속되는 정치적 과정이며 의미는 경쟁의 장이다.

예를 들자면, 대중문화의 영역에서, 피스크는 마돈나의 "머티리얼 걸(Material Girl)" 뮤직 비디오의 서사 구조를 분석했다. 특히 이 뮤직 비디오는 마릴린 먼로의 뮤지컬 "다이아몬드는 여성의 가장 친한 친구(Diamonds are a Girl's Best Friend)"를 패러디한 것으로 유명하다. 마릴린 먼로와 마돈나는 모두 당대의 섹시 스타요 섹스 심벌이고 같은 내용을 찍은 것임에도 불구하고 먼로의 뮤지컬과 마돈나의 뮤직비디오에는 큰 차이가 있다. "다이아몬드는 여성의 가장 친한 친구"에서 먼로는 자본을 대표적으로 상징하는 다이아몬드의 수동적 소비자에 불과하다. 먼로는

30 Fiske, John (1989). *Reading the Popular*, New York: Routledge, p.116.

자신이 늙어도 다이아몬드가 자신의 안위를 보장해줄 것이라 노래하며, 남자들에게 다이아몬드를 얻어내기 위해 자신의 매력을 이용한다. 그녀는 남자들의 관심이 필요한 것이다. 그러나 "머티리얼 걸"에서 마돈나는 남성들을 지배하며 남자나 그들의 선물을 필요로 하지 않는다. 가사를 보면 자신이 충분한 자산을 가지고 있는 것이 명시되어 있다. 마돈나가 "부족한 것은 남성에 대한 욕구이다. 그녀는 남성으로부터의 그녀의 독립성을 주장하기 위해 남성과 관계를 맺는다. 남성은 여성의 성적 즐거움의 대상이 되며 여성의 권력에 복종한다."[31] 마돈나의 뮤직비디오는 여성의 가부장적 이미지를 비틀고 영상과 가사를 통해 "지배적 이데올로기를 훼손한다."[32] 그래서 서구에서 마돈나는 단순히 섹스어필에 성공한 팝가수가 아닌 강한 페미니스트의 이미지를 가지고 있다. 마돈나의 "소녀팬들"은 좀 더 적극적이고 저항적인 여성적 관점을 바탕으로 여성에 대한 가부장적 메시지를 거부한다. 피스크는 "마돈나의 인기는 힘과 저항, 의미와 반대 의미, 통제의 즐거움과 갈등의 복합체"라고 결론짓는다.

피스크는 사람들이 기호학적 저항을 통해 그들의 하루하루를 살고 있다고 이야기한다. 그것이 복종의 전략이며 방법이기 때문이다. 그것은 사회적 변화나 혁명을 일으키지 않으며, "급진적이지 않은 진보적" 성격을 띠게 된다.[33] 기호학적 저항은 이처럼 삶을 즐겁게 하지만, 여전히 경제적 헤게모니는 존재한다. 마돈나로부터 강력한 저항의 메시지를 취한, 또는 스파이스 걸스로부터 "소녀의 힘"을 취한 젊은 여성은 여전히

31 Fiske, John (1989). 같은 책, p.129.
32 Fiske, John (1989). 같은 책, p.110.
33 Fiske, John (1989). 같은 책, p.11.

음반을 사기 위해 가게로 향할 것이며 자신들이 보이고 싶은 이미지와 스타일을 꾸미기 위해 옷을 살 것이다. 그들은 아마도 자신들의 남자친구에게는 다르게 행동할 수도 있지만, 당장 밖으로 나가 성차별주의와 가부장제에 반대하는 시위를 벌이지는 않을 것이다. 그러나 그들이 돈을 쓰는 동안에도 그들은 비디오를 통해 취할 수 있는 의미를 바탕으로 그들의 자존심과 정체성을 형성한다.

수용 이론은 관객들이 자신들이 소비하는 문화적 대상물에 적극적으로 관여하고 있다는 점을 보여준다. 이들은 다양한 '읽기 전략'을 구사하는 것이다. 관객들은 이야기를 현실처럼 다루기도 하지만, 창작된 구성물로서 취급하기도 한다. 또한 사람들은 그들의 기대의 범위에서 문화 대상물을 해석하여, 이로부터 얻어진 의미는 사회적 집단과 해석적 공동체에 따라서 차이를 보인다. 그렇지만 소비자들은 자신이 원하는 대로의 의미만을 얻게 되는 것은 아니다. 소비자는 문화적 텍스트의 내용에 의해서도 어느 정도 한계지어져 있고 더 나아가 의미 생산만을 통해 사회의 보다 거대한 구조를 변화시키는 것도 쉽지 않다. 마돈나의 팬들이 가부장제를 지지하고 있는 근본이라 할 수 있는 자본주의를 해체하지는 못한 채 그 안에서의 기호학적 저항을 하는 것처럼 말이다. 사람들은 그들이 선호하는 문화 대상물만을 소비하고 또 사회적으로 조건지워진 자신들의 배경을 가지고 의미를 해석하고 거대한 지배 문화에 대항한다. 어찌 보면 제한적이고 어찌 보면 굉장히 강력한 힘이다.

문화의 수용에 관한 접근은 비판을 받을 여지가 많다. 가장 일반적인 수준에서, 실증적 사회학자들은 의미와 같은 주관적인 주제를 연구할 필요가 없다고 비판한다. 해석적 사회학의 모든 연구들은 증명 불가한 것이므로 고려할 가치가 없다는 이러한 극단적인 주장은 지금은 많이 힘을 잃은 상황이다. 그러나 일반적인 수준에서 해석적 접근은 인정할지라도, 여전히 개별 연구들의 신뢰성과 타당성에는 의문을 제기하는 온건한 실증주의적인 비판은 수용을 연구하는 학자들이 새겨들을 만하다. 대부분의 민속지적 방법이나 면접법을 사용한 연구들은 무작위표출에 기초하지 않았으며, 따라서 일반화될 수 없다는 것이다. 이러한 비판에서 자유로워지고자, 점차적으로 수용을 연구하는 학자들은 면접 대상자를 많은 수의 응답자들 중에서 선택하기도 하고, 다른 배경을 가진 응답자들을 비교하는 등 편향되지 않으려 노력한다. 이와 같은 연구들이, 편향적으로 표본을 추출하거나(신문 광고 등을 통해 응답자를 모집하는 등) 특정 집단만을 묘사하는 연구들보다는 방법론적으로 인정받을 수 있다. 보다 기술적인 면에서는, 수용의 측면을 연구하는 학자들이 관객을 이론화하고는 있지만 그들을 검토하는 데 실패하고 있다는 지적도 있다. 앞서 제시한 피스크의 경우도 경험적 연구를 통해 그의 생각을 증명하지는 않았다. 그가 텍스트를 인정하면서 동시에 관객의 읽기(reading)를 중시했음에도 불구하고, 그는 텍스트 자체와 좀 더 광범위한 대중문화에 대한 분석에 많은 비중을 두었다. 예를 들어, 그는 쇼핑하는 사람들이나 서핑하는 사람들과의 인터뷰를 하지 않은 채 쇼핑 활동을 "읽어내고" 해변가를 "읽는다". 대신에 그는 텍스트의 범위와 "상호텍스트적으로" 그것들이 관계를 맺는 방식에 대해 평가하고 있다.

3. 문화적 텍스트의 해석 – 구조주의

이 장에서는 문화의 다이아몬드의 중간의 위쪽에 위치한 문화적 텍스트 그 자체에 분석의 중점을 두는 연구들에 초점을 맞추어야 할 차례이다. 앞장에서도 계속적으로 살펴봤듯이 사회학이라는 학문의 초점이 사회에 맞춰져 있다는 점에서 문화적 텍스트 그 자체만을 연구하는 접근방식은 주로 인문학적 배경을 가지고 있는 것들이 많다. 이번 장에서는 텍스트에 초점을 두면서도 사회과학 분야에서 역시 큰 영향력을 가지고 있는 구조주의를 설명하고 만화라는 문화적 텍스트에 적용해보고자 한다. 특히 구조주의는 대중문화 분석에 있어 가장 중요한 분석 방법 중의 하나이자 많은 주요 개념들의 전제로 받아들여지고 있다는 점에서 만화라는 문화적 텍스트에 대한 적용성이 높은 이론이라 할 수 있다.

구조주의 운동은 1950년대에 밀물처럼 몰려와서 문화에 대한 우리의 사고방식을 급격하게 바꾸어놓았다고 평가된다. 구조주의는 특히 대중문화 연구에 중요한 영향을 미쳤으며, 사회과학, 인류학, 문학비평 등의 광범위한 분야에서 사용되어왔다. 대체로 텍스트의 독립성을 가정하고, 텍스트에 쓰인 언어가 배태하고 있는 의미 생성의 규칙 내지는 언어가 내포하는 관계들의 일반적 문법(언어학의 구문법과 다른 말)을 밝히려는 시도를 한다. 그러나 이 입장의 가장 큰 특징은 이론적 방법일 뿐 정치적 입장을 취하지 않는다는 점이다. 구조주의는 연구대상이라 하더라도 대상이 가지고 있는 가치 또는 정치적 시각에는 관심이 없는 분석을 위한 도구적 용도를 갖는다. 그렇기 때문에 마르크스주의, 페미니스트 등 확실한 자신들의 시각을 가지고 있는 학자들이 구조주의 방법론을 사용하여 자신들의 주장을 뒷받침해왔다. 중립적 도구이기 때문에 오히려 정치색이 강한 연구들에 사용됐던 것이다.

구조주의는 스위스 언어학자인 페르낭 드 소쉬르(Ferdinand de Saussure)의 이론적인 연구에서 시작되었다.[34] 사실상 창시자인 소쉬르는 구조주의라는 말을 쓴 적이 없지만,[35] 구조주의자들은 소쉬르의 '기표/기의', '랑그/파롤', '이항 대립 구조', '공시 구조/통시 구조' 같은 개념을 가지고 텍스트에 내재하는 관계들의 망을 분석 기술해왔다. 대표적인 학자로는 인류학의 클로드 레비-스트로스(Claud Levi-Strauss), 문학, 문화 연구의 롤랑 바르트(Roland Barthes), 철학 역사의 미셸 푸코, 심리분석의 자크 라캉, 마르크스주의자인 알뛰세르 등 프랑스인들이 많으며, 구조주의는 매우 상이하고 난해한 이들 학자들의 이론들을 포괄하고 있다. 이렇게 다양한 이론들이 구조주의자들로 묶일 수 있는 공통점은 소쉬르 영향을 받았다는 점과 그의 특정한 용어를 사용한다는 점이다. 따라서 소쉬르의 주요 개념들을 중심으로 설명해나가는 방식이 구조주의에 대한 기본 지식을 갖는 가장 빠른 길일 수 있다. 이제부터 '기표/기의', '랑그/파롤', '이항 대립 구조', '서술 구조' 등에 대한 간단한 설명을 통해 구조주의라는 이론의 그림을 그려보자.

34 Saussure, Ferdinand de (1986[1916]). *Course in General Linguistics*. LaSalle, Il: Open Court Publishing Company.

35 구조주의라는 용어는 러시아의 구조주의 이론가인 로만 야콥슨(Roman Jakobson)이 창안했으나, 그 기원을 소쉬르의 저서인 『일반 언어학 강의』(1916)로 보는 것이 일반적이다(문화이론 2007).

구조주의와 기호학은 어떻게 다를까

이 책에서는 계속 구조주의라는 용어만을 사용하고 있는데, 관련 서적들을 폭넓게 읽다보면 구조주의(structuralism)와 기호학(semiology)이라는 용어가 상호 교환적으로 쓰이고 있는 것을 볼 수 있다. 사실상 이 두 용어가 서로 혼용되어 사용된다고 해서 그다지 크게 문제가 될 것은 없지만, 그렇다고 또 완전히 동일한 개념이라고 하기에는 상당한 차이점이 있다. 구조주의는 전반적으로 사회과학과 연계가 있는 이론적이고 철학적인 틀(framework)로 정의되며, 구조의 보편적이고 인과적 특성에 대하여 일반적인 주장을 말한다. 『현대 사상의 폰타나 사전 (*Fontana Dictionary of Modern Thought*)』에 따르면 구조주의는 "단순히 구조들에 대한 것이 아니라 관찰되는 것의 기저에서 현상들의 기반이 되고 이를 발생하도록 하는 구조들에 대한, 즉 표면의 구조들이라기보다는 보다 깊은 심저(deep)의 구조에 대한… (레비-스트로스에 따르면) 인간 정신의 기본적 특성에 대한 몰두"이다. 이에 반해 기호학은 "기호들에 대한 일반적인 과학, (인류에 의해 의미 지워진) 의미화의 체계, 다시 말해 개별 또는 집단적으로 제스처, 광고 언어 그 자체, 음식, 물체, 의복, 음악 등과 같은 신호(signal)들을 사용하여 정보를 교환하거나 또는 정보를 교환하려는 시도를 연구하는 것이다."[36] 다시 말해 구조주의가 관찰 가능한 사회적 현상들을 발생하게 하는 지적이고 문화적인 구조들에 대한 보편적인 특성과 원천적인 영향력에 대한 주장이라고 할 수 있으며, 이러한 구조주의의 보편적인 함의를 갖지 않은 채로 기호나 신호 등을 분석하는 방법론으로 쓰일 때 기호학이라 정리할 수 있다.

36 Dominic Strinati (1995). *Popular Culture*, London: Routledge, p. 88.

1) 기표/기의, 랑그/파롤

소쉬르에 따르면 언어는 기표(signifier)와 기의(signified)로 구성되어 있다. 예를 들어 설명해보자. '강아지'라는 말을 듣거나 글자를 보면 우리의 머릿속에는 네 발을 가진 털이 나 있는 작은 동물이 떠오를 것이다. 이때 강아지라는 우리의 귀에 들리는 말이나 보이는 글자가 기표이고 머릿속에 떠오르는 정신적인 이미지가 바로 기의이다. 그리고 기표와 기의 사이의 관계는 완전히 인위적인 것으로 순전히 관습, 문화적 동의의 결과이다.[37] 아직 말을 모르는 아이에게 우리가 '강아지'라고 부르는 것을 '고양이'라고 가르쳐서 키웠다고 생각해보자. 그 아이는 우리가 강아지라 부르는 것을 고양이라 부르며 살아갈 것이다. 그 아이가 커서 강아지라고 부르는 사람들과 의사소통을 해야 하기 전까지는 아무 문제가 없다. 다시 말해 사회적으로 그렇게 약속되어진 것이기 때문이지 우리가 강아지라 부르는 것이 강아지여야 하는 이유는 없다. 또한 소쉬르는 언어란 대비를 통해 작동한다고 보았다. 예를 들어 "강아지"라는 단어는 우리가 이를 고양이나 꽃 등의 단어와 다른 것으로 여기기 때문에 그 구별되는 의미를 갖는다. 각각의 단어들은 차이를 통해 의미를 생성하는 기호들의 구조 안에 존재하는 것이다.

소쉬르는 또한 랑그(langue)와 파롤(parole)을 구분할 것을 주장했다. 소쉬르에 따르면 랑그는 심층 구조로 파롤의 토대가 되는 전체 언어 체계라 할 수 있다. 이는 언어를 조직하는 법칙과 관습이며, 사회적 제도로

37 Saussure, Ferdinand de (1986[1916]). *Course in General Linguistics*, LaSalle, Il: Open Court Publishing Company, p.67.

서의 언어로 롤랑 바르트는 랑그를 일컬어 우리가 의사소통하기를 원한다면 반드시 그 전제로 받아들여야만 하는 집단 계약이라 표현했다. 이에 반해 파롤은 개별적 발화(utterance)로 언어의 개별적 사용이라 할 수 있다. 단순화시켜 말하자면, 한국어의 문법이 랑그라면 우리 각 개인이 하는 말들은 파롤이다. 소쉬르가 사람들이 실제 하는 말, 파롤보다는 이를 가능하게 하는 그 심층의 기호 체계인 랑그에 더 관심을 기울였다는 것은 예측 가능하다.

구조주의 역시 이러한 소쉬르의 생각을 받아들여 파롤이라 할 수 있는 개별적인 사회 현상들의 연구를 통해 이를 지배하고 있는 보다 심층적인 규칙 등을 밝혀내는 것을 목적으로 했다. 그럼 어떻게 파롤의 연구를 통해서 랑그를 알 수 있을까? 자, 내가 전혀 야구 게임에 대해 모르는 문외한이라고 가정하자. 그런데 계속해서 수많은 야구 경기를 지켜본다고 생각해보자. 각각의 야구 게임은 절대 똑같을 수가 없을 것이다. 어떤 게임은 콜드게임으로 끝나는 것도 있을 것이고 어떤 게임은 박빙의 게임을 펼칠 수도 있을 것이다. 그렇지만 많은 개별 경기를 주의 깊게 관람하다 보면 야구의 규칙, 9명이 두 팀을 이루고 9회에 걸쳐 공격과 수비를 번갈아서 하고 등등을 알 수 있게 된다. 예상한대로 여기에서의 개별 야구 경기는 파롤이고 이를 통해 우리가 알아낸 야구의 규칙이 바로 랑그이다.

또한 소쉬르는 언어의 과학을 확립하기 위해서는 언어의 역사를 추적하거나 시간에 따른 변화를 추적하는 통시적 접근법보다 역사상의 한 시점에서 주어진 언어를 연구하는 공시적 접근을 취해야 한다고 주장했다. 이를 받아들여 구조주의자들은 텍스트나 작품 연구의 공시적인 접근 방법을 채용했다. 그리고 텍스트나 실천 행위의 진정한 이해를 위해서는 그 구조적 특성에만 초점을 맞추어야 한다고 주장함으로써 문화에 대한 구조주의적 접근 방식이 비역사적이라고 비난할 계기를 제공했다.

구조주의가 차용한 소쉬르의 기본 생각은 문화적 텍스트나 실천 행위의 내재적 관계들, 의미를 만드는 문법에 대한 관심이다. 이는 사회 현상이란 표면적으로 나타나는 파롤과 같은 것으로 혼란스럽고 예측 불가능해보일지라도 사실상 그 심층에는 이를 발생시키는 규칙이 존재하며 이것이야말로 연구자들이 추구해야 하는 진정한 연구 대상이라는 구조주의의 가장 핵심적인 믿음이다. 또한 심층에 배태되어 있는 문법 또는 규칙은 잠재적일 뿐만 아니라, 조직화되어 있고 특정한 유형을 갖추고 있다. 구조주의자들은 이 심층의 구조가 한정적인 요소들의 집합체로 구성되어 있으며 결합과 재결합을 거듭하여 표면의 다양성을 만들어낸다고 주장한다.

2) 이항 대립 구조, 서사 분석 - 움베르토 에코의 "제임스 본드" 읽기

구조주의에서 또 하나의 중요시되는 개념이 이항대립이다. 소쉬르는 의미가 이항대립을 통해 수립된다고 주장했고, 야콥슨은 모든 언어의 기본적인 구조를 설명하기 위해 이항대립의 개념이 사용되어왔다고 언급한다. 그리고 이 개념을 중심으로 하여 수많은 종류의 비판적 연구들이 발전했다. 이항대립이란, 의미가 다른 기호들(좋은-나쁜, 밝은-어두운 등) 간에 내재하는 대립적 관계에 의해 결정되며 그 대립성이 의미 구성에 절대적인 힘을 발휘한다는 주장이다. 쉽게 말하자면, 무엇이 나쁘다고 말하기 위해서는 무엇이 좋은지에 관한 생각이 있어야 하며, 남성으로 정의되는 것은 여성으로 정의되는 것에 대조됨으로써 의미를 만들어낼 수 있다는 것이다.

구조주의 문학 비평에서는 대립의 개념을 문학 텍스트에서 발견되는 의미 조직을 과학적으로 해석하기 위한 도구로서 취했다. 특히 언어를 하나의 구조로 조직함으로써 연결되고 질서 있는 방식으로 사건의 설명을 전달하는 서사 구조는 정형화된 대중소설이나 드라마 등 대중문화 텍스트에 적용성이 매우 높다. 이런 서사 구조는 이항대립에 근거하고 있어 이해하기가 매우 쉽고, 세부적 내용이나 캐릭터 등이 차이가 있지만 근본적인 서사 구조는 거의 같다는 특징을 갖는다.

움베르토 에코의 제임스 본드 소설 분석은 이항 대립 구조에 뿌리 둔 서사 구조 분석의 예를 잘 보여준다. 움베르토 에코는 현대 이탈리아의 지식인이자 기호학자이며 유명한 소설가로 『장미의 이름』이라는 소설로 잘 알려져 있다. 그는 지식인들이 대중문화에 관심을 갖지 않았던 시기에 대중문화에 관심을 가진 첫 번째 지식인들 중 한 사람이라 할 수 있다. 그중 이언 플레이밍(Ian Fleming)이 쓴 제임스 본드(James Bond) 소설들에 대한 연구는 구조주의 방법을 대중문화 형식에 적용한 그의 시도들 중 가장 잘 알려진 예이다. 이 소설은 아직까지도 나오기만 하면 화제를 뿌리는 영화 007 시리즈의 원작으로 출판되었을 당시 엄청난 인기를 누렸다. 에코는 제임스 본드라는 대중 소설이 일반인에게도 사랑받는 동시에 좀 더 문화적으로 수준 높은 독자들에게도 인기가 있다는 것에 흥미를 느꼈다. 지식인에게까지도 인기를 끌 수 있는 대중 소설의 비법은 무엇일까? 그는 모두에게 인기가 있는 소설들의 서술구조를 지배하는 불변의 규칙을 발견하고자 했다. 그리고 제임스 본드 소설들이 대중성을 보장하는 규칙의 기본 구조에 근거한 대중문화의 형태이기 때문에 대중들은 물론 좀 더 교양 있는 독자들 모두에게 인기가 있다고 분석한다.

에코는 레비-스트로스와 유사하게 양자 대립 개념을 사용하여 이 소설들이 근거하고 있는 일련의 상반된 개념들을 구조화했다. 캐릭터간의 관계는 본드 / 악당 / 여자, 이념간의 관계는 자유주의 / 전체주의, 자유 진영 / 소련 연방 그리고 이상 / 탐욕, 사랑 / 죽음, 충성 / 배신, 기회/ 계획 등으로 구성되어 있다. 그리고 이러한 관계들이 특정 인물들이라든지 인물들 간의 관계들을 통해 전체적으로 이야기들을 이끌어간다. 또한 플롯은 다음과 같은 예상 가능한 "연속적인 진행",[38] 즉 서사 구조를 따른다. 007 시리즈를 한 번이라도 본 독자라면 입가에 웃음이 번질 것이다.

1. M이 본드에게 수행할 임무를 준다.
2. 악당이 본드 앞에 나타난다. 어떤 일을 저지른다.
3. 본드가 악한이 누구인지 알게 되든지, 악한이 본드를 알게 된다.
4. 여자가 본드 앞에 모습을 나타낸다.
5. 본드는 여자를 유혹한다.
6. 악한이 본드를 체포한다.
7. 악한이 본드를 고문한다.

38 Eco, Umberto (1984). *The Role of the Reader*, Bloomington: Indiana University Press, p.156.

8. 본드가 악한을 무찌른다.

9. 본드가 건강을 회복하고 여성과 즐긴다.

또한 에코는 대중들과 지식인으로부터의 폭넓은 인기를 이 소설의 서술구조에서 찾고 있다. 이 소설의 서사 구조는 선과 악의 투쟁이라는 보편적인 테마에 대한 현대적인 변형이라는 것이다. 그는 제임스 본드의 줄거리를 다음과 같이 요약한다. '기사(Knight)'인 본드(Bond)는 '왕(King)'인 M의 명령을 받아 '용과 같은 괴수'인 악한을 물리치고 '숙녀(Lady)'인 여성을 구하러 떠난다는 전설동화와 같다. 결국 이 소설이나 전설동화 모두 선과 악 사이의 영원한 갈등이라는 기본적인 관계 안에서 보편적이기 때문에 둘 다 성공할 수 있었다는 결론이다. 왜 우리는 이렇게 뻔한 내용임을 알고 있으면서도 늘 똑같은 내용이라고 욕을 하면서도 소설을 읽고 영화를 보고 드라마를 보고 있는 것일까? 에코는 이에 대해 독자들은 오히려 최종 결말을 알 수 있는 예상 가능한 플롯을 접할 때 편안함을 느끼며 작가가 어떤 기교를 써서 최종 결말까지 이끌어 나갈 것이냐에 관심을 갖는다는 그럴 듯한 대답을 제시한다. 자, 이제 이런 구조주의적 분석을 만화라는 텍스트에 적용해보자.

3) 〈1999년생〉이 발견한 순정만화의 법칙, 〈러브히나〉가 찾은 게임의 구조

① 〈1999년생〉이 말하는 작업의 정석

1980년대 중후반에 전성기를 맞았던 한국 순정만화의 시대에 신일숙 작 〈1999년생〉이라는 만화가 있다. 이 만화는 외계인과의 전쟁을 다루

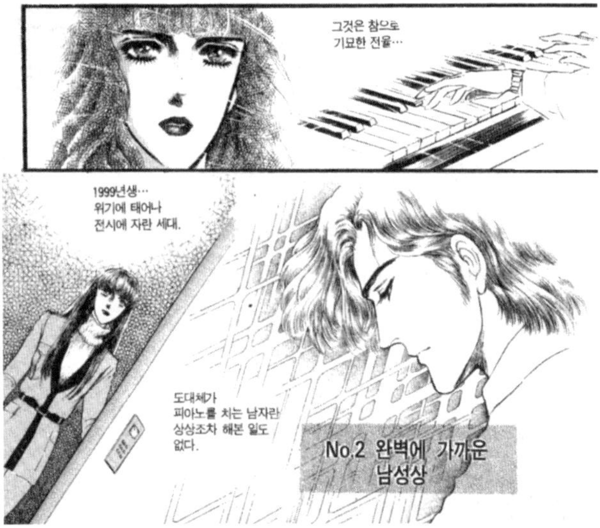

(그림 24) 신일숙의 〈1999년생〉. 만화 중간 중간에 난데없는 소제목들이 나타난다.

고 있는 만화인데, 프롤로그 부분에서 주인공은 한 작전을 성공시키게 되고, 이곳에서 한 외계인으로부터 결투를 신청 받는다. 이후의 스토리 전개에서 이 결투는 완전히 잊혀진다. 그 대신 간혹 가다 이 만화에는 알 수 없는 소제목이 등장한다.

No.1 벼락처럼 기억에 남는 만남
No.2 완벽에 가까운 남성상
No.3 하나의 인간으로서 능력을 인정할 것
No.4 보통의 관계에서 굳어지지 않도록 이성으로서 적극적인 자세를 취할 것
No.5 최후의 결점을 남긴다.

보통이라면 어느 정도 길이가 비슷한 단위에 할당될 법한 이런 소제목들은 이 만화에서는 그러나 일정한 길이에 구애받지 않고, 그것도 화면의 중간에 나타나는 등 예측치 못한 위치에 등장한다.

그러나 이야기가 종반을 향해 치달으면 이 소제목들은 단순한 소제목이 아니라, 주인공의 상대역인 남성이 주인공의 마음을 빼앗기 위해 차근차근 접근한 계획서의 제목임을 알게 된다. 이야기의 핵심이 되는 주인공의 연애 이야기는 사실은 프롤로그에서 등장해 결투를 신청한 외계인의 결투 행위였다. 주인공에게 동료를 잃은 외계인이 복수하기 위해 사이보그인 남성을 투입해 정신적으로도 육체적으로도 주인공을 상처입히려 한 것이었다.

쉽게 말하면 〈1999년생〉에 등장하던 소제목은 외계인의 스파이가 만들어놓은 '작업의 정석' 리스트였던 셈이다. 다만, 이런 '작업의 정석' 리스트는 단순히 작업의 정석에서 그치지 않는다. 사실은 이 정석 리스트는 순정만화의 서사 구조를 단순히 정리해놓은 것이기도 하기 때문이다. 문화 텍스트의 향유자는 기본적으로 주인공이라는 창을 통해 자신의 감정을 이입하게 된다. 그러므로 주인공을 사랑에 빠뜨리기 위한 남성의 작전은 다시 말하면 독자를 사랑의 세계로 몰고 가기 위한 작가의 전형적인 장치를 고백한 것이기도 하다.

일반적으로 소년만화와 소녀만화에는 전형적인 '틀'이 있다. 보통 일본의 소년 잡지가 정착시킨 잡지형 소년만화의 경우에는 애초에 주인공의 강렬한 개성을 얘기해 주는 몇 가지의 에피소드가 나온 후에 장기 연재에 돌입하면 주인공의 최종 과업(task)이 제시된다. 이 과업을 달성하는 과정에서 라이벌이 등장하고 이 라이벌을 넘어서기 위해 주인공의 업그레이드가 시작된다. 한 상대를 넘어서면 분기가 갈리는데, 상대방과 친구가 되어 공동의 목적을 가지고 함께 과업을 향해 나가는 경우가 있고, 단순히 업그레이드에 그치는 경우가 있다. 최종 과업을 달성하면, 역시 끝나는 경우도 있지만, 다시 새로운 적이 나타나면서 또 한 층의 업그레이드가 이뤄지곤 한다.

그리고 일반적인 순정만화의 틀은, 바로 신일숙이 〈1999년생〉에서 보여준 틀이다. 보통 일본 애니메이션에서 희화화되어 나타나기도 하는 남주인공과 여주인공의 만남은 돌연 부딪치기도 하고, 넘어진 여주인공을 일으켜주는 경우도 있다. 말 그대로 '벼락처럼 인상적인 만남'으로 시작되는 이들의 관계는 그 다음엔 '화면 뒤에 꽃이 깔리는' 등으로 남자 주인공의 매력이 발산되면서 여주인공의 연심이 싹트는 단계를 얻고, 그 다음에 남성이 여성 주인공을 '여성'이 아닌 하나의 인간으로서 인정하는, 우정을 얻는 이벤트에서, 서로의 밀고 당기기 끝에 서로의 사랑을 확인하는 이벤트, 그리고 이 사랑에 닥쳐오는 시련을 넘어서 해피엔딩을 맞는 것이 보통의 순정만화의 전형이다. 물론 이에는 수많은 변형이 존재한다. 애초부터 다소의 흠을 가지고 대시하는 남성에 대해 여성이 조금씩 좋은 점과 상처를 발견하고 천천히 자신의 사랑을 확인하는 만화가 최근에는 오히려 대세인 듯하며, 이것은 일부 소년만화에서도 발견되는 패턴이기도 하다.

그런데 신일숙은 이런 패턴이 그리스 신화에서 나온 패턴이라고 바로 만화 안에서 주장하고 있다. 〈1999년생〉에서는 이런 작업의 법칙이 그리스 신화의 아르테미스와 오리온의 이야기에서 따왔다고 하고, 그래서 게임의 명칭을 '아르테미스 사냥'이라고 말한다. 아르테미스는 처녀의 여신으로 결벽증과 프라이드를 가진 여성이었지만, 바람둥이인 오리온과 사랑에 빠지는데, 오리온은 사실 처녀의 약점을 잘 알고 있는 바람둥이였기 때문이었다고 작중의 남성은 얘기한다. 작중의 오리온인 로페스는 "결국 오리온이 아르테미스를 사냥한 것은 '심리 사냥'이었다"고 덧붙이는데, 이것은 만화라는 대중문화가 결국 독자에 대한 심리 사냥이었음을 얘기하는 셈이다.

② 〈러브히나〉가 도입한 '미연시'의 구조

〈러브히나〉는 1998년부터 일본에서 『주간소년 매거진』이라는 잡지에 연재된 만화다. 우리나라에서도 〈러브 in 러브〉라는 제목으로 소개되면서 인기를 모았었고, 일본에서는 만화영화화도 됐다. 그런데, 이 〈러브히나〉라는 만화는 의외로 '콜럼버스의 달걀'에 해당하는 만화다. 어디가 그럴까? 이 만화는 어렸을 때 소꿉친구와 약속한 '동경대에서 만나자'는 약속을 지키려 동경대 3수를 하고 있는 주인공이 5명의 여성이 있는 기숙사의 관리인이 되면서 벌어지는 일을 그린 러브 코미디다.

그런데, 이 만화의 연애 구조는 대단히 독특하다. 원래 만화건 드라마건 소설이건 한 남성과 동시에 연애 관계를 맺는 여성의 수는 두 명이나 많아봐야 세 명이다. 2명만 돼도 3각 관계이고, 4각 관계에 이르면 사실 드라마로 분류되는 러브 코미디를 벗어난 '개그 만화'의 영역이다. 그러나 이 만화의 주인공은 기숙사의 다섯 명 전원을 포함, 무려 여섯 명의 여성과 동시진행형 연애를 벌인다. 물론 주인공이 진짜 마음에 두고 있는 여성은 한 명뿐이지만, 다른 여성들과도 여러 가지 상황이 벌어지면서 만화에 등장하는 비슷한 나이 또래의 여성들은 전원이 이 주인공을 이성으로 사랑하게 된다. 결국 이 만화에 등장하는 여섯 명의 여성은 전원 '자신의 의지로' 주인공에 입맞춤을 하게 된다.

사실, 이런 구조는 만화의 일반적인 구조는 아니다. 이것은 '미연시'라고 불리는 게임의 구조이다. '미연시'라는 분류명 자체는 한국의 게임 팬들에게서 나온 국산 용어로 논란의 여지가 있다. '미연시'는 '미소녀 연애 시뮬레이션'의 줄임말인데, 사실상 게임의 장르에서 '미연시'라고 불리는 것들의 상당수는 일정의 변수를 조정해가는 '시뮬레이션 게임'이라기보다는 플레이어가 주인공 역을 하며 미리 설정된 줄거리를 따라가면서 다양한 문제를 해결, 게임의 목표를 성취하는 '어드벤처' 게임이거나, 정해진 스토리를 선택지가 거의 없이 따라가며 읽어가는 '비주얼 노벨' 쪽에 해당하는 경우가 많다. 이런 게임은 포르노(일본의 18세 미만 이용 금지) 게임인 경우가 대부분이고 일본에서는 '에로게'라고 불리지만, 한국의 게임 팬들은 이 '에로게'의 이미지가 좋지 않다는 이유로 '미연시'로 고쳐 부르고 있다.

이런 '미연시'는 게임에 수많은 여성들이 등장한다. 대부분의 여성들은 특별한 취향을 상징하게 돼 있는데 이를테면 학원을 배경으로 한 경우에는 교사를 비롯해, 우등생 소녀, 반항적인 깡패 소녀, 안경을 쓴 소녀, 활달하고 보이쉬한 소녀, 소꼽친구 등등의 전형적인 유형이 나온다. 이 게임의 목적은 대부분이 자신이 목표하는 캐릭터를 골라 '공략'해 행복한 결말을 보는 것이다. 해당 캐릭터와의 결말을 보기 위해서는 여러 가지의 '이벤트'를 거쳐야 하며, 대부분 클라이막스의 이벤트로는 해당 캐릭터와의 적나라한 성관계가 들어가게 된다. 대표적인 '에로게'의 고전으로 꼽히는 '동급생' 시리즈의 경우 이런 최종 이벤트를 마치고

'호감도'를 높이면 상대편 캐릭터가 게임 상의 마지막 날에 사랑을 고백해오고, 그 고백을 받아들이면 해당 캐릭터와의 행복한 미래가 그려지는 결말 화면을 볼 수 있다. 이런 게임의 플레이어는 좀처럼 넘어오지 않는 이런 캐릭터를 '공략'해가면서 정복욕을 만족시킬 수도 있고, 해당 캐릭터와 정말 연애를 하는 듯한 감정을 즐길 수도 있다(물론 게임 팬들이 '에로게'라고 부르기를 거부하는 일부 게임에서는 말 그대로 애절한 감동 스토리를 경험할 수도 있고, 치밀한 스토리 전개로 흥미진진한 결말을 내는 것을 찾아볼 수도 있기는 하다).

〈러브히나〉의 경우 이런 구조가 두드러진다. 주인공의 기숙사에 사는 학생들 중 한 명은 이른바 미인형의 히로인 스타일이고, 한 명은 수줍은 하급생, 이른바 동생 스타일이다. 한 명은 걸걸한 누님 스타일이고, 한 명은 남성을 싫어하는 검사(劍士)다. 한 명은 천방지축인 장난꾼 스타일이다. 나중에 등장하는 한 명은 어딘지 나사가 빠진 것 같고 멍하니 있어 실수가 잦지만 여유롭고 마음 착한(일본어로 '보케'나 '도지'라고 한다) 전형적인 스타일을 상징한다. 주인공은 이들 한 명 한 명과 이런 저런 사건을 함께 겪게 된다. 각 사람마다 가지고 있는 사연이 소개되면서 차근차근 '이벤트'를 겪어나간다. 일반적인 '미연시'에서 최종 이벤트로 돼 있는 여성과의 성관계의 경우 역시 '소년만화'인 만큼 키스로 넘어가게 된다. 다만, 설정 자체는 일본의 미연시 못지않게 내부적으로는 폭력적인데, 처음에 어느 정도 거부감을 보이던 캐릭터들은 결국 완전히 정신적으로 무장해제를 당한 채 스스로의 의지로 적극적인 입맞춤을 하게 된다. 전원과의 이벤트를 마친 주인공은 결국 마지막에는 자신이 좋아하는 캐릭터를 선택해 결말을 보게 된다.

원래 게임의 이야기 구조를 기반으로 한 만화나 만화영화는 이전에도 많았다. 인기 게임 〈드래곤 퀘스트〉를 기반으로 한 〈드래곤 퀘스트 다이의 대모험〉이나 〈드래곤 퀘스트 로토의 문장〉 등이 먼저 나와 있었고, 게임 형식을 빌렸다는 〈마법진 구루구루〉 같은 것도 있었다. 그러나 대부분은 만화의 문법에 맞춰 게임의 개념이나 아이템만 일부 빌려왔던 것이다. 또 이전부터도 여러 가지 스타일의 여성이 등장, 독자나 시청자가 이중 한 명을 선택해 좋아할 수 있도록 만드는 장치는 있었다. 예를 들어 애니메이션 〈미소녀 전사 세일러문〉의 경우 각각 다른 스타일의 여성이 등장하고, 각각의 팬들이 존재했다. 그러나 연애의 경우 이런 캐릭터들이 한 남성을 좋아한다는 설정을 집어넣을 수는 없었고, 결국은 이들 세일러 전사들은 각각의 남성 파트너를 가지고 있게 된다.

1990년대 후반에 들어오면 한 남성이 여러 여성을 동시에 공략하는 게임의 문법이 만화나 애니메이션을 침식하게 된다. 특히, 미연시의 경우 게임을 다 끝낸 후 다른 캐릭터를 택해서 다시 처음부터 플레이를 할 수 있지만, 다른 캐릭터와의 동시공략은 한계가 있다. 예를 들어 한 캐릭터와의 '이벤트'를 진행하면 다른 캐릭터와는 할 수 없게 되는 경우다. 이 때문에 다시 플레이할 수 없게 시간이 진행되는 만화나 애니메이션에서는 이런 '동시 공략'이 더욱 어려운 것으로 생각됐다. 그러나 실제로 만화에서는 〈러브히나〉가 이런 게임의 문법을 소화해냈고, 거의 동시에 애니메이션 분야에서는 미연시 게임 원작의 〈투 하트〉가 만화영화화됐다. 다만 〈투 하트〉의 경우 캐릭터들이 겪게 되는 주인공과의 이벤트가 '학창 시절의 추억' 정도로 지나갈 수 있는 것이었기 때문에, 〈러브히나〉처럼 완전한 이식으로 보기는 힘들었다. 이런 게임 문법의 이식은 2000년대 들어와서 광범위하게 이뤄지게 되고, 이런 식의 '하렘 만화'는 어느 정도 애니메이션의 지분을 가지게 된 상태다.

4) 매력적인 구조주의 비판적 시각으로 바라보기

구조주의적 접근법에 대해 다양한 비판이 가능하다. 비평가들은 구조주의의 기본 주장이라 할 수 있는 텍스트에는 고정된 명백한 의미가 존재하며, 이러한 의미들을 찾아낼 수 있다는 전제에 대해 비판한다. 이러한 전제를 깔고 있는 구조주의 접근 방법은 너무 객관주의적이고 투박하여 서사와 의미의 미묘한 사항을 포착하지 못한다는 것이다. 텍스트 및 상징체계 구성에 있어서 권력의 역할이란 중요한 질문들을 간과한다는 점 역시 치명적인 약점으로 지적된다. 또한 구조주의는 변동이나 저항 또는 역사의 우연적인 사건을 적절히 설명해내지 못한다. 만일 모든 것이 견고한 구조에 의해 결정되는 것이라면, 역사상의 수많은 변동에 대한 설명은 물론, 더 나아가 역사까지도 구조주의 분석 영역의 바깥으로 밀려날 수밖에 없으며, 구조주의는 몰역사적이라는 비판으로부터 자유로울 수 없다.

구조주의는 모든 언어적, 사회적 관계들을 구성하는 객관적인 조건들을 설명하려는 시도이다. 따라서 객관적인 과학임을 자임하며, 연구자 스스로를 편견을 배제한 과학자로 간주한다. 따라서 자신들의 분석은 사회에 대한 과학적이고 객관적인 결과물인 것이다. 이러한 자기 이해는 다른 입장들, 특히 포스트모더니즘의 입장과는 근본적으로 다르다. 이러한 구조주의 분석적 방법론이 주장하는 객관성은 쟈크 데리다나 롤랑 바르트와 같은 구조주의자들로부터도 신랄한 비판을 당한 부분이다. 이들은 언어 구조 혹은 사회 구조가 고정적이고 보편적이라는 견해에 의문을 던졌다. 또한 구조주의자들은 구조를 강조함에 따라 행위 주체, 개인적 혹은 공유된 이해 관계, 공동체와 같은 문제들을 대체로 무시하거나 구조적 인과론의 분석 틀이라는 제한된 범위 내에서 설명해왔다.

그럼에도 불구하고, 여전히 구조주의적 접근 방법은 상당히 매력적이다. 독자들은 물론 심지어 작가까지도 인식하지 못했을 법칙과 규칙성이 발견되고 그 설명이나 분석이 너무도 적절해 보일 때는 복잡하고 별개의 사건처럼 생각되는 사회의 모든 현상들의 심저에는 이들을 지배하고 있는 법칙이 정말 있지 않을까 그리고 그 법칙의 구조는 정말 단순한 것이 아닐까 하는 생각을 갖게 된다. 20세기 중반 유럽의 당대의 석학들이라 생각되는 거의 모든 이들이 매료됐었고 그 심층 구조를 찾는 데 몰두했다는 것이 전혀 이상하지 않다. 그러나 동시에 이들이 모두 인류 공통의 심저에 자리하고 있는 정신의 구조 찾기에 실패했으며 현재 구조주의는 그 구조 자체에 대한 관심보다는 분석적 도구의 역할만을 담당하고 있다는 사실도 역시 자연스럽게 느껴진다. 너무나 그럴듯한 분석에 그럴 수도 있지 않을까 하는 생각이 들었다 할지라도 어떻게 이렇게 복잡한 현상들과 문화적 텍스트를 꿰뚫는 단순한 법칙이 있을 수 있나, 또한 있더라도 인간이 찾아낼 수 있을까라는 정서가 깔려 있기 때문일 것이다. 현재 구조주의 방법론은 일반적이고 더 이상 환원할 수 없는 추상적인 구조를 찾기보다는, 특정 문화권 내에서 제 현상을 관통하는 구조에 초점을 맞추고 다른 여러 이론들과 병행되어 보조적으로 사용되는 경향성을 띠고 있다.

4. 문화적 텍스트로 구분 짓기

1) 고급문화로 구분 짓기 - 문화 자본 그 엄청난 힘에 대하여

다음 그림은 얀 반 아이크가 1434년에 그린 〈아르놀피니 부부의 결혼〉이라는 그림이다. 초상화로 유명한 그의 그림 중 가장 유명한 것 중의 하나이다. 세밀하고 정확한 묘사로 유명한 그의 그림답게 보고 있으면

(그림 25) 얀 반 아이크가 1434년에 그린 〈아르놀피니 부부의 결혼〉

정말 그 방에 들어가본 것 같이 느껴진다. 그러나 이 그림에 대해 알려져 있는 몇 개의 사실들을 알고 나면 더 재미있게 감상할 수 있다. 먼저 그림 속의 눈에 띄는 자리에 라틴어로 '얀 반 아이크 여기에 있었노라' 라고 씌어 있다. 그리고 방 뒷벽에 걸린 거울 속에 그려져 있는 사람이 바로 화가인 얀 반 아이크이다. 또 하나, 이 그림에 너무도 세밀하게 그려진 많은 것들이 정말 그 방에 있었던 것이 아니라 상징의 도구로 그려졌다는 것이다. 결혼식을 올리는 성스러운 자리에 복슬복슬한 강아지가 있는 것을 보고 이들이 굉장히 강아지를 좋아했나보다고 생각하면 오해라는 것이다. 강아지는 부부의 믿음과 충성을, 과일은 아담과 이브의 순결한 몸과 마음을, 밝은 대낮에 환하게 켜놓은 촛불은 결혼을 상징하고 있다. 그 외에도 수많은 상징들이 숨어 있다.

같은 미술 작품을 감상하더라도 미술사 또는 이에 관련된 것을 알고 감상하는 것과 전혀 모르고 감상하는 것의 차이를 생생하게 느낄 수 있었기를 바란다. 자, 여기에서 우리는 굉장히 재미있는 사실을 알 수 있다. 그것은 명화 한 장을 보더라도 어떠한 지식이 필요하다는 것이다. 그리고 사실 이러한 지식은 클래식 음악, 발레 등 소위 우리가 말하는 어떠한 고급문화(high culture)를 즐기는 데 있어서는 어느 정도로는 다 필요한 것이다. 어떻게 생각하면 당연할 수 있을 것도 같은 이 사실이 왜 문화사회학적으로는 중요한 것일까? 이 장에서는 특유의 박식함과 난해함을 바탕으로 사회과학 전반에 걸쳐 지대한 영향력을 행사해오고 있는 피에르 부르디외(Pierre Bourdieu)의 '문화 자본' 개념을 중심으로 문화적 텍스트를 통한 계급간의 구분 짓기의 방식과 그 결과 등에 대해 설명해보고 이를 만화라는 대중문화 텍스트에 적용시켜보고자 한다.

웬만하게 사회과학 서적을 들춰본 사람이라면 "자본(capital)"과 연결된 "계급(class)" 개념을 어렴풋하게나마 알고 있을 것이다. 여기서의 자본은 경제적인 것, 쉽게 말하자면 돈과 연결되는 개념이다. 프랑스의 사회학자인 부르디외는 우리가 일반적으로 생각하는 경제력과 비슷한 의미의 "경제 자본(economic capital)", 고급문화 등을 즐길 수 있는 '취향(taste)' 등을 의미하는 "문화 자본(cultural capital)" 그리고 사회적인 연줄 등을 의미하는 "사회 자본(social capital)" 이렇게 세 가지로 의미를 확대 구분했다. 그의 주장을 아주 단순화시켜 얘기하자면 계급 구조의 근본은 인간들이 자기 자신을 남들과 차별화(distinction)하고자 하는 본성이다. 그리고 이러한 차별화의 자원이 되는 것이 위의 세 가지 자본이며, 이들 중에서도 특히 문화 자본은 비가시적이고 사회로부터 정당성을 쉽게 확보할 수 있다는 점에서 계급 구조를 재생산하는 데 있어 가장 강력한 자원이라는 것이다.

부모로부터 많은 재산을 물려받아, 말 그대로 집세와 이자를 받아 경제적으로 풍족하게 사는 사람들을 우리는 '팔자 좋은 사람'이라고 부드럽게 말하기는 하지만, 그들이 사회적으로 인정을 받을 수 있는가는 매우 다른 문제이다. 그러나 우리가 집안 또는 부모로부터 물려받는 것은 단순히 재산만은 아니라는 것이 그의 주장의 핵심이다. 예를 들어, 어린 시절 집안에 고급 전축이 있어 항상 클래식 음악이 흘러나오고 또한 유명한 화가의 진품들이 걸려 있는 그러한 집안에서 큰 사람과 이런 분야의 지식이라고는 교과서에 나온 것이 전부인 사람과는 성장하여 같은 사회적인 지위에 있다고 할지라도 취미라든지 성향에서 많은 차이가 있을 것이다. 이뿐만 아니라 이러한 차이는 좋아하는 음악에서, 가구를 사는 장소, 그리고 식탁을 차리는 방식, 먹고 마시는 것에 이르기까지 광범위하게 나타난다는 것이다.[39] 우리가 아무 생각 없이 듣는 음악, 아무 생각 없이 하는 행동 하나 하나가 우리가 속한 계급의 반영이라는 점은 약간은 섬뜩할 수 있는 일이다. 그리고 문제는 이러한 계급의 반영인 취향에 대해 사회가 어떤 평가를 내린다는 점이다.

다시 말해 미술 작품 또는 클래식 음악을 "안다는 것" 그리고 즐긴다는 것은 문화자본론의 시각에서 봤을 때는 단순히 이러한 문화에 노출될 기회가 많은 집단 출신 사람의 몸에 배어 있는 '취향'이거나 이 집단에 대한 동경을 가진 사람들의 노력의 결과이다. 그럼에도 불구하고 우리는 이런 것을 즐기는 사람에게 멋있다든지 또는 수준이 있다든지 하는 경탄을 보냄과 동시에 이들이 뭔가 나와는 다른 집단에 있다는 듯한 느낌을 가질 수 있다. 또한 이러한 논리의 순서가 뒤바뀌어 그런 취향을 가진 사람들이야말로 상류 계층의 구성원이 될 자격이 있다는, 그들이 우리와는 다르다는 것을 자연스럽게 받아들이게 하는 정당화의 좋은 기제가 될 수 있다는 것이다.

지금까지 매우 간단한 얘기를 아주 어려워 보이게 해왔다. 사실 이것이 사회학의 묘미라고 할 수 있다. 개념이라든지 이론들을 들으면 매우 복잡하고 우리와 관계없는 것 같은데 사실 사회학 이론이라는 것이 다루고 있는 것이 우리 주변의 삶이기 때문에 우리의 생활과 연결시켜서

39 프랑스 사회를 대상으로 이루어진 광범위한 조사연구를 바탕으로 한 부르디외의 『구별 짓기』라는 책에는 각 계급에 따른 취향의 차이가 상세하게 잘 나와 있다. 흥미롭기는 하지만, 이 학자가 유명해진 이유 중 하나가 문체가 하도 길고 복잡해 해석의 여지가 많아 우수한 후학들이 연구를 많이 해서 그렇다는 것이 중론이고 본인도 동의하는 바, 읽어보라고 강력하게 추천하기는 부담스러운 것도 사실이다.

생각해보면 아주 간단할 뿐만 아니라 이러한 틀로 보면 너무도 당연시했던 우리의 생활의 많은 것들이 새롭게 보이게 된다. 문화자본론의 주장을 우리의 생활과 연결시켜 생각해보자.

만일 클래식 음악에 문외한(문화 자본이 적은)인 당신이 우연한 기회에 클래식 음악을 많이 아는(문화 자본이 풍부한) 친구 집에 놀러 갔다고 가정해보자. 이 친구가 자연스럽게 자기가 자주 듣는 음악을 들려주었고 당신이 그 음악이 아주 마음에 들어 다음과 같이 말을 꺼냈다.

당신: 야! 이 음악 되게 좋다.

친구: 이 음악은 바하의 골드베르그 변주곡이라는 음악인데, 넌 보면 이런 바로크 스타일의 곡을 좋아하는 경향이 있더라. 이 곡을 연주한 이 연주가는 로잘린 튜렉인데 학구적인 연주로 유명하지. 음 하나하나가 정확하면서도 음 사이의 충분한 공간이 안정감을 주잖아. 좀 더 바하가 살던 시대의 소리에 가까운 연주를 듣고 싶다면 피에르 앙타이가 하프시코드로 하는 연주를 한 번 들어봐. 참, 키스 자렛이라는 재즈 피아니스트가 하프시코드로 골드베르그 변주곡을 연주한 음반도 있는데, 재즈 뮤지션이, 그것도 피아니스트가 하프시코드로 바하를 해석해내는 걸 보면 기가 막히지! 안드레이 가브릴로프의 파워풀하고 다이나믹한 연주도 들어보면 분명히 네가 좋아할 거야.

당신: (착하게 생각하면)

'어떻게 이 친구는 이런 것을 다 알까? 걘 정말 이런 음악을 즐기는 것 같아. 확실히 내 친구는 나와는 달리 수준이 있어. 선율이 좋긴 하지만 난 지겹기도 하고 잘 모르겠는데…… 아, 난 너무 촌스럽고 아는

것도 없어. 얜 확실히 나와는 달라.'

(삐딱한 관점에서 생각하면)

'누가 물어봤니? 너 잘났다. 너랑 수준 맞는 사람들이랑 놀지 나랑은 왜 노니?'

자, 또 하나의 예를 들어, A라는 미술에 대한 문화 자본을 많이 가진 사람이 B라는 여성 또는 남성을 사모하여 쫓아다니다 함께 데이트를 할 기회가 생겼다. A는 자신이 너무도 좋아하는 미술 작품을 함께 즐기고자 또는 자신이 아는 것을 약간은 과시하고 싶은 생각에 함께 화랑이나 미술관에 갔다. 계속 B가 작품을 보는 둥 마는 둥 설명 역시 귓등으로 흘리며 기껏 하는 말이 "참 사람들은 할 일도 없나봐요, 그림 보러 오는 사람들이 생각보다 많네요"라면 A는 '내가 어찌 이리도 수준 낮은 사람을 좋아했던고…… 정말 깬다'하고 정떨어져 안 만날 수도 있고, 사랑에 눈이 멀어 참다가도 B한테 나중에 보기 좋게 거절당하고 나서는 친구들에게 이렇게 한마디는 확실하게 내뱉을 수 있을 것이다. "나랑 수준이 달라서……"

취향이 다르다는 것은 사실 수준이 다르다는 것의 완곡한 표현일 수 있으며 수준이 다르다는 것은 이미 어떠한 가치 판단을 함의하는 말이다. 또한 나와 저 사람과의 금을 긋는 가장 확실한 방법이며 로또에 당첨되어도 하루아침에는 바꿀 수 없는 확실한 경계이다. 나아가 이러한 차이에서 오는 이질감이라든지 동질감은 한 집단 또는 한 계급 안에 사람들을 무의식 중에 묶어주며 또한 집단 또는 계급 밖에 있는 사람들에 대한 배타적인 감정으로 나타날 수 있다. 따라서 이러한 취향의 차이는 사회의 계급 구조를 가장 효율적으로 재생산하는 메커니즘임에도 불구하고 우리는 이를 의식조차 하지 못하고 있음을 문화자본론은 지적하고자 하는 것이다.

2) 대중문화 안에서 구분 짓기 -인비지블 잉크와 오타쿠

① 인비지블 잉크? -〈스즈미야 하루히의 우울〉과 〈자이언트 로보〉

- 〈스즈미야 하루히의 우울〉과 보이지 않는 잉크

2006년-2007년 소설 시장에는 갑자기 일본 바람이 불었다. 일본 작가들의 소설이 소설 부문 베스트셀러에 여럿 이름을 올렸다. 그런데 대부분 1만 원에서 조금 못 미치는 이런 베스트셀러 소설 중에 6000원짜리 '싼' 책이 올라와 있다. 이른바 '라이트 노벨'이다. 라이트 노벨은 주로 일본에서 창작되는 것으로, 애니메이션이나 만화, 게임의 감수성을 가지고 창작된 소설이다. 소설이라기보다는 글로 쓴 만화라고 표현하는 편이 적절하며, 출판사 역시 만화책 전문인 대원씨아이이다.

이 라이트 노벨 분야의 2006년 최대 화제작은 다니가와 나가루의 〈스즈미야 하루히〉 시리즈이다. 이 책은 2006년에 1권에 해당하는 〈스즈미야 하루히의 우울〉이 4만 권 넘게 팔렸고, 시리즈 전체로는 21만 권 정도 팔렸다. 도대체 이 책이 인기를 모은 이유는 뭘까? 사실, 책이 히트한 이유는 비교적 간단하다. 이유는 이 책의 애니메이션 판인 〈스즈미야 하루히의 우울〉 애니메이션이 2006년 상반기 애니메이션 마니아들 사이에서 가장 큰 인기를 모은 최고의 화제작이었기 때문이다. 사실 '현실적인 것'에 집착하는 한국 독자들에게 라이트 노벨이란 분야의 한국에서의 시장성은 크게 검증되지 않았었다.

〈스즈미야 하루히의 우울〉이라는 만화영화는 대단히 특이한 애니메이션이다. 이 애니메이션은 방영과 동시에 전 세계에 광적인 팬 층을 만들어냈다. 이 만화영화의 엔딩은 주인공들의 춤 장면으로 이뤄져 있는데, 세계 각국의 네티즌들이 이 춤을 재현한 UCC 동영상을 만들어 올렸다. 그런데 원래 이 만화는 일본 자체 내에서는 이른바 메이저 방송국의 만화가 아니다. 지방 방송국 네트워크에서, 그것도 심야에 방송한 지극히 '마이너한' 애니메이션이다. 이 지방 방송 네트워크는 도쿄 일부에서는 제대로 잡히지도 않는다. 그러나 이 애니메이션이 방송되는 날이면 전 세계 네티즌들은 인터넷 P2P 프로그램을 켜놓고 일본 현지 네티즌들이 인코딩해서 올려놓은 동영상을 다운받았고, 불과 몇 시간 지나지 않아 인터넷 애니메이션 커뮤니티 사이트에서는 격론이 벌어졌다.

〈스즈미야 하루히의 우울〉은 내용 자체로만 보면 만화영화로 그렇게까지 특이하지는 않다. '외계인, 미래인, 초능력자, 이계(異界)인 외에는 관심 없다'고 주장하는 한 천방지축 소녀가 벌이는 코미디다. 다만, 색다른 것이라면 이 소녀의 주위에 등장하는 사람들의 정체가 실제로 외계인, 미래인, 초능력자라는 것이며, 주인공 소녀는 자신의 기분에 따라 전 우주가 창조되기도 하는 실질적인 신(神)임에도 불구, 본인만 이 모든 사실을 모른 채 어디로 튈지 모르는 장난을 벌인다는 것이다. 그런데도 대단히 까다로운 취향의 마니아들을 이렇게까지 열광시킨 것은 무엇일까? 이유는 여러 가지로 분석된다. 엄청나게 꼼꼼한 작화, 발랄한 연출, 매력적이고 이른바 '모에'[40]를 가진 캐릭터, 한 번쯤은 그려봤음 직한, 세상이 자신을 위주로 돌아갈 수 있다는 상상에 대한 동감…… 그러나 이 만화영화는 그 이전에 매우 중요한 요소를 가지고 있는데, 그것은 '마니아들이 좋아해도 그 좋아한다는 사실을 정당화할 수 있는' 여러 장치를 충분히 가지고 있다는 점이다.

이 만화는 첫 회가 대단히 어색한 분위기다. 촬영을 잘못한 것 같은 화면에 도저히 프로페셔널이라고는 생각될 수 없는 성우의 연기, 그리고 논리도 없고 마구 전개되는 것 같은 화면…… 그렇게 1회가 다 끝나면 말미에 갑자기 깨끗하게 그려진 화면이 등장한다. 사실상 1회는 극중 등장인물들이 출연해 찍은 아마추어 영화의 내용이다. 본격적인 내용은 다음 회부터 시작하며, 1회의 엔딩에서 눈에 확 띄게 예쁜 그림체의 주인공들 댄스 장면이 나온다. 시청자들은 '이 애니메이션은 뭔가 끼가 있는, 특별한 작품이구나'라고 느끼게 된다. 물론, 1회에 등장하는 어설픈 아마추어 영화도 그냥 보아 넘길 것은 아니다. 한 구절 한 구절에 마니아들이 열광하는 '코드'에 대한 패러디가 가득 들어 있다.

2회가 되자 원래의 오프닝이 등장했다. 이번에는 애니메이션 제작 테크닉을 아는 사람들의 반향이 아주 컸다. 오프닝 애니메이션에서 3개의 화면이 별개의 템포로 돌아가는 화면이 있는데, 이것은 제작기술상 대단한 정성이 필요한 것이라는 얘기였다. 예고편에 나온 주인공이 다음 회 수를 말해주면 주인공의 상대역인 남성 캐릭터가 굳이 정정을 해준다. 이게 무슨 얘기인지 궁금하던 사람은 몇 회가 지나가면 그 이유를

40 모에는 주로 만화, 애니메이션 팬 층에서 쓰이는 일종의 은어이다. 일정 캐릭터 등에 대해서 가지는 열렬히 좋아하는 감정, 혹은 그를 유발하는 캐릭터 속의 무언가를 말하는 용어로 그냥 좋아한다기보다는 집착적인 감정이 들어 있고 이른바 미인이라도 '귀여운' 캐릭터가 아닌 경우는 쓰지 않는 경우가 많다. 아직도 정확한 정의가 없는 단어이지만, 2000년대 들어 일본 오타쿠 문화를 설명하는 핵심 키워드 중의 하나이다.

깨닫게 되는데, 이 만화영화는 정상적인 순서를 방영 당시에 뒤섞어놓았다. 3회의 다음 이야기는 5회에 나오고, 또 그와 이어지는 얘기는 10회에 등장한다. 이 순서는 DVD가 발매될 때에서야 제대로 맞춰진다. 왜 이렇게 뒤섞어놓았는가를 놓고 애니메이션 마니아들 사이에 토론이 벌어진 것은 물론이다.

마니아들은 그 외에도 아무렇지도 않게 지나는 화면의 한 쪽 구석에 여러 복선이 깔려 있음을 발견한다. 특히 12회에서는 전반 부분에 주인공이 나오지 않고 주인공의 상대역 남성 캐릭터가 문화제를 구경하는데, 사실은 아무렇지도 않게 화면이 지나가던 이곳저곳에서 주인공이 등장했고, 결국은 이 장면이 복선이 되어 마지막의 학원제 라이브 콘서트 장면이 이뤄지게 된다. 물론 이런 장면이 등장했었던 사실은 만화영화 내에서는 다시 언급되지 않는다. 단지 엄청난 마니아들이 수십 번씩 같은 애니메이션을 돌려보고 발견해내는 것이다. 한번 보고 마는 일반인들 입장에서는 도저히 캐치할 수 없는 이런 여러 비밀을 왜 집어넣은 것일까?

'인비지블 잉크(invisible ink)'라는 말이 있다. '보이지 않는 잉크'는 원래 불에 비춰 본다든지 하는 특별한 방법을 쓰지 않으면 내용을 볼 수 없도록, 암호문 등에 사용하는 잉크다. 마치 이런 보이지 않는 잉크로 글을 쓴 것처럼 특정한 기술을 연마하지 않으면 그 진의나 가치를 알 수 없도록, 특정 집단끼리만 통하는 기호를 만드는 것을 '보이지 않는 잉크 전략'이라고 얘기한다. 이 보이지 않는 잉크 전략은 어느 사회에서나 특별한 계층의 아이덴티티를 만들고 우월성을 나타내는 수단으로 효과적이다. 예를 들어 와인 매너, 오페라 관람처럼 어느 수준의 지식을 갖추지 않으면 즐기지 못할 것들이 해당된다.

세칭 저급문화로 여겨지는 '서브컬처'의 감상자 세계에서도 '인비지블 잉크'가 존재하며, 이런 인비지블 잉크 전략은 그들 나름대로의 유대 강화와, 감상자 그룹 안에서의 계급 구분에 사용된다. 물론, 이전의 와인 매너나 오페라 관람처럼, 이런 인비지블 잉크는 기본적으로 '지식'에 의해서 결정된다. 〈스즈미야 하루히의 우울〉에서 만화영화에서는 좀처럼 쓰이지 않는 화면 구도가 쓰였음을 알아보거나, 애니메이션의 원작인 소설의 게재 순서와 애니메이션 방송 순서를 비교해볼 수 있는 능력 등이 인비지블 잉크를 해독할 수 있는 열쇠 중의 하나다.

인비지블 잉크라는 개념은 앞서 소개했던 부르디외의 문화 자본의 개념과 매우 유사하다. 그리고 대중문화 텍스트인 만화에 적용시킬 경우는 인비지블 잉크라는 용어가 더 적합할 듯하다. 고급문화를 통한 상층계급의 문화를 지칭하는 문화 자본을 통한 구분 짓기의 개념을 그대로 적용하는 데는 논란의 여지가 있을 수 있다. 왜냐하면 부르디외의 문화 "자본" 개념은 간접적인 배제를 통한 계급 계층의 재생산 즉 자본의 재생산을 전제하고 있기 때문이다. 그래서 어떤 집단 내에서의 상징적인 보상만을 받는 경우에는 인비지블 전략이 훨씬 적절해 보인다.

그리고 가장 일반적으로 '애니메이션 마니아'들의 아이덴티티, 혹은 계급 인정에 쓰이는 것은 도대체 얼마나 많은 만화를 기억하고 있는지를 알아볼 수 있는 '패러디'다. 〈스즈미야 하루히의 우울〉은 이 패러디의 집합체 같은 애니메이션이기도 하다. 방송 기준으로 9회는 원작에는 없는 애니메이션 오리지널에 해당한다. 이 회에서는 등장인물 중 한 사람이 아무도 없는 서클 룸에서 혼자서 기다리는 장면이 있다. 그런데 아무런 움직임 없이 책장만 넘기는 이 장면이 무려 3분 동안이나 계속된다. 이 장면 역시도 마니아들에게 '롱 테이크' 라는 전문적인 용어를 근사하게 사용해서 이 작품이 얼마나 새로운 시도를 하려고 노력한 작품인지, 또 이런 롱 테이크를 통해 긴 시간의 경과와 권태롭고 한가한 일상을 표현하고자 한 의도로 볼 수 있다든지 등등 일반 사람들에게 설득력 있고 멋있게 설명할 수 있는 기회를 제공해주었다. 그렇지만 사실 이 정도의 설명은 대단한 수준이 아니다.

이 장면에서는 그냥 들으면 책장 넘어가는 소리 정도밖에 들리지 않는다. 그러나 볼륨을 크게 하고 들으면 다른 서클 룸에서 연극 연습을 하는 소리가 아득하게 들린다. 그런데, 이 아득한 연습 소리에 사실은 엄청나게 많은 '패러디' 가 숨어 있다. 유명한 만화 〈유리가면〉이나 〈베르사유의 장미〉, 〈명탐정 코난〉의 대사를 비롯해서 〈Air〉나 〈역전 재판〉과 같은 게임, 일본 드라마, 시대극까지 망라한 많은 작품의 패러디가 이 3분간에 숨어 있다. 그야말로 인비지블 잉크다. 아마 만화를 많이 안다고 자부하는 마니아들은 이 패러디가 어디서 나온 것인지를 놓고 토론을 벌일 수 있었을 것이다. 대신 이런 패러디의 출처를 하나도 모르는 초보 마니아들은 대화에 끼어들기조차 힘든 상황이 되는데, 여기서 마니아들의 계급이 갈린다. 〈스즈미야 하루히의 우울〉 애니메이션은 비단 이 9회뿐 아니라, 다른 편에도 엄청나게 많은 다른 작품의 패러디가 등장한다.

그럼, 이 패러디는 〈스즈미야 하루히의 우울〉만이 가지고 있는 코드일까? 그렇지 않다. 패러디는 최근의 만화영화가 거의 공통적으로 사용하고 있다. 심야 방송 만화처럼 비교적 시청자가 마니아층으로 제한돼 있는 애니메이션뿐 아니라, '어린이 시간'으로 분류되는 시간대의 애니메이션도 거의 매 회마다 패러디를 집어넣고 있다. 원래 패러디는, 해당 사회에서 모르는 사람이 없을 정도로 인기를 끌거나 잘 알려진 대상을 가지고 하는 것이 일반적이다. 그러나 보이지 않는 잉크로 작용하는 패러디는 성격이 다르고, 따라서 애니메이션과 같은 대중문화에서 시청자의 범위를 제한할 수 있는 난해한 표현을 집어넣는다는 것은 일견 무모해 보인다. 그렇기 때문에 물론 패러디를 알 수 없다고 해서 감상 자체가 불가능한 것은 아니다. 패러디를 모르는 사람은 그 나름대로 애니메이션을 즐겁게 감상할 수 있는 요소를 충분히 넣어놓기 때문이다. 그러나 이런 패러디의 일반화는 말 그대로 만화영화에서도 '아는 만큼 보인다'는 실질적인 계급 구분의 가능성을 만들어놓음으로써 일반인과 마니아 모두에게 어필하는 효과를 노리고 있다는 분석도 가능하지 않을까 싶다.

– 위화감이 만드는 〈자이언트 로보〉

이런 '인비지블 잉크'로 만든 부분은 간혹 애니메이션의 핵을 이루기도 한다. 〈자이언트 로보〉라는 애니메이션이 있다. 이 만화는 원래 일본의 유명 작가인 요코야마 미쓰테루의 원작을 애니메이션화한 것인데, OVA(TV 방송용이 아니라, 비디오 판매용으로 만든 애니메이션)로 1992년에 1편이 처음 나왔고 1년에 한 편의 페이스로 1998년에 총 7편 완결됐다. 이 만화는 사실 원작과는 거의 관계가 없다. 막상 〈자이언트 로보〉라는 원작에서 가져온 것은 로봇 디자인 정도이고, 스토리는 완전한 오리지널이며, 등장인물들은 모두 원작자인 요코야마 미쓰테루의 다른 만화 주인공들이다. 특히 원작자는 '수호지' 등의 중국 고전소설을 만화화하는 데 힘을 쏟았고, 일본 닌자물을 많이 그렸던 사람이다. 이 때문에, 로봇이 나오는 만화의 주인공들이 갑옷을 입고, 말을 타고, 활을 쏘면서 전투를 하는 일이 벌어졌다. 더구나 이 만화는 이런 모든 특이한 '위화감'으로 묘한 분위기를 자아내고 있다. 예를 들어 수호지에서 등장하는 무인으로, 얼굴에 푸른 점이 있어 '청면수 양지'라고 불린 인물은 이 애니메이션에서는 푸른 피부의 여성으로 등장한다. 이른바 문학에서 얘기하는 '다시 보게 하기' 기법을 사용하고 있는 셈인데, 문제는 이런 위화감을 즐길 수 있으려면 기존의 만화를 알아야 한다는 것이다.

이 만화에는 1970년대 『새소년』에 연재돼 우리나라에서도 유명한 〈바벨 2세〉가 출연한다. 그런데, 이 〈바벨 2세〉의 주인공들은 전부 그 위치가 비정상적인 곳에 가 있다. 예를 들어 원작에서 주인공이었던 바벨 2세는 악의 결사인 '빅 파이어'단의 총수로 등장한다. 만화영화 자체에서 등장하지는 않지만, 설정 상으로는 원작에서 세계 정복을 꿈꾸던 바벨 2세의 적 캐릭터(요미)는 지구를 지키는 국제경찰기구의 최고 책임자로 돼 있어 선과 악의 위치가 바뀌어 있다. 이외에도 원작에서 등장하는 엑스트라급 단역이 국제경찰기구의 고위 간부로 엄청난 초능력을 지닌 인물로 나오는가 하면 〈바벨 2세〉의 속편격인 〈그 이름은 101〉에서 잠시 주인공의 연인으로 나왔던 단역급 스파이 여성이 애니메이션에서는 메인 히로인으로 등장해 활약하기도 한다. 미리 원작자 요코야마의 만화를 충분히 숙지하고 있던 사람은 애니메이션 감독이 기존의 캐릭터를 어떤 부분에서 어떻게 사용하는지를 보면서 색다른 재미를 느낄 수 있었다.

게다가 이 만화는 단순히 원작자의 만화를 다 읽어서만은 알 수 없는 부분도 들어 있다. 요코야마의 원작 만화 중에는 우리나라에서도 1975년부터 〈별나라 요술공주〉라는 제목으로, 후에 〈요술 공주 새리〉라는 제목으로 방영돼 인기를 모은 〈마법사 사리〉가 있다. 이 〈마법사 사리〉의 주인공 캐릭터 사리가 이 〈자이언트 로보〉 애니메이션에도 등장하는데, 여기서는 이름이 '사리'가 아니라 '사니 더 매지션'으로 돼 있다. 하지만 단순히 이름만 바꿔놓은 것은 아니고 이유가 있다. 〈마법사 사리〉는 처음 연재될 때의 제목이 〈마법사 사니〉였다. 영문으로 하면 그대로 '사니 더 매지션'이다. 그러나 이 '사니'라는 이름은 당시 소니에서 상표 등록을 해놓았기 때문에, 방송이 될 때 사용 허가를 받지 못했고, 결국 '사리'라는 이름으로 방송이 됐고, 원작도 개명이 됐다.

〈마법사 사리〉가 〈자이언트 로보〉에서 나오는 '사니 더 매지션' 같은 인물이라는 것을 알고 보는 마니아들은 '아아……' 하는 탄성이 나오는 부분이다. 사실 1966년에 벌어진 이런 일은 연구자 아니면 알기도 힘든 상황이다. 물론 마니아 중에도 이런 사실을 알고 감상하는 사람은 극히 소수다. 그러나 〈자이언트 로보〉 애니메이션은 굳이 '사니'라는 이름을 집어넣는다. 그 분야의 전문가들만이 식별할 수 있는 '보이지 않는 잉크'다.

② 마니아의 계급 형성과 '오타쿠'

다른 '인비지블 잉크'의 경우 보통은 인문학적 상식을 위주로 하는데, 패러디 등을 포함한 애니메이션 마니아들의 '인비지블 잉크'는 애니메이션-만화 등 서브 컬처의 지식만을 집요하게 파고든다는 것이 특징이다. 이런 이유에 대해서 일본 내에서는 애니메이션의 제작 관련자들이 모두 애니메이션에만 빠져 특별한 직접 경험을 겪지 못한 세대이기 때문에, 애니메이션 말고는 말할 소재가 없다는 식의 비판도 나오고 있다. 하지만, 근본적으로는 극도의 마니아들이 자신들의 지식에 대해 어느 정도 우월 의식을 가지고 이런 지식으로 감상자들의 계급화를 이끌고 있다고도 보인다. 이 같은 상황은 '오타쿠'라는 단어의 의미 변천이 어느 정도 보여준다.

한국의 마니아 문화는 몇 가지로 나뉜다. 물론 아주 과거에서부터 클래식 마니아, 팝송 마니아, 영화 마니아 등은 있었다. 외국 가수들의 내한 공연 때 오빠부대가 나타나는 경우도 많았다. 하지만, 대체로 이런 마니아들은 아주 제한된 존재들이었다. 적어도 소위 386세대 이전의 세대들에게 대중문화나 하위문화(subculture)들은 그 비용이 많이 드는 문화였고, 사회 전체적으로 이를 용인하는 분위기가 형성되지 않았다. 실제로 일반인들은 전혀 관심을 가지지 않을 것 같은 사소한 부분에서 대단히 미세한 부분까지 집착하며 파고드는 대중문화의 마니아들이 등장하는 시기는 1970년대생들부터다. 이들은 어렸을 때부터 TV 문화의 세례를 받고 살았으며, 경제 성장의 과실을 먹고 산 세대다. 또 어렸을 때부터 금기로 여겨지던 일본 문화 등을 PC통신이나 인터넷 동호회 등을 통해 적극적으로 수용한 세대이기도 하다. 특히 이들은 그동안에는 좀 '어린애 같다'고 여겨지던 부분, 즉 만화, 만화영화, 게임 등의 분야에서 나이 30이 넘어서까지 집착하며 이 부분에 대한 특화된 지식을 많이 얻게 된다. 이런 집단을 일본에서는 오타쿠라고 하는데, 이른바 한국판 오타쿠들의 등장이다.

이런 오타쿠라는 '외국어'의 의미가 한국에서 해석되는 것은 그 자체로 재미있는 사건이었다. 통신망에서 오타쿠는 어느 정도 '경의'를 담아서 쓰인다. 한국의 마니아 세계에서 많이 쓰이고, 그리고 착각되기도 하는 '오타쿠'는 '프로는 아니지만 프로 정도의 지식을 가진 사람'이라는 뜻이다. 당연히 그만큼 '능력' 있는 사람이다. 그래서 어떤 사람이 오타쿠라는 말을 들으면 '제가 그 정도나 되는 사람인가요'라는 대답이 돌아온다. '나의 마니아 정도는 그렇게까지는 아니다'는 것이다. 마니아들은 그 능력의 척도를 '지식'으로 하고 싶어 하는 경향이 있다. 사회적인 지위가 어떻든, 그 세계에서는 그 분야의 지식을 많이 가지고 있는 사람이 가장 존경받고, '오타쿠'라는 단어는 훈장 중의 하나다. 또한 '오타쿠'라는 단어는 마니아들의 세계에서는 언제나 분쟁을 조장하는 단어다. 어떤 사람이 '나는 오타쿠 수준'이라고 말이라도 꺼내면 여러 가지로 비아냥의 단어가 쏟아진다. 일편에서는 '당신이 그 정도 능력이 있나'는 반응이며, 또 하나는 '오타쿠는 욕이야'라는 말이다.

일편에서는 '오타쿠'라는 단어를 어떻게 파악하고 있는지에 따라 오히려 그것이 '지식'을 평가하는 잣대가 되기도 한다. '오타쿠'라는 단어가 일본에서는 엄청나게 나쁜 의미로 쓰이고 있다는 것을 아는, 일본의 인터넷이나 저서를 직접 해득할 수 있는 '진짜 전문가' 층과, 한국에서 발행된 책이나 몇 권 읽어 오타쿠라는 단어를 이해한 사람과의 차이가 드러나고, 은연중에 '지식의 계급 사회'가 형성되는 것이다.

그럼 원래 오타쿠란 뭘까?

원래 오타쿠라는 말은 우리나라에서 쓰는 '댁'이라는 말의 일본어 발음으로, 우리나라에서와 원래 용도도 같다. '근데 댁은 뉘시오?' 할 때

쓰이는 '댁' 정도의 어감이라고 보면 된다. 그러나 이 '댁'이라는 말이 우리가 알고 있는 '오타쿠'라는 뜻이 된 것은 자연발생적인 것은 아니었다. 오타쿠라는 말은 일본의 평론가인 나카모리 아키오(中森明夫)라는 사람이 만든 '조어'이다. 나카모리는 23세이던 1983년에 처음 코미케를 가보고 당시 창간된 잡지 『만화 브릿코』에 '오타쿠의 연구'라는 시리즈 연재를 시작한다. 말 그대로 역사적인 것이 된 이 시리즈는 지금도 인터넷[41]상에서 전문을 볼 수 있다.

독설가인 나카모리는 첫 회를 이렇게 시작한다.

"코미케라는 걸 알아? (중략) 어느 반에나 있잖아. 운동은 전혀 못하고, 쉬는 시간이면 교실에 들어박혀서 그늘에서 미적미적 장기나 두는 녀석이……(중략) 영양이 부족해 보이는 갈비씨거나, 아니면 안경에 볼에 뭐가 들어간 것 같은 웃는 흰 돼지 같은 느낌이고, 여자는 바가지머리에 대체로 살찌고 나무통 같은 두꺼운 다리에 하얀 양말 신고 그러지…… 보통은 반 구석에서 눈에 띄지 않게 어두운 눈을 해가지고, 친구는 하나도 없지. 그런 녀석들이 어디서 솟아나왔는지 줄줄이 1만 명! 그것도 보통은 엄청 어두운 녀석이 여기서만큼은 엄청 떠들어대면서 애니메이션 캐릭터나 의상을 흉내 내는 녀석, 아즈마 만화(이것은 아즈마 히데오라는 작가를 뜻함. 나나코 SOS가 당시 마니아들 사이에서는 대 인기)의 부키미 스타일 녀석(후략)"

그리고 오타쿠라고 생각하는 사람들을 죽 적어놓은 다음에 "뭔가 이런 사람들을, 또는 이런 현상 자체를 통합하는 적합한 이름이 아직 확립

41 http://www.burikko.net/people/otaku.html 참조.

되지 않았다고 생각되지만, 그래서 좀 우리들은 이들을 '오타쿠'라고 명명하고 이후에 그렇게 부르기로 한 거야"라고 한다. 이것이 바로 '오타쿠'의 출발이다. 그러니까 이전에는 오타쿠라는 말이 이런 부류의 사람을 칭하는 단어로 쓰이지는 않았다는 얘기가 되기도 한다.

그는 오타쿠라고 명명한 이유를 "짐작할 수 있겠지만, 예를 들어 중학생 정도의 아이가 코미케라든지 애니메이션 대회에서 친구들에게 '오타쿠라사아(댁들 말이야-)'라고 말거는 것 보면 기분 거지같지 않아?"라고 말한다. 그 뒤에…… "그래도 그놈들도 사내라구 말이야. 사춘기라도 되면 야한 마음도 생길 텐데, 그런 스타일이지, 말투도 그 모양이지, 그런 성격이지, 여자가 생길 리가 없지. 그래서 '오타쿠'라는 것들은 뭐 결정적으로 남성적 능력이 결여된 거야……" 등의 평가를 내린다. 사실, 나카모리의 이런 오타쿠론은 빗발치는 비난을 듣고 중도에 연재가 중단이 된다. 그러나 이런 '오타쿠'라는 단어는 회자되면서 그 생명력을 유지하게 된다.

1987년 4월28일 자 『니혼게이자이 신문』에 '아니메족'이라는 기사가 실린다. 이전에 메이저 언론에서 오타쿠라는 단어가 나오는 일은 거의 없었는데, 이때 『니혼게이자이 신문』은 아니메족과 오타쿠를 구분한다. "애니메이션과 만화의 세계의 가공의 미소녀들에게 열을 올리는 남성 아니메 팬이 급증 중이다. 그들의 특징은 현실의 여성에게 적극적으로 도전할 용기가 없는 것. 대학생에서 사회인까지, 신인류들에게 점점 침투하고 있는 '여성이 무서운, 아니메족'의 실태란"이라고 시작한다. 이 기사에서는 당시의 애니메이션 월간지 『OUT』을 인용해 20대의 남성 미소녀 아니메 팬의 특징을 '얌전한 얼굴에 뚱뚱하고 희고, 혼자 틀어박혀 있을 것 같은 어두운 성격'이라고 규정짓는다.

그러나 니혼게이자이는 "정통파를 자임하는 미소녀 전문 아니메족은 이런 평가에 이의를 제기한다. 20대의 회사원은……" 하면서 당시의 오타쿠족들을 소개한다. 아니메 팬인 20대의 회사원은 "우리들이 보기에도 기분 나쁜 것은 미소녀의 에로틱한 만화를 그리는 그룹이다. '오타쿠족'이라고 불리고, 다른 팬들과는 일선을 긋는다. 남을 부를 때 '너(기미)'라고 부르지 않고 '댁(오타쿠)'이라고 부르는 게 특징이다. 그들과 같은 취급을 받으며 성격이 어둡다고 비판을 받는 것은 정말 싫다. 우리들은 애니메이션 세대이기 때문에 이상적인 여주인공상도 그 안에서 찾은 것뿐이다"라고 말한다.

사실 일반적인 일본인들은 오타쿠라는 존재 자체를 몰랐다고 할 수 있다. 사회 어느 한 구석의 유행어에 불과했는데, 이런 오타쿠가 사회 전체의 화제가 되는 사건이 생긴다. '미야자키 사건'이다. 이 사건은 1988년과 1989년에 도쿄 근교에서 5-7세 소녀들이 연속으로 유괴 살해된 사건이다. 4명이 살해됐는데, 한 소녀는 토막이 난 시체로 발견됐고, 그 소녀의 집에는 소녀의 이빨 몇 개가 배달됐다. 그 후 「아사히 신문」에는 '이마다 유코'라는 이름의 여자 글씨로 된 범인의 범행 고백문이 배달되고, 사회 전체가 엽기 사건으로 끓어올랐다. 그리고 89년 7월에 미야자키 쓰토무라는 27세 청년이 7세의 소녀를 차에 태워 산으로 데려가 옷을 벗기고 사진을 찍으려다 소녀가 반항하자 죽이려고 하는 사건이 일어난다. 미야자키는 소녀를 추적해온 아버지에게 그 자리에서 붙들려 경찰에 넘겨진다.

미야자키의 집을 수색하던 경찰은 미야자키의 집에서 무려 6500개의 애니메이션-특촬-영화 비디오와 산더미 같은 소녀 누드 사진, 만화와 로리콘(어린 소녀에게 성적 욕망을 느끼는 로리타 컴플렉스의 일본식 줄임말) 잡지, 더빙과 편집이 가능한 스튜디오급 비디오 설비를 발견했고, 6500개의 비디오 중에서 유괴 살해된 소녀들의 죽은 모습을 찍은 영상을 발견하게 된다. 특히 토막 살해된 소녀의 경우 일단 산에서 죽인 다음에 시체를 집으로 가져와서 옷을 벗긴 후 사진을 찍었고, 이틀 동안 집에 시체를 놓고 지냈는데, 부패돼 냄새가 나자 절단해서 버린 것으로 밝혀졌다. 미야자키를 아는 친구들은 미야자키를 '오타쿠'라고 평했고 그런 '오타쿠'라는 코드에서 모든 행동이 설명 가능했다. 「아사히 신문」에 보낸 여성 글씨체의 '이마다 유코'는 마이너한 소녀만화 잡지의 만화 주인공 이름이었다.

이러한 비극적 사건이 일어난 이유는 범죄의 주인공이 현실 속에서 커뮤니케이션을 하지 못하고, 만화와 애니메이션 속에서 밤을 새우고 사회생활을 하지 못한 결과, 결국 범죄로 치달렸다는 것이 당시 사회의 평가였다. 진짜 사람과 커뮤니케이션을 하지 않고 애니메이션만 보는 와중에서 생명을 죽이는 것을 마치 만화 속의 캐릭터를 죽이는 것처럼 생각한 게 아니냐는 것이 당시 일본 사회의 평이었다. 이 미야자키 사건으로 '오타쿠'라는 단어가 일본 사회 전체의 화두가 되게 되고, 이후로 일본에서 오타쿠라고 하면 거의 욕이나 다름없게 되었다.

오타쿠 입장에서 이런 사회 분위기는 말 그대로 부당한 것이었다. 모든 만화-애니메이션 팬들을 잠재적인 범죄자로 보는 분위기가 되어버렸기 때문이다. 게다가 그 사건 이후 언론에서 소개되는 오타쿠의 이미지는 모든 만화 팬들을 '어두운, 사회와 단절된' 이미지로 만들어버렸다.

마니아들과 오타쿠들은 이런 상황을 타개하기 위해 오타쿠를 변론하는 활발한 저술 활동을 벌이기 시작한다. 바로 이런 상황에서 책들이 출판되면서 그 책들의 배경 설명 없이 그저 '오타쿠'란 이런 것이라는 식의 책들이 한국을 비롯한 외국에도 소개된다. 그러나 근본적으로 이런 저서들은 위와 같은 사회적 배경에서 나온 일방적인 변론서이기 때문에 실제보다 오타쿠의 능력이나 그 배경을 과장하거나 다소는 자의적으로 확대 해석하는 경향이 있다. 일본 내에서야 눈에 실제가 보이니까 그런 과장이 보정이 가능하나, 외국으로 번역될 때는 불가능하다.

미야자키가 일본 사회의 집중 포격을 받을 즈음해서, 애초에 오타쿠에 대한 나카모리의 입장에 크게 반발했던 오즈카 에이지는 『중앙공론』 등의 잡지에 미야자키를 상징하는 'M'을 사용해 '내 속의 M군, M군 속의 나'라는 대담을 게재한다. 이후에 오타쿠 계열 출판사인 오타 출판 등을 통해 나카모리와 오즈카는 'M의 세대'라는 책을 출판하게 된다. 오즈카의 논리로는 오타쿠적 성향이라는 것이 '신인류'라는 세대가 가지고 있는 한 성향이라는 것이다. 사실 그 당시 떠오른 신인류는 날 때부터 풍요로웠던 이른바 소비 세대로, 소비 사회에서 컬렉터들이 소유하는 기호는 방대하여, 꼭 애니메이션과 만화에 한정할 수 없이 M군이 될 수 있는 가능성은 그 세대라면 누구나 가지고 있다는 것이다. 오즈카는 '조그만 차이에 기대어서 자신은 멀쩡하다고' 생각하는 사람들을 비난한다.

한 가지 지적해둬야 할 것은, 그렇다고 오타쿠가 한국의 '386세대'와 같은, 일정 문화를 공유하는 세대의 별칭으로 출발한 것은 아니다. 오타쿠가 처음 등장한 세대는 60년대 출생한 '신인류' 세대인데, 신인류 세대의 배경이 되는 소비 사회가 만들어낸 극히 일부의 과격파가 오타쿠이고, 이런 오타쿠는 이후 세대까지 죽 내려오게 되기 때문이다. 말하자면 '386세대'와 '주사파'가 동격이 아니듯이, 신인류와 오타쿠 역시 동격은 아니고, 시기적인 공통점을 다소 가지고 있을 뿐이다.

여기에서 한 단계 더 나간 것이 오카다 토시오이다. 오카다는 오타쿠 집단으로 출발한 게임-만화영화회사 가이낙스의 초대 사장이다. 오카다는 내부 분열로 사장에서 밀려나게 되는데 이후 96년에 도쿄대학에서 '오타쿠 문화론'이라는 교양강의를 맡았다. 오타쿠 문화론이라는 강의는 사실 탁 들어도 기자들이 호기심을 가질 만한 얘기고, 그의 주장이 전 매스컴을 통해 소개되는 기회를 갖게 된다. 그는 기존의 오타쿠에 대한 인식을 모두 부정하고, '오타쿠는 대단히 우수한 사람들이다'라는 전혀 반대의 논리를 펼쳤다. 그는 오타쿠가 되려면 크게 세 가지의 눈을 가지고 있어야 한다고 주장했다. 하나는 '틀의 눈'이고 또 하나는 '장(匠)의 눈'이고 나머지 하나는 '통(通)의 눈'이다. '틀의 눈'은 작품의 사회적 배경을 보는 눈이고, '장(匠)의 눈'은 작품의 기술을 평가하는 눈이고, '통(通)의 눈'은 작품 뒤에 숨은 뒷얘기를 꿰뚫는 눈이라는 것이다. 그는 결국 오타쿠가 창조적인 영역으로 올라갈 수 있을 것이라는 가능성을 제시한다. 요는 정보화 사회의 창조적인 새로운 '뉴타입(뉴타입은 만화영화 건담에서 등장하는, 특별한 감수성을 가진 우주시대에 적합한 신세대이다)'이 오타쿠라는 주장이다.

그러나 사실상 오타쿠가 그렇게 뛰어난 사람들이라고 할 수 없으며, 실제로 사회생활에서는 부적응자가 더 많았으며, 창조적인 곳에서도 자신의 얘기를 하기보다는 기존 만화에 대한 지식 늘어놓기와 패러디 등으로 일관한 측면이 많았다. 더군다나 오카다는 98년 초에 「아사히 신문」과의 인터뷰에서 "오타쿠에는 이제 싫증났다" 며 의외의 고백을 한다.

"이제부터의 사회에서는 정보와 이미지를 제공할 수 있는 힘이 중요하다는 것이 지론이고 그것을 '세뇌력' 이라고 한다. 지금까지의 '인류 오타쿠화 계획' 이라고 부를 수 있는 활동은 나의 '세뇌력' 을 시험해본 것이다. 솔직히 나 스스로도 오타쿠가 멋있다고 생각하지 않았다. 그러나 (나의 세뇌력으로) 세상의 오타쿠화는 예상 이상으로 진전됐다."

한국에는 이런 제반 사정이 소개되지 않은 채 오카다 토시오의 책[42]만 소개됐기 때문에, 즉 이 책이 미야자키 사건에 대해서나, 아니면 그 전의 어두운 이미지에 대한 오타쿠들의 반론서로 제작되었기 때문에 일방적일 수 있다는 사실은 알 수 없었고, 오히려 오타쿠들의 능력에만 주목하는 다소 왜곡된 결과를 가져오게 된다. 물론 직접 일본에 오가는 마니아들은 오타쿠에 대한 이미지가 나쁘다는 것을 알았고, 그런 사실을 동호회를 통해서 알렸지만, 의외로 또 다른 함정에 걸리고 만다. 일본에서 오카다 이후에도 지속적인 오타쿠들의 이미지 개선이 이어졌기 때문이다.

이제는 90년대 초반처럼 오타쿠라고 하면 '욕' 이 되는 정도는 아니고, 대체로 미야자키 사건 이전의, "범죄자는 아니지만, 어딘지 어둡고 사회 적응이 안 되는' 정도의 이미지 수준으로 돌아간 상태이다. 요즘은 오타쿠를 그렇게 심각하게 생각하지 않고 만화, 애니메이션을 비롯하여 일반인의 시각에서 볼 때 좀 아이들 같은 취미에 마니악하게 집착하는 층 모두를 일컫는 말로 바뀌게 되었다. 쉽게 말해 마니아와 오타쿠는 현재

42 1996년에 출간된 오카다 토시오의 『오타쿠학 입문』은 우리나라에서 2000년에 『오타쿠: 애니메이션 게임영화에 미친 놈들』(김승현 옮김, 현실과 미래사)이라는 제목으로 출간되었다.

에 와서는 그렇게 많이 차이가 나지 않는 말이다. 굳이 말하자면 마니아 중에서 좀 더 목숨 걸고, 신나게 참가하는 사람이 오타쿠라고나 할까.

여기서 다시 한 번 오카다의 '오타쿠론'으로 돌아가보자. '오타쿠론'은 '인비지블 잉크'의 해독 능력을 가진 사람을 오타쿠라고 정의하고 있다. 작품의 사회적 배경을 파악하는 것이나, 작품에 쓰여진 기술을 파악하는 것이나, 작품의 뒷이야기를 꿰뚫는 것은 모두 다 '지식'에 관한 것이다. (실제로는 각본가 이름부터, 캐릭터 디자이너 이름부터, 어느 배역을 맡은 성우가 다른 작품에서는 어떤 역을 맡았기 때문에 특정 만화에서 이런 개그가 나온 것이라는 것 정도는 캐치를 할 수 있어야 오타쿠 사이의 일상적인 대화에 들어갈 수 있을 것이다.) 바꿔 말하면 이들 마니아들의 이너 서클 안에서는 스스로가 이런 능력을 자랑스러운 아이덴티티로 여기고 있다는 증거로도 해석 가능하다. 쉽게 말해 오타쿠가 되기 위해 특정 '능력'을 가져야 한다는 얘기이고, 이것은 오타쿠가 일반적인 마니아보다 윗 계급에 존재하는, 특수 계급이 될 수 있다는 점을 강조한 것이다. 그리고 그 계급은 마치 한국과 일본의 고시문화를 반영이라도 하듯이, 누가 더 만화를 많이 봤는가, 누가 더 많이 외웠나 하는 지극히 단순한 '암기'의 영역에서 결정된다. 듣기 좋은 말로 표현하면 만화 마니아들은 지식 기반의 계급 구조를 재생산하고 있다고 볼 것이고, 비판적으로 표현하면 외부와의 소통을 거부한 채 자연스러운 감상의 본질에서 크게 어긋나가고 있다고 봐야 할 것이다.

참고 문헌

기어츠, 클리퍼드 (1998). 『문화의 해석』, 문옥표 옮김, 까치.

문화관광부 (2003). 『2002 문화정책백서』, 한국문화관광정책연구원.

스토리, 존 (2002). 『문화연구의 이론과 방법들』, 박만준 옮김, 경문사.

에드거, 앤드류 · 쉐드윅, 피터 (2003). 『문화 이론 사전』, 박명진 외 옮김, 한나래.

오용선 (2003). "학술위원회 분과별 기술 소개", 『한국 콘텐츠학회지』 1, 한국 콘텐츠 학회.

위기철 (1990). "바른 현실, 바른 만화", 『초등우리교육』 4월호, 우리교육(초등).

토시오, 오카다 (2000). 『오타쿠: 애니메이션 게임영화에 미친 놈들』, 김승현 옮김, 현실과 미래사.

Adorno, Theodore (1984). Aesthetic Theory, London: Routeldge and K. Paul, p.336.

Alexander, Victoria D. (2003). *Sociology of the Arts: Exploring Fine and Popular Forms*, Blackwell.

Abercrombie, Nicholas, Alan Warde, Keith Soothill, John Urry, and Sylvia Walby (1994). *Contemporary British Society*, Cambridge: Polity Press.

Arnold, Matthew (1960). *Culture and Anarchy*, London: Cambridge University Press, p. 31.

Becker, Howard S. (1982). *Art Worlds*, Berkeley: University of California Press.

Bennett, Tony (1982). "Popular culture: themes and issues", *Popular Culture* U203, Milton Keynes: Open University Press, pp.5-6.

Berger, Peter L. and Thomas Luckman (1966). *The Social Construction of Reality*, Garden City, NJ: Doubelday.

Bourdieu, Pierre (1984). *Distinction: A Social Critique of the Judgement of Taste*, Cambridge: Harvard University Press.

Bryson, Bethany (1996). "Anything but heavy metal: Symbolic exclusion and musical dislikes", *American Sociological Review* 61, pp.884-99.

Cintron, Leslie (2000). *Preserving National Culture: The National Trust and the Framing of British National Heritage, 1895-2000*. Ph.D. Thesis, Harvard University.

Crane, Diana (ed.) (1994). "Introduction: The challenge of the sociology of culture to sociology as a discipline", in Crane, Diana (ed.) (1994). *The Sociology of Culture - Emerging Theoretical Perspective*, Blackwell Publisher.

Desan, Philippe, Priscilla Parkhurst Ferguson, and Wendy Griswold(eds.) (1988). "Editors' introduction: Mirrors, frames, and demons: Reflections on the sociology of literature", *Literature and Social Practice*, Chicago: University of Chicago Press, pp. 1-10.

DiMaggio, Paul (1982a). "Cultural entrepreneurship in nineteenth-century Boston: The creation of an organizational base for high culture in America", *Media, Culture and Society* 4, pp.33-50.

____. (1982b). "Cultural entrepreneurship in nineteenth-century Boston, Part II: The classification and framing of American art", *Media, Culture and Society* 4, pp.303-22.

____. (1982c). "Cultural capital and school success: The impact of status culture participation on the grades of U.S. high school students", *American Sociological Review* 47, pp.189-201.

____. (1987a). "Classification in art", *American Sociological Review* 52, pp.440-55.

____. (2000). "The Production of scientific change", *Poetics* 28, pp.107-36.

DiMaggio, Paul and Francie Ostrower (1990). "Participation in the arts by black and white americans", *Social Forces* 68 (3), pp.753-78.

DiMaggio, Paul and John Mohr (1985). "Cultural capital, educational attainment and marital selection", *American Journal of Sociology* 90, pp.1231-61.

Dominic Strinati (1995). *Popular Culture*, London: Routledge.

Eagleton, Terry (1983). *Literary Theory: An Introduction*, Minneapolis: University of

Minnesota Press.

Eco, Umberto (1979). "The narrative structure in fleming", *The Role of the Reader*, Bloomington: University of Indiana Press.

_____. (1984). *The Role of the Reader*. Bloomington: Indiana University Press.

Entman, Robert M. and Andrew Rojecki (2001). *The Black Image in the White Mind: Media and Race in America*, Chicago: University of Chicago Press.

Fish, Stanley (1980). *Is there a Text in this Class? The Authority of Interpretive Communities*, Cambridge: Harvard University Press.

Fiske, John (1989). *Reading the Popular*, New York: Routledge.

Frith, Simon (1978[1981]). *Sound Effects: Youth, Leisure, and the Politics of Rock 'n' Roll*, New York : Pantheon.

_____. (1983). *Music for Pleasure : Essays in the Sociology of Pop*, New York: Routhedge.

Gans, Herbert (1974). *Popular Culture and High Culture*, New York: Basic Books.

Geertz, Clifford (1973). "Deep play: Notes on the Balinese cockfight", *The Interpretation of Cultures*, New York: Basic Books, pp.412-453.

Goffman, Erving (1979). *Gender Advertisements*, Cambridge (MA) : Harvard University Press.

Greenfeld Liah (1989). *Different Worlds: A Sociological Study of Taste, Choice and Success in Art*, New York: Cambridge Univ. Press

Griswold, Wendy (1986). *Renaissance Revivals: City Comedy and Revenge Tragedy in the London Theatre*, 1576-1980, Chicago: University of Chicago Press.

_____. (1994). *Cultures and Societies in a Changing World*, London: Pine Forge Press.

Hall, Stuart (1980). *Culture, Media, Languages*, London: Hutchinson.

Hall, Stuart and Paddy Whannel (1964). *The Popular Arts*, London: Hutchinson.

Hall, Stuart and Tony Jefferson(eds.) (1975). *Resistance through Rituals: Youth Subcultures in Post-War Britain*, London: Hutchinson.

Hebdige, Dick (1979). *Subculture: The Meaning of Style*, New York: Methuen.

Helsinger, Elizabeth (1994). "Turner and the representation of England," in W. J. T. Mitchell (eds.), *Landscape and Power*, Chicago: University of Chicago Press, pp.

103-25.

Hirsch, Paul M. (1972). "Processing fads and fashions: An organization-set analysis of cultural industry systems", *American Journal of Sociology* 77, pp.639-59.

Hoggart, Richard (1957). *The Uses of Literacy*, London: Essential Books.

Jauss, Hans Robert (1982). *Toward an Aesthetic of Reception*, Minneapolis: University of Minnesota Press.

Jhally, Sut and Justin Lewis (1992). *Enlightened Racism: The Cosby Show, Audiences, and the Myth of the American Dream*, San Francisco: Westview Press.

Lamont, Michèle (1992). *Money, Morals and Manners: The Culture of the French and the American Upper-Middle Class*, Chicago: University of Chicago Press.

Lamont, Michèle and Marcel Fournier (1992). "Introduction," in Michèle Lamont and Marcel Fournier (eds.), *Cultivating Differences: Symbolic Boundaries and the Making of Inequality*, Chicago: University of Chicago Press, pp. 1-17.

Lamont, Michèle and Robert Wuthnow (1990). "Betwixt and between: Recent cultural sociology in Europe and the United States", in George Ritzer (ed.), *Frontiers of Social Theory: The New Synthesis*, New York: Columbia University Press, pp.287-315.

Lévi-Strauss, Claude (1966). *The Savage Mind*, Chicago: University of Chicago Press.

Lopes, Paul (2002). *The Rise of a Jazz Art World*, New York: Cambridge University Press.

Lynes, Russell (1954). *The Taste Makers*, London: Hamish Hamilton.

Laslett, Peter (1976). "The wrong way through the telescope: A note on literary evidence in sociology and in historical sociology", *British Journal of Sociology* 27 (3), pp.319-42.

Leal, Odina Fachel and Ruben George Oliven (1988). "Class interpretations of a soap opera narrative: The case of the Brazilian Novella 'summer sun' ", *Theory, Culture and Society* 5 (1), pp.81-99

Leavis, Queenie Dorothy (1930). *Mass Civilisation and Minority Culture*, Cambridge: Minority Press.

_____. (1932 [1978]). *Fiction and the Reading Public*, London: Chatto and Windus.

Liebes, Tamar and Elihu Katz (1993). *The Export of Meaning*, Oxford: Oxford University Press.

Long, Elizabeth (1986). "Women, reading and cultural authority: Some implications of the audience perspective in cultural studies", *American Quarterly* 38 (4), pp.591-612.

Lowenthal, Leo (1961). "The triumph of mass idols", *Literature, Popular Culture, and Society*, Palo Alto (CA) : Pacific Books, pp.109-36.

MacDonald, D. (1959). "A theory of mass culture", in Rosenberg, B. and White D.W., *Mass Culture: The Popular Arts in America*, Illinois: Free Press.

Macdonald, Keith (1957). "A theory of mass culture," in Bernard Rosenberg and David Manning White (eds.), *Mass Culture: The Popular Arts in America*, New York: Macmillan.

Marcuse, Herbert (1972). *One Dimensional Man*, London: Abacus.

____. (1977). *The Aesthetic Dimension: Toward a Critique of Marxist Aesthetics*, Boston: Beacon Press, p.72-73.

Modleski, Tania (1984). *Loving with a Vengeance: Mass Produced Fantasies for Women*, London: Methuen.

Morley, David (1980). *The "Nationwide" Audience: Structure and Decoding*, London: British Film Institute.

Mukerji, Chandra and Michael Schudson (eds.). (1991). *Rethinking Popular Culture*, University of California Press.

Peterson, Richard A. (1972). "A process model of the folk, popular, and fine art phase of jazz," in C. Nanry (ed.), *American Music: From Stroyville to Woodstock*, New Brunswick (NJ) : Rutgers University Press, pp.135-151.

____. (1979). "Revitalizing the culture concept", *Annual Review of Sociology* 5, pp.137-66.

____. (1994). "Cultural studies through the production perspective: progress and prospects" in Crane, Diana (ed.), (1994). *The Sociology of Culture - Emerging Theoretical Perspective*, Blackwell Publisher.

Peterson, Richard A. and Albert Simkus (1992). "How musical tastes mark occupational status groups," in Michèle Lamont and Marcel Fournier (eds.), *Cultivating Differences: Symbolic Boundaries and the Making of Inequality*,

Chicago: University of Chicago Press, pp. 152-86.

Peterson, Richard A. and Roger M. Kern (1996). "Changing highbrow taste: From snob to omnivore", *American Sociological Review* 61, pp.900-7.

Powell, Walter W. (1988). "Cultural production as routine: Some thoughts on 'America's bookstore' ", in Philippe Desan, Priscilla Parkhurst Ferguson, and Wendy Griswold (eds.), *Literature and Social Practice*, Chicago: University of Chicago Press, pp.177-81.

Press, Andrea L. (1991). *Women Watching Television: Gender, Class, and Generation in the American Television Experience*, Philadelphia: University of Pennsylvania Press.

Radway, Janice A. (1984). *Reading the Romance: Women, Patriarchy and Popular Literature*, first edition: University of North Carolina Press.

____. (1988). "The Book-of the-Month club and the general reader: On the uses of 'serious' fiction", in Philippe Desan, Priscilla Parkhurst Ferguson, and Wendy Griswold (eds.), *Literature and Social Practice*, Chicago: University of Chicago Press, pp. 154-76.

Robertson, Roland (1988). "The sociological significance of culture: some general consideration", *Theory, Culture and Society* 5, pp.3-23.

Ross, Andrew (1989). *No Respect: Intellectuals and Popular Culture*, London: Routledge.

Ryan John and Peterson Richard A. (1982). "The Production image: The fate of creativity in country music songwriting", *Annual Review of Communication* 10, pp.11-32.

Ryan, John and William M. Wentworth (1999). *Media and Society: The Production of Culture in the Mass Media*, Boston: Allyn and Bacon.

Saussure, Ferdinand de (1986[1916]). *Course in General Linguistics*, LaSalle, Il: Open Court Publishing Company.

Schudson, Michael (2002). "News media as political institutions", *Annual Review of Political Science* 5, pp.249-69.

Seaman, William R. (1992). "Active audience theory: Pointless populism", *Media, Culture and Society* 14, pp.301-11.

Shively, JoEllen (1992). "Cowboys and indians: Perceptions of western films among American indians and anglos", *American Sociological Review* 57 (6), pp.725-34.

Storey, John (1993). *An Introductory Guide to Cultural Theory and Popular Culture*, London: Harvester Wheatsheaf.

Strinati, Dominic (1995). *An Introduction to Theories of Popular Culture*, London: Routledge.

White, Harrison C. and Cynthia A. White (1965[1993]). *Canvases and Careers: Institutional Change in the French Painting World*, Chicago: University of Chicago Press.

Williams, Raymond (1959). *Culture and Society, 1789-1950*, London: Chatto & Windus.

_____. (1973). "Base and superstructure in Marxist cultural theory", *New Left Review* 82 (November/December), pp.3-16.

-_____. (1983). *Keywords*, London: Fontana.

Willis, Paul (1978). *Profane Culture*, London: Routledge.

Wolff, Janet. (1993). *Aesthetics and the Sociology on Art*, University of Michigan Press, p.9.

Wright, Will (1975). *Sixguns and Society: A Structural Study of the Western*, Berkeley: University of California Press.

Wuthnow, Robert (1987). *Meaning and Moral Order: Explorations in Cultural Analysis*, Berkely: University of California Press.

Yan J, Peterson RA. (1982). "The Production image: The fate of creativity in country music songwriting", *Annual Review of Communication* 10, pp.11-32.

〈신문 기사〉

1969년 1월 28일 『조선일보』

1970년 1월 17일 『마이니치신문』

1977년 9월 18일 『경향신문』

1986년 8월17일 『조선일보』

1987년 4월 28일 『니혼게이자이신문』

1997년 7월 5일 『조선일보』

2007년 1월 20일 『고베신문』

2007년 9월호 『이코노미 플러스』

색인

만화 · 애니메이션 색인

〈1999년생〉 243-6

〈Air〉 246

〈가라테 바카 일대〉 35, 99, 101-4

〈가이킹, 대공마룡전설〉 129

〈거인의 별〉 95, 115-7

〈고스트 바둑왕〉 84, 169

〈공포의 외인구단〉 93-5, 113, 115-6, 160

〈광수생각〉 120

〈그레이트 마징가〉 70, 74

〈그 이름은 101〉 266

〈기계전사 109〉 85, 88-93

〈기동경찰 패트레이버〉 81, 126

〈기동전사 건담〉 121, 126-8

〈기동전사 건담 더블제타〉 127

〈기동전사 건담 SSED〉 127

〈기동전사 건담 SSED 데스티니〉 127-8

〈날으는 전함 V호〉 121

〈남자의 바다〉 137

〈내일의 죠〉 35, 78, 112, 114, 116

〈대공마룡 가이킹〉 129

〈대야망〉 35, 69, 99-104

〈대털〉 201

〈도전자 하리케인〉 35, 78

〈독수리 5형제〉 125

〈드래곤 볼〉 203, 208

〈드래곤 퀘스트 다이의 대모험〉 250

〈드래곤 퀘스트 로토의 문장〉 250

〈러브히나〉 243, 247, 249-50

〈로보트 태권 브이〉 47, 168, 175

〈마법사 사리〉 267

〈마법진 구루구루〉 250

〈마징가Z〉 70, 72-4, 124, 150

〈맛의 달인〉 80, 110

〈맨발의 겐〉 228

〈메구〉 66-7, 123, 173

〈명탐정 코난〉 264

〈무당거미〉 95-6
〈무적의 009〉 70, 77
〈미소녀 전사 세일러문〉 250
〈미스터 초밥왕〉 84, 110, 208
〈밀실〉 155-6
〈바람의 파이터〉 104
〈바벨 2세〉 266
〈바보〉 196
〈반딧불의 묘〉 224, 226-8
〈베르사유의 장미〉 93, 264
〈베르세르크〉 162
〈북해의 별〉 116, 119
〈서부소년 차돌이〉 68, 73
〈소년탐정 김전일〉 207
〈스즈미야 하루히의 우울〉 259-60, 263-4
〈슬램 덩크〉 208
〈신세기 에반겔리온〉 121, 212
〈신의 물방울〉 84, 108, 110, 176-7
〈신춘향전〉 82
〈아니메〉 228
〈아라비안 나이트〉 82
〈아슈라〉 151
〈아스트로 구단〉 95, 115
〈아톰〉 73
〈야켓파치노 마리아〉 151
〈여기는 가쓰시카 구 가메아리 공원 앞 파출소〉 201
〈역전 재판〉 264
〈요술 공주 새리〉 267
〈요술천사 꽃분이〉 66-7, 73
〈우루세이 야쓰라〉 118
〈우주삼총사〉 70
〈위험한 루나선생〉 154
〈유리 가면〉 115
〈유유 백서〉 203
〈은하철도 999〉 123
〈이겨라 승리호〉 125
〈이조 암행기〉 82
〈자이언트 로보〉 259, 265, 267
〈좋은 친구들〉 137
〈천국의 신화〉 150, 159-61
〈철완 아톰〉 85, 88-92, 167
〈초수 기신 단쿠가〉 130
〈초은하 전설〉 77
〈캔디〉 5-6, 61-6, 123
〈캠퍼스 블루〉 137
〈캡틴 쓰바사〉 170
〈코드기어스~반역의 룰르슈〉 218, 220
〈코드기어스〉 220
〈퀸 에메랄다스〉 122
〈타이거 마스크〉 79-80, 147-9
〈타이거 마스크의 대결〉 147
〈터치〉 116-8
〈테르미도르〉 93
〈투 하트〉 250

〈파렴치 학원〉 150-4, 159
〈할렐루야 보이〉 137
〈혐한류〉 75
〈황금박쥐〉 70

일반 색인

검열 92, 146, 149-50, 154, 157, 159, 214
게이트키퍼 92, 198, 204-6, 208, 210, 214
게이트키핑 204, 206-7
경제 자본 255
고급문화 6, 17-25, 31, 41, 139-40, 142, 146, 199, 253-5, 263
구조주의 106, 235-43, 251-2
구조주의적 분석 105, 243
그레셤의 법칙 21, 140, 145-6
기능주의자 194-5
기대의 영역 219-20
기의 238
기표 238
기호학 225, 237, 241
기호학적 저항 231-3
기호학적 힘 231
능동적 생산 225
대량문화 17, 21-2, 139, 142-6, 171-2
대량문화이론가 145
대량사회이론가 145
대중문화 6, 8, 15-31, 36, 40-5, 82-3, 139-46, 155, 165-6, 168, 170-7, 195, 200, 206, 208, 223, 228, 230-1, 234-5, 241-2, 247, 254, 259, 263, 265, 268
대중예술 109, 164
랑그 236, 238-9
리비스주의 142-3, 145
마르크스주의 105, 143, 195, 235
마르크스주의자 194, 236
마슈레이 218
매스 컬쳐 17, 171
매스미디어 142, 171-2, 194
문학 분석 142, 218-9
문학 비평 55, 217-8, 241
문화 문명의 접근법 140, 142
문화 자본 253-5, 257-8, 263
문화 산업 206
문화생산학파 184, 194-5
문화와 문명 전통 21
문화의 다이아몬드 33, 136, 174, 178-82, 188, 193, 217, 235
문화의 수용 217, 225, 233
문화적 기구 194
문화적 꼭두각시 171, 217, 231
문화적 텍스트 6, 19, 22, 25-6, 33-4, 54-5, 57-9, 105, 133-6, 138-41, 153-5, 158, 163-6, 171-83, 194-9, 204, 210, 216-25, 229-32, 252-4

문화주의 224-5

반영 이론 54-5, 59-60, 105, 135-6, 139, 149, 169, 177, 194-5

반영적 접근 54

빌헬름 딜타이 56

사회 자본 255

생산적 자극 166

생산적 접근 215

생산학파 194-5, 214-5

서술구조 236, 241, 243

선정주의 예술 166

선호된 의미 226

수용 이론 218-9, 233

순수예술 18-9, 141-3, 146, 164

심의 89, 146, 149-51, 157-60, 163, 165, 169

아니메족 271-2

여과 효과 181

오타쿠 38, 212, 259, 261, 267-78

이항 대립 구조 236, 240-1

인비지블 잉크 212, 259, 262-5, 267, 277

인상주의 60, 185

적극적 관객 217, 230

적극적 관객 접근법 230

주입 이론 171

추적자 229-30

취향 22-3, 25, 49, 92, 102, 192-3, 207, 212, 248, 255-6, 258, 260

코드화 225-6

코스비 쇼 132

탄환 이론 171-2

파롤 236, 238-40

파퓰러 컬쳐 17, 171

포스트모더니즘 251

포스트모던 이론 218

프랑스 후기구조주의 이론 31

프랑크푸르트학파 22, 143, 146

피하주사 이론 171-2

하위문화 220, 268

해독 218, 224-6, 263, 277

해석적 공동체 218-20, 233

해석적 오류 218

해석학 55-7, 60, 134

형성 이론 138-40, 146, 149, 152-3, 163, 165, 171-2, 176-7, 194, 217

형성 접근법 138

형성주의적 사고 146